MÉMOIRES
DE MONSIEUR
DE BORDEAUX.
TOME I.

MÉMOIRES
DE MONSIEUR
DE BORDEAUX,
INTENDANT DES FINANCES.

PAR M. G. D. C.
Sandras de Courtilz

TOME PREMIER.

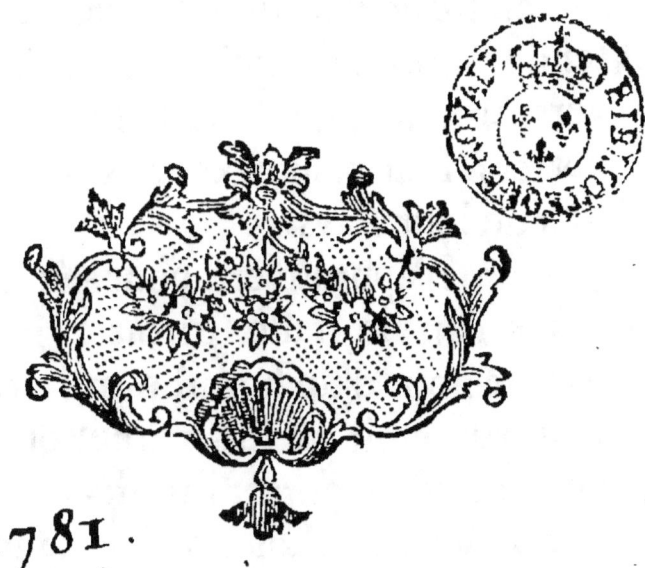

L. 1781.

A AMSTERDAM,
AUX DEPENS DE LA COMPAGNIE.

M. DCC. LVIII.

AVERTISSEMENT.

Les Mémoires que l'on donne ici, sont remplis de tant de Faits curieux & nouveaux, qu'on se flate qu'ils ne seront pas mal reçus du Public. L'on y verra bien des choses que l'on n'a pas vû ailleurs. L'on a tâché de s'y rendre fidéle, afin de s'exempter des reproches qu'on fait à divers Auteurs, de s'être laissé emporter à leur passion ou aux intérêts de leur Pays.

L'on n'approuvera peut-être pas qu'on le fasse paroître ici sous le nom d'un homme qui ne peut pas avoir vû lui-même tout ce qui y est rapporté. En effet on y verra bien des choses qui ne sont arrivés que long-temps après sa mort, ce qui implique une conrradiction manifeste; mais l'on a jugé à propos de les ajoûter à cel-

AVERTISSEMENT.

les que l'on a trouvées écrites de sa main, parce qu'elles leur ont donné quelquefois de l'éclaircissement & quelquefois aussi un nouveau lustre. D'ailleurs, comme on étoit instruit de ce que l'on avoit à dire, & que cela avoit beaucoup de rapport au reste, l'on n'en a pas voulu faire à deux fois. Le Libraire a prié une personne de ses Amis de repasser cet Ouvrage, & c'est à luy que l'on doit ces additions & l'ordre qui s'y trouve aujourd'hui. Il n'y en avoit guéres auparavant pour en dire la verité, l'on n'y avoit gardé nulle Chronologie; ainsi il y avoit beaucoup de choses qui étoient mises après d'autres, qui pour bien faire les devoient précéder necessairement. On devoit donc y retoucher, à moins de se déclarer pour le desordre & vouloir que chacun y trouvât à redire.

AVERTISSEMENT.

Cependant quoiqu'on les attribue ici à Mr. de Bordeaux, Intendant des Finances, il faut sçavoir que son Fils, dont il parle souvent, y a eu du moins toute aussi bonne part que lui ; s'il n'y a pas mis la main lui-même, il est toûjours aisé de voir que c'est lui qui doit avoir instruit son Pere de quantité de choses curieuses qu'il rapporte touchant les affaires d'Angleterre. Il faut avoir été dans le Cabinet, ou du moins s'en être approché de bien près pour sçavoir tout ce qu'il nous apprend de ce pays là. Comme il y étoit Ambassadeur de France, il lui étoit plus aisé qu'à un autre d'y pénétrer. L'on voit même qu'il étoit fort bien auprès de Cromwel & qu'il ne tint pas à lui qu'il n'asſûrât la Couronne d'Angleterre à sa Famille.

Il faisoit tout cela par l'ordre du Cardinal Mazarin Premier Mi-

AVERTISSEMENT.

niſtre de Sa Majeſté qui avoit beaucoup de confiance en lui ; cependant il en fût ſi mal récompenſé, qu'il ne faut pas s'étonner ſi ſon Pere ne ſçauroit dire du bien de ſon Eminence. Il n'en parle preſque jamais que déſavantageuſement ; en quoi il ne fait pas trop bien, puiſqu'au rapport même de ſes plus grands Ennemis, il avoit des qualités qui le rendoient digne du poſte qu'il occupoit. Il eſt vrai qu'il étoit un peu fourbe ; mais comme il étoit Italien, il ne faut pas y prendre garde de ſi près ; c'eſt-là le caractére de preſque toute la nation.

Au reſte ſi l'on trouve ici qu'en parlant du Roi, l'on ait ajoûté quelquefois un titre à ſon nom comme celui de Roi Très-Chrétien, ou celui de Sa Majeſté Très-Chrétienne, l'on s'eſt vû obligé de le faire parce que l'on venoit de parler d'un autre Roi : ainſi il

AVERTISSEMENT.

falloit éviter l'équivoque, ce qui n'eût jamais manqué d'arriver si l'on eût dit simplement le Roi ou Sa Majesté. L'on a traité aussi quelquefois le Roi d'Angleterre simplement de Roi, ce qui n'appartient qu'au Roi Très-Chrétien, qui à proprement parler est un Roi par excellence. Mais si on l'a fait, ce n'est que parce que la répétition du mot d'Angleterre dont on venoit sans doute de se servir ou de quelque terme équivalent comme Sa Majesté Britannique, eût choqué l'oreille.

Mais pour en revenir à Mr. de Bordeaux, soit qu'il n'ait pas crû que ce fût son fait de rapporter au long les Siéges & les Batailles dont il a eu à parler, où qu'il ait jugé après beaucoup de personnes de mérite & de bon sens, qu'il n'y avoit rien de si ennuyeux pour le Lecteur que ces sortes de répé-

AVERTISSEMENT.

titions; on ne l'accusera jamais de s'y être rendu trop long. Il n'en a dit que ce qu'il en falloit dire pour faire entendre ce qui s'y étoit passé de plus considérable. Il ne s'est pas amussé à y circonstancier bien des choses qui ne peuvent être permises que dans un Journal ou dans une Gazette.

Il l'eût pû faire cependaut à plus juste titre que quantité d'Ecrivains de ce Siécle qui se mêlant d'écrire l'Histoire où la vie de quelques personnes de grande distinction, croyent qu'il leur est permis de remplir leurs Ouvrages d'une infinité de bagatelles qu'ils entassent même le plus souvent les unes sur les autres, ce qui est contre toutes les règles du bon sens. L'Histoire a des bornes plus étroites qu'ils ne pensent, & ils excédent sans doute en ce que Mr. de Bordeaux

AVERTISSEMENT.
s'est peut-être montré trop prolixe. En effet, ce n'est pas un défaut à des Mémoires d'être un peu étendus; au lieu que c'en est un, & même très grand à une Histoire, quand on s'y étend plus qu'il ne faut. Il est presque toûjours à charge à un Lecteur de lire une chose circonstanciée avec trop d'éxactitude, parce que pour peu d'ouverture qu'ait l'esprit, il est bien aisé qu'on ne lui expose que l'essentiel, & qu'il puisse deviner le reste; & c'est peut-être pour cela que bien des gens aiment bien autant l'Abbregé de l'Histoire de France, que nous ont donnés Mezeray & le P. Daniel, que leur grande Histoire. Tout ce qui ennuye n'est jamais bon, & c'est de quoi il n'y a personne qui ne convienne; aussi un des plus habiles Ecrivains que nous ayons eû depuis long-temps avoit coûtume quand il avoit fait

AVERTISSEMENT.

une Comédie, qui étoit son genre d'écrire, de la lire à son valet & à sa servante; s'ils en rioient, il la regardoit en même temps comme quelque chose de bon; s'ils y gardoient le silence, il en tiroit un méchant augure.

Il faut que Mr. de Bordeaux ait été à-peu-près de mon sentiment, sur ce qui regarde l'étenduë que l'on doit donner au récit des Batailles & des Siéges, puisqu'après s'y être montré si prolixe, il n'en a pas usé de même dans tout le reste. Il y a des choses sur lesquelles il s'est beaucoup étendu, & il n'en a pas plus mal-fait, parce que l'on ne s'ennuye point à lire ce qui est agréable : or il n'en est pas de même des Siéges & des Batailles qui se ressemblent presque tous les uns & les autres, & dont il est bon de ne dire qu'un mot en passant.

AVERTISSEMENT.

Au-reste, il prétend que Charles I. & Charles II. Rois d'Angleterre étoient Catholiques; & c'est du moins ce qu'il tâche d'insinuer par son discours, quoiqu'il ne s'en explique pas formellement; mais c'est ce que les Anglois ne lui accorderoient pas volontiers pour peu qu'il voulût les en consulter. S'il veut en être cru, il faut auparavant qu'il commence à démentir leurs Histoires qui en parlent tout autrement. Je croirois bien néanmoins qu'il n'a pas eu trop de tort de le dire. Si c'étoit-là l'Ouvrage d'Elizabeth Reine d'Angleterre, femme de Charles I. on pourroit dire aussi que c'étoit celle du Cardinal de Richelieu qui faisoit tout servir à ses grands desseins. Pour ce qui est d'Elisabeth, comme, suivant la croyance des Catholiques, elle étoit pleinement persuadée qu'on ne

AVERTISSEMENT.

pouvoit se sauver que dans cette Religion, elle voulut à quelque prix que ce fut que le Roi son mari quittât la sienne pour entrer dans celle-là ; & comme c'étoit une Princesse fort aimable & de beaucoup de mérite, elle peut bien y avoir réüssi. Son Eminence de même trouvant que pour rendre le Roi son Maître tout-puissant, il n'y avoit rien tel que de concourir aux desseins de cette Reine, parce qu'il étoit comme impossible qu'un tel changement n'excitât des Guerres Civiles dans le Royaume, il y travailla si bien que selon Mr. de Bordeaux, il vint à bout de ce qu'il prétendoit. Il en coûta le Trône & la vie à ce Prince, & voilà quel fût le succès de la Politique de ce Ministre, & du zéle de la Reine sa Femme.

Si ces Mémoires sont agréable au Public, comme l'on n'en fait

AVERTISSEMENT.

point de doute, la même personne qui y a retouché en pourra donner la suite. Il est tout aussi bien instruit des affaires d'Angleterre que de celles de France; & quoiqu'il soit François de nation, & que même il déclare hautement qu'il aime son Roi & son pays, on le trouvera si désinteressé dans tout ce qu'il rapporte, qu'il espere que l'on ne l'accusera jamais de partialité. Son attache lui servira à la verité à ne point parler de son Roi en apostat, comme font beaucoup de gens qui se croient tout permis, quand ils sont une fois hors du Royaume. Les gens qui ont de l'honneur & de la naissance n'oublient jamais ainsi ni leur caractére ni leur devoir; c'est même une loi que tout le monde se devroit préscrire, quand même l'on ne seroit né que parmi les personnes du commun.

AVERTISSEMENT.

Mais s'il en parle bien comme il est obligé de le faire, soit pour rendre témoignage à la vérité, soit parce que sa naissance l'y oblige, il n'outrera jamais les choses ; ensorte que ceux qui aimeront la justice, n'y trouveront rien à redire. Il suivra aussi la même maxime à l'égard des autres personnes dont il aura à parler, faisant voir par-là, que quand on se veut mêler d'écrire il le faut faire sans passion, & émousser sa plume quand elle est un peu trop piquante.

MEMOIRES
DE Mr. DE
BORDEAUX,
INTENDANT
DES
FINANCES.

CONTENANT ce qui s'est passé de particulier en France & en Angleterre, depuis l'Avénement de LOUIS LE GRAND à la Couronne, jusqu'à la mort de la Reine Mere.

LIVRE PREMIER.

LE Cardinal de Richelieu étant mort, & Louis le juste de glorieuse mémoire, qui étoit alors assis sur le Trone ne lui ayant guéres survécu, la Reine Mere destina sa place au Cardinal Mazarin, il avoit dès le vivant du Roi beaucoup de crédit dans le Conseil; & comme il avoit assez bien servi la Couronne dans quelques Négociations où il avoit été employé, c'étoit une récompense qu'elle croyoit devoir à ses services. Elle n'en voulut pourtant rien dire à personne, parceque la plûpart des Grands qui avoient beaucoup souffert sous le ministére du Cardinal de Richelieu ne l'aimoient pas, soit à cause de sa qualité d'étranger ou parce qu'on s'étoit si mal trouvé d'un Cardinal pour premier Ministre : ainsi avant de leur déclarer sa volonté, elle étoit bien aise de se voir délivrée de quelques inquiétudes qui troubloient son repos. La plus grande de toutes étoit que les Espagnols commandés par Mello menaçoient la Picardie autour de laquelle ils rodoient depuis quelque temps. Cela avoit obligé le Conseil sur les derniers jours de la vie du Roi de renforcer les Garnisons des Places qui sont sur cette frontiere. Mais les Ennemis ayant tourné tout-d'un-coup du côté de la Meuse, comme s'ils eussent eu dessein de passer cette riviere, ils tomberent lorsqu'on y penſoit le moins ſur Rocroy où ils mirent le Siège.

Cette Place qui eſt une des clefs de la Champagne, Province également frontiere de trois Puiſſances dont les intérêts étoient contraires à ceux du Roi, n'étoit pas en trop bon état. Il ne paroiſſoit pas même d'autre moyen de la ſauver que de hazarder une Bataille. La Reine tint conſeil là-deſſus, réſoluë d'en paſſer par l'avis des perſonnes qui le compoſoient. Ils trouverent la choſe d'une ſi grande conſequence, parcequ'en perdant la Bataille rien n'empêchoit plus les Ennemis de s'avancer juſqu'aux portes de Paris, que l'on manda au Maréchal de l'Hôpital, qui avoit été donné pour conſeil au Duc d'Anguien, de ne pas ſouffrir que ce jeune Prince ſe laiſſât tellement emporter à ſon courage qu'il riſquât viſiblement le ſalut de l'Etat. En effet l'Armée de Mello étoit plus forte que la ſienne, outre qu'elle étoit compoſée de l'élite des Troupes Eſpagnoles qui étoient extrêmement formidables en ce temps-là.

Le Duc d'Anguien n'avoit pas encore vingt-un ans, âge ou le ſang a coûtume de bouillir dans les veines, ce qui joint à l'ardeur qu'il avoit déja témoigné dans deux Campagnes qu'il avoit faites en qualité de volontaire, faisoit croire avec juste raison que les mains lui demangeroient d'abord qu'il se trouveroit en présence des Ennemis. Aussi la Reine pour empêcher qu'il n'écoutât trop cette ardeur, lui envoya les mêmes ordres qu'elle envoyoit au Maréchal de l'Hôpital : ils ne lui plurent point du tout parce qu'il ne demandoit que l'occasion de se signaler & d'acquerir de la gloire. Il en parla à Gassion qui avoit déja acquis beaucoup d'estime par les armes, & qui en continuant toujours d'y faire des merveilles ne tarda guéres à avoir le bâton de Maréchal de France, qui est le plus grand honneur où un Gentilhomme puisse atteindre. Il avoit été Page de Henri de Bourbon, Prince de Condé, pere du Duc ; & ce qui est assez extraordinaire, & même ce qui ne se verra peut-être jamais, c'est qu'il ne ne fut pas le seul de ses Pages qui parvint à cette Dignité. Il y en eut encore trois autres qui portoient les trousses avec lui qui reçurent ce même honneur : chose trop remarquable pour être passée sous silence.

Quoiqu'il en soit Gassion qui avoit la confiance du Duc, & une secréte jalousie de ce que le Maréchal avoit le secret de la Cour, pendant qu'elle sembloit le négliger, ne sçut pas plûtôt ce que vouloit faire ce jeune Général qu'il résolut de concourir avec lui à ses desseins : ainsi ne demandant pas mieux que d'engager le combat, malgré toutes les précautions que le Maréchal prenoit pour l'éviter, il dit au Duc que s'il l'en vouloit croire, il le mettroit bien-tôt aux mains avec les Ennemis. Tenir un discours comme celui-là à ce jeune Prince, & avoir son consentement étoit toute la même chose : aussi lui répondit-il que jamais proposition ne lui pouvoit être plus agréable, & qu'il n'avoit qu'à lui dire ce qu'il falloit faire pour en voir en même temps l'éxécution. Gassion ne se fit pas presser pour lui déclarer son secret : il lui dit qu'il n'avoit qu'à le détacher pour être bien-tôt content, & l'ayant instruit de ce qu'il auroit à faire après son départ, le Duc se l'imprima si fortement dans l'esprit qu'il n'eut garde de l'oublier. Gaſſion fut ainſi détaché ſous prétexte d'aller reconnoître un défilé ; c'étoit tout ce que ſon ordre portoit en apparence, pendant qu'il étoit convenu avec le Duc qu'il le paſſeroit ſans donner le temps au Maréchal de s'oppoſer à ſon deſſein. Il le paſſa effectivement au lieu de s'arrêter en-deçà, comme le Maréchal croyoit qu'il alloit faire. Le Duc fit ſemblant d'en être ſurpris, & dit au Maréchal que puiſqu'il s'étoit engagé ſi avant, il falloit le ſecourir à quelque prix que ce fut ; qu'il étoit réſolu de le ſuivre de peur de le voir périr devant ſes yeux. Le Maréchal entendit bien ce que cela vouloit dire, & ne voulût point s'y oppoſer. Comme il avoit peur que Gaſſion ne fût taillé en repaſſant le défilé, il ne voulût pas qu'on pût l'accuſer d'être cauſe de ſa perte. L'Armée le paſſa donc elle-même & l'affaire s'étant ainſi embarquée, la Bataille ſe donna avec beaucoup de courage de part & d'autre. Cette ardeur réciproque tint la balance pendant quelque temps, mais enfin s'étant déclarée pour le Duc, Mello fut défait & eut beaucoup de peine à s'empêcher d'être fait prisonnier, tant il fut poursuivi vivement. Toute son Infanterie y fut défaite à platte coûture après une défense merveilleuse qui combla même de gloire le Comte de Fontaines qui la commandoit. Sa vigueur ne lui servit pas néanmoins de grand chose, puisqu'il y fut tué en donnant ses ordres dans sa chaise dont il ne pouvoit sortir pour monter à cheval, étant tout mangé de gouttes. Cette victoire donna commencement à la grande réputation où le Duc d'Angien monta depuis. Car outre qu'il avoit fait des merveilles de sa personne dans le combat, il fit encore dans la suite des actions si prodigieuses de valeur, qu'on eut dit qu'il vouloit effacer la gloire des plus grands Capitaines qui avoient paru avant lui.

Ce glorieux succès avoit été précédé de quelques jours d'une chose encore fort avantageuse à la Reine. Le feu Roi lui avoit bien donné par une Déclaration qu'il avoit faite quelques jours avant sa mort la tutelle du Roi son fils, & la Régence du Royaume; mais comme c'étoit à des conditions si onéreuses pour elle qu'elle ne sçavoit presque si elle la devoit accepter, elle songea à faire casser cette Déclaration si-tôt que l'on eut fermé les yeux au Roi. Il sembloit cependant qu'il fut au-dessus de son pouvoir d'y réüssir, tant le Roi sembloit avoir bien pris ses mesures. Mais ayant eu l'adresse d'engager dans ses intérêts les Grands du Royaume & les meilleures têtes du Parlement, sous l'espérance qu'elle leur donna que quand elle feroit choix d'un Ministre, elle jetteroit les yeux sur un autre que sur le Cardinal Mazarin; ils consentirent à tout ce qu'elle voulut. La chose s'étant ainsi passée, elle se vit en état de faire éclore ce qu'elle avoit conçu à l'avantage de son Eminence. Mais elle ne le voulut pas faire encore si-tôt, parce qu'il y auroit eu trop peu de distance entre son élévation & les espérances qu'elle venoit de donner aux Grands dont je viens de parler. Elle lui vouloit laisser le temps de gagner leur esprit; ce qu'il fit avec une souplesse merveilleuse. Il leur fit entendre à tous séparément que s'ils consentoient que la Reine l'élevât à un poste si avantageux, ce seroit à eux qu'il en auroit non-seulement l'obligation, mais encore qu'il ne se conduiroit jamais que par leur conseil.

Le génie de ce Ministre étoit bien différent que celui du Cardinal de Richelieu : autant l'un avoit l'ame grande & étoit porté au bien & à la gloire de l'Etat, autant l'autre avoit des sentimens bas, & ne se soucioit guéres de ce que le Royaume pouvoit devenir, pourvû que ses affaires allassent bien. L'intérêt étoit ce qui marchoit le premier chez lui, tous ses soins n'aboutissoient qu'à amasser des richesses, comme si le souverain bien eut consisté uniquement à en avoir. Les deux Ministres avoient encore cela de différent entr'eux, que si l'un méprisoit ses Ennemis & leur faisoit une guerre ouverte, jusqu'à ce qu'il put les mettre sous ses pieds, l'autre les craignoit comme la mort, & étoit toujours prêt à les acheter à beaux deniers comptans. De-là vint que sous son Ministére l'on vit plusieurs fois le vice & la rébellion couronnés : aussi ne se mettoit-il guéres en peine de tout ce qu'il en pouvoit coûter à Sa Majesté, pourvû qu'il se délivrât de crainte & qu'il pût vivre en repos. Il étoit Italien de Nation,

Gentilhomme de naissance, mais dont l'extraction n'étoit pas des plus anciennes, un de ses Ancêtres avoit été Chapelier, si l'on en croit la chronique scandaleuse; mais il y avoit déja long-temps, de sorte que ses descendans avoient eu le temps de faire souche de Noblesse. Cependant, comme il ne faut pas toujours croire ce qui se dit au désavantage d'un Ministre, parce que quand on est une fois si élevé on est d'ordinaire en butte aux méchantes langues, il se pourroit bien faire que ce fut-là une médisance. En effet, il avoit des parens de grande considération, ce qui ne s'accorde guéres avec une origine si basse. Il est vrai qu'on peut dire que ses peres n'avoient fait ces grandes alliances que depuis qu'ils avoient trouvé le secret de se tirer de la crasse où leurs ayeux avoient été ensevelis pendant plusieurs Siécles. Les parens de conséquence qu'il avoit étoient le Cardinal Colonne & les Mancini qui sont d'une des premieres Noblesses Romaines; quoiqu'il y ait pourtant bien à dire qu'ils approchent de la Maison des Colonnes. Le Cardinal de Colonne l'avoit mis au Collége dans sa jeunesse, & même en avoit pris soin quand il étoit devenu plus grand ; mais voyant qu'il vouloit à toute force se marier à une Juive dont il étoit devenu amoureux, il l'abandonna à la fin voyant qu'il ne pouvoit lui faire entendre raison. Il empêcha pourtant par son crédit qu'il ne fit ce mariage, & ce fut le dernier service qu'il lui rendit.

Le Cardinal Mazarin porta ensuite les armes, & fut Capitaine d'Infanterie ; il s'en vantoit souvent depuis qu'il fut devenu premier Ministre, il sembloit même qu'il prit encore plaisir à s'en ressouvenir, tant il appuyoit la chose quand il venoit à en parler. Cela fut cause qu'étant un jour au Cercle chez la Reine, comme il voulut encore faire le même récit, parcequ'il lui sembloit que l'occasion lui en étoit favorable, le Comte de Nogent dont le principal emploi étoit de faire rire Sa Majesté par ses railleries, lui dit sans le marchander, qu'il avoit eu grand tort de prendre la soutanne, puisqu'il étoit déja si avancé dans l'épée, qu'il y auroit long-temps qu'il seroit Colonel, à moins qu'il ne fut mort avant que d'y arriver. Cependant que ç'auroit été une consolation pour tous ses amis & particulierement pour toute la France, parce qu'il seroit mort au lit d'honneur. On trouva ce trait piquant, sur tout étant lancé contre un Ministre; mais comme il venoit d'un homme qui en disoit bien d'autres à tout le monde, peut-être que le Cardinal n'y fit pas la même attention qu'il y eut faite, s'il fut parti de la bouche de quelque Partisan plus distingué.

On lui disoit ainsi tous les jours des paroles aussi peu respectueuses que celle-là, sans qu'il parut beaucoup s'en mettre en peine. Ayant dit un jour au Comte de Grand-Pré, qui étoit alors assez à la mode, quoiqu'il soit devenu sur la fin de ses jours tout-à-fait dans le mépris des honnêtes-gens pour s'être trop adonné au vin, & pour être trop mal-propre pour un homme de sa qualité: ayant dit, dis-je, à ce Comte, qu'il lui vouloit donner une maîtresse de sa main, & qu'il ne l'en dédiroit pas apparemment, il lui répondit avec une grande brusquerie, qu'il le vouloit bien pourvû que ce fut
Made-

Mademoiselle de Vervins; que cependant, si c'en étoit une autre, il n'avoit que faire de s'en mêler. Il en étoit amoureux, & même il l'épousa depuis. Ce n'étoit pas pourtant la femme que son Eminence vouloit lui donner; mais après une réponse comme la sienne Elle n'eût garde de lui en parler d'avance.

Ce manque de respect qui parut dès le commencement que la Reine Mere témoigna de la bonne volonté pour lui, continua toujours de même force, sans qu'aucun Courtisan pût se résoudre à le regarder avec les mêmes yeux qu'ils avoient fait le Cardinal de Richelieu. Et comme il n'y a rien qui marque plus l'esprit de rébellion que le mépris des Puissances ausquels nous sommes soumis, ou immédiatement de la part de Dieu, ou par le choix des Princes qui les ont choisis pour donner leurs ordres sous eux; l'on vit bien-tôt s'élever contre lui une grande quantité de personnes, dont le but étoit de le ruiner dans l'esprit de la Reine.

Le Duc de Beaufort, cadet du Duc de Mercœur qui étoit du Sang Royal, mais du côté gauche, fut un de ceux qui s'efforça de lui faire le plus de mal. La Reine lui avoit donné de grandes marques de distinction sur les derniers jours de la vie du Roi. Elles lui firent croire qu'il n'étoit pas mal dans son esprit, & qu'il s'en trouveroit bien, si-tôt qu'elle seroit toute-puissante. Mais s'appercevant que le Cardinal y étoit encore mieux que lui, il ne lui en fallut pas davantage pour le haïr mortellement. Il s'étoit flaté parce que la Reine lui avoit mis entre les mains la personne du Roi son fils, & celle de Monsieur, lorsque le Roi son époux étoit sur le point de rendre l'ame, qu'il auroit grande part aux affaires ; l'on ne sçait pas néanmoins comment il s'étoit pû mettre tant de vanité dans la tête ; & encore moins comment il le pouvoit desirer si ardemment, puisqu'il y étoit moins propre que personne. Jamais Prince n'avoit eu pour le Cabinet moins de talent que lui ; & de vouloir y tenir la premiere place, c'étoit justement vouloir apprendre à toute la France, combien la nature l'avoit mal partagé pour l'esprit. La politesse si nécessaire à un Ministre qui veut captiver la bienveillance de ceux qui ont affaire à lui, lui manquoit à un point qu'on n'eut jamais dit qu'il eut été petit-fils de Henri IV. comme il l'étoit. Il tenoit en cela de sa mere, la plus riche Princesse qu'il y eut en France, si l'on en excepte Mademoiselle, puisqu'elle avoit six millions de bien. Elle étoit fille du Duc de Mercœur, Prince de la Maison de Lorraine. Nonobstant qu'elle sortît d'un Sang si glorieux, qu'elle fut fille unique & qu'elle eut de si grands biens, elle avoit été élevée avec tant de négligence, qu'elle ne pouvoit dire une parole qu'elle ne manquât contre le langage, & même si grossiérement, que les gens de la lie du peuple ni sçauroient faire de plus grandes fautes. Rien n'étoit plus commun chez elle, les *i* pour les *a* & les *a* pour les *i*. Le Duc de Beaufort tenoit d'elle pour la grossiéreté. Soit par inclination ou autrement, il étoit extrêmement populaire, qualité qui devint en admiration par la suite au peuple de Paris, pendant qu'à la Cour on n'en fit pas grand état. Aussi comme la Reine jugeoit que ce n'étoit pas-là la qualité la plus essentielle pour faire un Ministre; & qu'au contraire, il valloit bien mieux quand on avoit à commander aux autres, se faire porter respect, que de tant se familiariser ; cela fut cause que quand même elle n'eut pas eu d'autres raisons que celle-là pour faire échouer ses espérances, elle auroit été bien éloignée de songer à lui, quand il fut question de remplir une place de si grande conséquence.

La Duchesse de Chevreuse avoit les mêmes prétentions que le Duc de Beaufort, quoiqu'elle ne pût pas espérer gouverner elle-même à cause de son sexe. Mais à ce défaut elle comptoit bien donner un homme à la Reine, par qui elle régneroit tout aussi bien, que si elle étoit elle-même en sa place. Elle fit ses projets de loin, & même lorsqu'elle étoit encore dans les Pays étrangers ; elle avoit été exilée du temps du feu Roi, & elle étoit allée à Bruxelles où elle avoit eu le temps de s'ennuyer. Ce qui avoit été cause de sa disgrace ; c'est que le Cardinal de Richelieu qui prenoit ombrage de tout, avoit trouvé qu'elle avoit non-seulement trop d'esprit, mais quelle étoit encore trop bien auprès de la Reine pour la laisser plus long-temps auprès d'elle. Il craignoit, comme elle avoit beaucoup d'ambition, qu'elle ne se servît du crédit qu'elle avoit sur l'esprit de Sa Majesté pour faire entendre bien des choses au Roi. Ce n'est pas que le Roi & la Reine fussent trop bien ensemble ; son Eminence prenoit soin de les brouiller le plus souvent qu'il pouvoit, afin de pouvoir gouverner avec plus d'autorité ; mais comme une femme a beaucoup de pouvoir sur l'esprit de son mari, principalement quand elle est aussi belle & aussi aimable qu'étoit la Reine, il craignoit qu'ils ne se raccommodassent ensemble au préjudice de ses intérêts. Ce qu'il mettoit en avant le plus souvent pour entretenir cette mésintelligence, c'est que la Reine nonobstant qu'elle eût été mariée à Sa Majesté étoit toujours aussi bonne Espagnolle qu'elle l'étoit, quand elle étoit partie de Madrid. C'étoit prendre le Roi par son foible, lui qui haïssoit la Monarchie Espagnolle à un point qu'il n'y a rien qu'il n'eut fait pour la détruire. Cette aversion étoit fondée sur ce qu'il croyoit que les Espagnols n'oublioient rien pour exciter des Guerres Civiles dans son Royaume : Elle les accusoit d'avoir des intelligences avec les gens de la Religion, & de leur fournir de l'argent toutes les fois qu'ils prenoient les armes contre lui. Au-reste étant ou plus crédule qu'il ne falloit là-dessus, ou peut-être assez foible pour croire tout ce que le Cardinal lui vouloit insinuer, Elle eût du soupçon aussi-bien contre Madame de Chevreuse qu'Elle en avoit contre la Reine. Son Eminence ne lui eut donc pas plûtôt dit qu'il n'y avoit rien de si dangereux que de laisser la Duchesse auprès d'elle, parce que, du caractére dont elle étoit, elle étoit capable de lui donner de méchans conseils, qu'elle lui devint suspecte au même temps. Néanmoins, il ne décerna encore si-tôt rien contr'elle ; mais le Cardinal qui ne vouloit pas demeurer en si beau chemin lui ayant insinué que quelques intrigues que l'on venoit de découvrir à la Cour ne venoient que de cette Dame, il ne lui en fallût pas davantage pour lui faire donner ordre de sortir du Royaume.

La Reine ne fût pas plûtôt déclarée Régente, qu'elle se crût obligée de la rappeller : Elle considéroit qu'elle n'avoit été éxilée qu'à fon fujet, & qu'on pouvoit trouver à redire, fi lorfqu'elle étoit devenuë toute-puiffante, elle ne fongeoit à adoucir les maux d'une perfonne qui avoit fouffert dix ans pour l'amour d'elle. Car fon éxil duroit depuis ce temps-là, fans que le feu Roi eut jamais voulu la rappeller. Elle lui envoya donc un Courier à Bruxelles; & cette Dame n'ayant pas plûtôt fçu la mort de Sa Majefté, à laquelle elle s'étoit bien attenduë, s'y étant préparée de longue main, prit le chemin de France une heure après l'arrivée du Courier. Elle croyoit être à la Cour plus puiffante que jamais, non-feulement parce qu'elle avoit été autrefois très-bien auprès de Sa Majefté, mais encore parce qu'elle avoit beaucoup fouffert pour elle. Elle étoit de la Maifon de Rohan, Maifon qui a rang de Prince en France, auffi-bien que la Maifon de Lorraine & quelques autres. Elle avoit époufée en premieres nôces le Connétable de Luines, qui de fimple Gentilhomme s'étoit élevé jufqu'à la premiere dignité du Royaume. Il n'avoit pourtant jamais rendu de trop grands fervices, mais le meurtre du

Maréchal d'Ancre qu'il avoit conseillé au Roi, & le talent qu'il avoit de procurer à sa Majesté des plaisirs conformes à son inclination, lui avoit tenu lieu de ce qui a coûtume de servir à l'avancement des autres. Sa femme après sa mort s'étoit remariée à Mr. de Chevreuse, Prince de la Maison de Lorraine, tellement que tant de son côté que de celui de son mari, elle ne voyoit rien à la Cour, si l'on en excepte les Princes du Sang, qui eut quelqu'élevation au-dessus d'elle.

Chacun ne sçut pas plûtôt que la Reine la faisoit revenir, qu'on la regarda comme une personne qui feroit la plus grande partie de ce qu'elle voudroit auprès de Sa Majesté. Ainsi, la plûpart des Courtisans, tant pour la prévenir en leur faveur, que pour faire leur cour à la Reine, s'en furent audevant d'elle, les uns à quatre lieuës de Paris, les autres encore plus loin: elle entra ainsi, comme en triomphe dans cette grande Ville, dont elle avoit été chassée si honteusement; & étant allée descendre au Louvre accompagnée des Princes & des Princesses de la Maison de son mari & de la sienne, elle passa au-travers de la cour où elle trouva autant de monde qu'elle avoit fait dans les ruës. Car les Parisiens qui ne sont pas méchans naturellement, mais qui sont aussi remplis de legéreté que pas un peuple de la terre, après l'avoir vû partir avec de grandes marques de réjouïssance, comme si elle n'eut eû que ce qu'elle méritoit, la voyoient revenir présentement avec autant de satisfaction, que si cette même personne qu'ils avoient regardée auparavant comme criminelle, se fut justifiée si clairement qu'on ne pût plus la regarder que comme ayant souffert injustement.

Deux jours avant qu'elle arriva, le Cardinal Mazarin qui commençoit déja à prendre connoissance des Finances, quoiqu'il n'eut pas encore été déclaré Premier Ministre, m'envoya chercher par de Bar, qui est mort Gouverneur d'Amiens, pour me demander compte d'une affaire dont j'avois eu la Direction. Cet homme qui étoit Gascon, & qui n'avoit rien de chez soi, s'étoit déja donné à lui; parce que comme il ne manquoit pas d'esprit, il prévoyoit bien qu'il ne pouvoit guéres choisir de Maître qui fut plus en état de lui faire

B 5

faire sa fortune. Je le fus trouver en même temps, & lui dis ce que je sçavois de cette affaire. Je croyois après lui avoir fait ce détail, que je n'avois plus qu'à m'en retourner; mais il me dit de ne me pas en aller si vîte, & qu'il avoit encore quelque chose à me dire : qu'il ne m'avoit pas envoyé chercher seulement pour ce sujet, mais encore pour lui rendre un service dont il me seroit obligé toute sa vie : qu'il avoit jetté les yeux sur moi préférablement à un autre, parce que je lui paroissois homme d'esprit, qu'il vouloit que je fusse de ses amis, & que j'allois bien voir par deux choses qu'il avoit à me dire que c'étoit-là son dessein.

Comme le bruit couroit que ce seroit lui qui auroit la place du Cardinal de Richelieu, & que d'ailleurs, je m'appercevois moi-même qu'il étoit fort bien dans l'esprit de la Reine, je me tins fort honoré de ce compliment. Je lui répondis sans hésiter, qu'il n'avoit qu'à me commander pour être obeï. Ma réponse, toute courte qu'elle étoit, ne lui déplût pas. Comme elle étoit significative, il la prit aussi-tôt au pied de la lettre. Il me demanda vingt mille écus à emprunter, qui étoit une des deux choses qu'il avoit à me dire. Pour ce qui est de l'autre, il me pria de me trouver dans la chambre de la Reine, lorsque Madame de Chevreuse y arriveroit. Il me dit, qu'il vouloit que je lui rendisse compte de quelle manière elle la recevroit, que j'eusse soin aussi de ne point perdre une seule parole de leur entretien, parce qu'il lui étoit de la dernière conséquence de sçavoir tout ce qui se passeroit entre elles, jusqu'à la moindre circonstance. Je fis semblant d'être aussi content de l'un que de l'autre, quoique, pour en dire la vérité, il y eût à dire plus de la moitié. Les vingt mille écus qu'il me demandoit m'embarrassoient bien davantage que le métier d'espion qu'il me proposoit de faire, quoiqu'il ne s'accordât guéres avec mon inclination. Je ne le voyois pas encore trop bien affermi pour lui prêter une si grosse somme, outre que je sçavois de bon lieu, que quand il empruntoit une fois, on avoit toutes les peines du monde à retirer ce qu'on lui avoit prêté. Il n'étoit pas étonnant que dans les commencemens de sa fortune, il eût besoin d'argent : tout ce qui m'étonnoit, c'est qu'il fût si hardi que de m'en demander tant à la fois. Il me sembloit que c'étoit beaucoup pour lui, lui que tout le monde avoit vû il n'y avoit pas encore bien long-temps si mal à son aise qu'on n'y pouvoit guéres être davantage. Il avoit commencé à se faire connoître à Casal, où il avoit rendu quelque service à la Couronne, empêchant que nous en vinssions aux mains avec les Espagnols. Il étoit venu ensuite à Paris, où il s'étoit trouvé si fort à l'étroit, qu'il avoit été trop heureux que Mr. de Chavigny, Secrétaire d'Etat des Affaires Etrangeres, lui eût donné une chambre dans sa maison. Il lui avoit aussi donné en même-temps la table de ses Commis, qu'il avoit été trop heureux de prendre, quoique de fois à autre il eût du chagrin de ce qu'il faisoit si peu de cas de lui, que de ne lui pas donner la sienne. Mr. de Chavigny lui avoit même prêté de fois à autre, tantôt trente pistoles, tantôt quarante, selon le besoin qu'il en avoit; mais soit que la présence de son bienfacteur semblât lui reprocher l'état où il s'étoit trouvé, ou que naturellement il n'aimât pas à se ressouvenir des plaisirs qu'on lui faisoit, il ne se vit pas plutôt en faveur auprès de la Reine, qu'il lui fit ôter sa Charge de Secrétaire d'Etat. Son pere qui étoit Sur-Intendant des Finances fût aussi privé de la sienne. La premiére fût renduë au Comte de Brienne qui l'avoit eu avant Mr. de Chavigny, & l'autre donnée au Président de Bailleul qui étoit Chancelier de la Reine & Président à Mortier; mais il étoit si peu propre à cet emploi qu'il croyoit régler sur le même pied qu'il régloit les affaires du Palais, où tout n'est rempli que de longueurs & de chicanes, que l'on ne tarda guéres à regretter le pauvre Mr. Bouteiller qui étoit bien un autre homme. C'étoit-là le nom du pere de Mr. de Chavigny. Il avoit gouverné les Finances depuis quelque tems conjointement avec Mr. de Bullion; mais celui-ci étant mort, Mr. de Chavigny qui étoit fort bien auprès du Cardinal de Richelieu, avoit fait ensorte que l'on ne lui avoit point donné de collégue.

La disgrace de Mr. de Chavigny & de son pere ne fit point d'honneur au Cardinal Mazarin. Ceux qui sçavoient les obligations qu'il avoit à cette Maison, prirent sujet de-là de publier quantité de choses à son désavantage. Il nia d'y avoir contribué en aucune façon, & rejetta la chose sur la Reine qui ne les aimoit n'y l'un n'y l'autre, à ce qu'il disoit, parce qu'ils étoient créatures du Cardinal de Richelieu. Il croyoit s'excuser par-là; mais comme il y en eût beaucoup d'autres qui devoient aussi-bien qu'eux leur fortune à ce Ministre, & qui nénmoins ne laisserent pas de demeurer en place, on ne crut pas devoir ajoûter beaucoup de foi à ses paroles. Le Chancelier Seguier, surtout n'eût jamais évité l'éxil, ou même quelque chose de pis, si la Reine eût été ainsi d'humeur à se venger. En effet, pour se montrer fidele Ministre des volontés du Cardinal de Richelieu, à qui il avoit l'obligation de sa fortune, il lui avoit cherché, jusques dans le sein, des lettres que l'on prétendoit qu'elle avoit reçuës d'Espagne. On veut même qu'il l'obligea de se déchausser de peur qu'elle ne les eût mis dans ses bas. Il l'obligea aussi de se décoëffer, parcequ'il craignoit qu'elle ne les eût cachées dans ses cheveux. Néanmoins il ne trouva rien, mais il ne s'étoit pû dispenser d'une recherche aussi éxacte, parce que dans quelque poste où l'on soit élevé, on est obligé d'éxécuter les ordres d'un Ministre, qu'on regarde toûjours comme les ayant reçus de Sa Majesté. Et, pour en dire la vérité, ceux-ci venoient directement du Roi ; le Cardinal lui ayant insinué que la Reine entroit bien avant dans une conjuration qui se faisoit contre sa personne, & contre le salut de son Etat.

Après que j'eus fait porter au Cardinal Mazarin les vingt mille écus qu'il me demandoit, je me rendis dans la chambre de la Reine le jour que Madame de Chevreuse devoit arriver à Paris. Si-tôt qu'elle fût entrée dans la cour du Louvre, on vint annoncer sa venuë à Sa Majesté : elle l'avoit ordonné elle-même, parce qu'elle vouloit lui faire l'honneur d'aller au-devant d'elle jusqu'à la porte de son antichambre. Elle s'avança effectivement jusques-là, & lui ayant fait toutes les caresses que la différence du rang qui étoit entr'elles, lui pouvoit permettre, il n'y eût personne qui ne crût, à tant de marques de distinctions, que cette Dame n'allât être à la Cour mieux qu'elle n'y avoit jamais été. La Reine la fit entrer ensuite dans le cabinet où elle avoit accoûtumé de tenir conseil ; elle y demeura tête à tête avec elle plus d'une demie heure, ce qui eût donné bien de la jalousie à son Eminence si je fusse parti de là pour le lui aller dire ; aussi étoit-elle en grande inquiétude pendant ce temps-là. Cependant comme, autant que l'on peut, on veut voir de ses propres yeux ce qui se passe dans une occasion si intéressante, ce Ministre étoit allé incognito dans la chambre d'un Officier du Roi, dont la fenêtre avoit vûë sur la cour du Louvre, pour voir de quelle maniere la Duchesse y arriveroit. Il fut fort surpris du grand cortége qui étoit allé au-devant d'elle, & qui l'y accompagnoit. Ainsi Elle n'eût point de repos que je ne lui eusse été dire comment les choses s'étoient passées dans l'entrevûë qu'elle venoit d'avoir avec la Reine.

Sa Majesté vint tenir le cercle après être sortie de son cabinet : Madame de Chevreuse s'y trouva comme les autres, & la Reine lui avoit fait un si bon acceüil, que comme elle étoit de belle humeur elle ne cessa point d'y primer. Elle se crût même en état de faire tout ce qu'elle voudroit, tant Sa Majesté lui avoit fait de caresses. Elle avoit en vûë d'élever au Ministére un homme qui avoit été le compagnon de son éxil, & qu'elle prétendoit maintenant rendre celui de sa fortune. C'étoit Mr. de Châteauneuf qui avoit été Garde des Sceaux, homme trop droit & trop franc pour occuper un poste comme celui-là. Car s'il est vrai, comme on fait tout son possible pour nous le persuader, qu'il soit nécessaire, quand on veut régner comme il faut, de sçavoir dissimuler, comment eût-il été propre à être Ministre, lui qui avoit ordinairement le cœur sur les lévres ? La Reine l'avoit fait revenir avec plusieurs autres éxilés, qui aussi-bien que la Duchesse avoient été les victimes de la passion du Cardinal de Richelieu.

Je me tins dans la chambre de la Reine tant que Madame de Chevreuse y demeura; & Sa Majesté lui ayant dit qu'elle lui conseilloit de s'aller reposer, parce qu'elle devoit être fatiguée de son voyage, elle ne fut pas plutôt partie, que Sa Majesté demanda à Madame de Lansac, Goûvernante des Enfans de France, c'est-à-dire, du Roi & de Monsieur, si elle ne la trouvoit pas bien changée depuis qu'elle étoit partie de la Cour. Madame de Lanſac qui donnoit beaucoup dans les apparences, comme il arrive d'ordinaire à tout le monde, s'étoit laiſſée ſi bien tromper à la bonne réception qu'elle lui avoit faite, qu'elle la croyoit mieux que jamais dans ſon eſprit: quoiqu'elle la trouvât auſſi changée que la Reine la trouvoit elle-même, elle n'eût garde de lui dire ce qu'elle en penſoit. Elle lui dit au contraire qu'elle avoit tout autant d'eſprit & de beauté qu'elle en eût jamais eû: qu'il y avoit dix ans tout entiers qu'elle ne l'avoit vuë, mais qu'il ne lui ſembloit pas qu'il y eût dix jours, tant elle avoit ſçû ſe bien conſerver. La Reine lui répliqua froidement, & ſans ſe ſoucier que quelqu'un l'entendit, que ſi elle avoit quelque choſe à ſçavoir qui dépendit de la vuë, ce ne ſeroit jamais à elle qu'elle voudroit s'en rapporter; qu'il falloit de toute néceſſité que ſes yeux ou les ſiens fuſſent bien mauvais, puiſqu'ils leur faiſoient voir ſi differemment un même objet qui pourtant devoit toûjours paroître le même à l'une & à l'autre: que pour elle, elle la trouvoit tellement changée qu'à peine la pouvoit-elle reconnoître;

qu'elle paroissoit non-seulement deux fois plus âgée qu'elle n'étoit quand elle étoit partie, mais qu'elle avoit encore contractée de si mauvaises habitudes pendant qu'elle avoit été à Bruxelles, qu'il étoit aisé de voir qu'elle ne venoit pas d'une Cour aussi polie que l'étoit celle de France: Qu'elle avoit même oubliée jusqu'à son françois, ce qui étoit si visible, que toute Etrangere qu'elle étoit, elle n'avoit pas laissée de s'en appercevoir: Que si elle disoit vrai, comme on n'en devoit point douter, à plus forte raison les autres avoient-ils fait la même découverte, qu'elle n'avoit plus que de la grossiereté dans tout ce qu'elle faisoit, si bien qu'on avoit beau la chercher, soit dans ses actions ou dans ses paroles, il étoit absolument impossible de la retrouver. Ce que disoit la Reine étoit la pure vérité, sans qu'il y entrât la moindre prévention. La Duchesse avoit de fois à autre lâchée des paroles qui avoient tellement choqué l'oreille, que ç'eût été tout ce que l'on auroit pû pardonner à une Allemande qui n'auroit eû que trois mois devant elle pour apprendre le François.

Je n'eûs pas plutôt ouï ce discours, que je jugeai que je n'avois plus que faire dans la chambre de la Reine. Je m'en fûs trouver Mr. le Cardinal, qui sans attendre que je lui disse rien, me demanda avec précipitation dabord qu'il eût jetté les yeux sur moi, comment s'étoit passée cette entrevuë. Je sçavois à peu près quelle étoit sa pensée, quoiqu'il ne m'en eût rien dit positivement; quand ce n'eût été que l'agitation où je le voyois, ç'en étoit plus qu'il ne falloit pour me l'apprendre. Cependant, à en dire la vérité, il m'étoit plus facile qu'à aucun autre de pénétrer dans sa pensée; j'avois eû avec lui quelques conversations, où tout caché qu'il étoit, il lui avoit été si difficile de se contrefaire, que j'avois deviné son secret en quelque façon. Il est vrai que ce qui y avoit beaucoup aidé, c'est que comme il m'avoit donné ordre de me trouver dans la chambre de la Reine, je jugeois de-là qu'il y avoit en campagne plus de jalousie qu'il ne vouloit qu'on en crût. Ainsi sçachant que je ne pouvois mieux lui faire ma cour, qu'en lui apprenant que la faveur de cette Dame n'étoit pas bien à craindre, je lui dis que j'étois le plus trompé du monde, si personne avoit sujet de s'en allarmer. Il me demanda sur quoi je fondois mon raisonnement; & lui ayant répondu que c'étoit sur ce que Sa Majesté ne l'avoit pas plutôt vuë qu'elle avoit reconnuë ses défauts: il me répliqua que ce n'étoit pas trop mal raisonner à moi; que cependant ce n'étoit pas assez si je n'avois que cela à lui apprendre; que quand on avoit une fois aimé une personne on s'accoûtumoit insensiblement à tout ce qu'on trouvoit à redire en elle, quoique d'abord ses défauts n'eussent pas manqué de sauter aux yeux; que pour s'en dégoûter entiérement, il falloit quelque chose qui fît peine à l'esprit; que si on ne le mettoit pas de la partie, il étoit à craindre qu'on n'en revînt à la premiere inclination, sur-tout la Reine qui étant naturellement bonne, étoit la premiere à excuser les défauts des autres.

Je l'écoutai parler tant qu'il voulut, & m'ayant encore dit qu'il falloit empêcher à quelque prix que ce fût, que cette Dame ne reprît sur l'esprit de Sa Majesté le même pouvoir qu'elle y avoit eu, je n'eus garde de le contredire ; parce qu'outre qu'il avoit raison, je sçavois que c'étoit-là tout ce qu'il avoit le plus à cœur. Je ne lui offris point cependant mes services dans une affaire comme celle-là, quoique les vingt mille écus que je lui avois prêtés commençassent à me lier étroitement avec lui : aussi-bien je n'eusse sçu par ou m'y prendre pour lui rendre service, & je voulois attendre qu'il me priât lui-même de m'y employer, s'il croyoit que je pusse lui être utile. Mais il n'avoit que faire de moi pour se mettre au-dessus de la crainte qu'il pouvoit avoir de ce côté-là. Il avoit des ruses que nul autre n'avoit jamais euës ; je ne sçais s'il en étoit seulement redevable à la nature, ou si c'étoit à son Pays qui est en grande réputation, comme chacun sçait, pour fournir des Sujets qui l'emportent en finesse par-dessus toutes les autres Nations de l'Europe. Quoiqu'il en soit, il fit accroire à la Reine, que Madame de Chevreuse n'étoit revenuë que dans le dessein de la gouverner, qu'elle avoit déja toutes ses brigues faites pour y réussir, si bien que si elle vouloit être elle-même sa maîtresse, comme il étoit bien de raison, elle ne pouvoit mieux faire que de lui faire connoître, de bonne heure, qu'elle n'étoit pas femme à se laisser gouverner. Il n'en fallut pas davantage à la Reine, pour la faire demeurer sur ses gardes. Elle n'aima point du tout qu'on parlât de la mettre en tutelle, elle qui ne faisoit pour ainsi dire que d'en sortir. Elle ne se souvenoit encore que trop de l'esclavage où le Cardinal de Richelieu l'avoit tenue sous prétexte de politique; tellement que craignant d'y retomber, elle éloigna toûjours de plus en plus son cœur de cette Dame. Elle déclara cependant le Cardinal de Mazarin, premier Ministre; & comme cela renversoit les espérances de Madame de Chevreuse, elle en fut si outrée qu'elle ne put s'empêcher d'en parler à la Reine en des termes peu respectueux. Elle l'accusa d'avoir peu de reconnoissance des souffrances qu'elle avoit enduré pour elle, & de manquer de parole, & à elle & à beaucoup d'autres à qui elle avoit promis de ne point faire tomber son choix sur lui. L'Evêque de Beauvais qui étoit de la famille des Potiers, famille fort accréditée dans le Parlement où, depuis un siécle, elle possedoit les premieres Charges, en parla à-peu-près en mêmes termes. Sa Majesté s'en étoit servie pour faire casser la Déclaration que le feu Roi avoit fait enrégistrer dans cette compagnie quelqueIques jours avant sa mort. Il s'y étoit employé fort utilement. Ses parens dans l'espérance que la Reine l'admettroit dans le Conseil, & qu'ils auroient part à sa faveur, avoient remué tout leur crédit pour faire avoir contentement à cette Princesse. Ainsi, voyant qu'il s'étoit trompé, il demanda son congé à Sa Majesté, sous prétexte d'aller dans son Diocèse. Le Cardinal qui auroit déja voulu le voir à cent lieux de la Cour, fut ravi que le dépit lui fit ainsi quitter la partie. Ce n'est pas qu'il l'appréhendât, il avoit trop peu d'esprit pour se faire craindre; mais il redoutoit ses parens, & craignoit qu'ils ne lui donnassent en temps & lieu des conseils qui lui eussent pû faire de la peine.

Ce Prélat ne prétendoit pas moins que d'occuper la place que la Reine venoit de donner au Cardinal, & de s'élever ensuite à la pourpre. Il n'étoit

pourtant

pourtant nullement capable de cet emploi, où il faut d'autres talens que ceux que l'on reconnoissoit en lui quand on veut s'en acquitter dignement. Il ne sçavoit pas apparemment que plus on est dans l'élévation, plus on s'attire de mépris, principalement lorsqu'on expose en vuë à tout le monde des défauts qui n'étoient connus auparavant que de peu de personnes. Aussi n'avoit-il jamais donné beaucoup de jalousie au Cardinal, qui voyoit bien que quand même on l'eut élevé à cette dignité, il en fut tombé tout aussi-tôt de lui-même, faute d'avoir dequoi s'y pouvoir maintenir. Cependant, comme le Parlement étoit en ce temps-là tout autre chose qu'il n'est aujourd'hui, & que, comme je viens de le dire, il y avoit beaucoup de parens qui l'eussent pu faire agir sous main, il fût ravi d'être délivré de cette inquiétude par le parti qu'il venoit de prendre si mal à propos. Il n'eut donc garde de ne pas conseiller à la Reine de le laisser partir quand il voudroit ; & comme ce Prélat étoit son premier Aumônier, il lui dit en raillant qu'elle ne manqueroit pas de Messe en son absence, que tous les Evêques du Royaume prendroient sa place, quand bon lui sembleroit, & qu'il n'y en avoit pas un qui ne s'en tînt honoré.

Le Duc de Beaufort dont les espérances avoient été trompées aussi-bien que celles de ce Prélat, sçachant que Madame de Chevreuse avoit cela de commun avec eux, qu'elle n'étoit guéres plus contente qu'il le pouvoit être, s'unit avec elle contre le Cardinal. Mr. de la Chastres, Colonel-Général des Suisses, parent de Mr. de Château-neuf, & qui esperoit tirer de grands avantages, si ce Magistrat pouvoit une fois parvenir au Ministére, fut le Négociateur de leur Traité. Il y entra lui-même, & ils convinrent entr'eux de tout mettre en usage pour chasser le Cardinal. Son Eminence prétendit même, quand elle eut découvert leurs desseins, que dans les moyens dont ils prétendoient se servir pour en venir à bout, ils n'en avoient excepté ni le fer ni le poison. Mais les ayant prevenus en faisant arrêter M. de Beaufort & le Comte de la Chastres, Mad. de Chevreuse couroit risque de la même chose, si ce n'est que la Reine en faveur de ce qu'elle avoit souffert pour elle, crut devoir en user moins rigoureusement à son égard; cependant soit qu'elle eut un méchant esprit où que le Cardinal le lui fit accroire, elle convertit la peine qu'elle méritoit en un ordre de sortir du Royaume. Elle fut voir cette fois-là la Cour d'Espagne à Madrid, où elle fut fort bien reçuë, parce que cette Nation qui connoissoit son esprit remuant la regarda comme une personne plus capable qu'aucune autre de troubler le repos de la France.

La prison & l'éxil de tant de personnes considérables se trouvant joints à l'heureux succès de la Bataille de Rocroi, tous ceux qui auroient pu à leur éxemple faire des brigues contre le Ministére en furent retenus par la crainte que pareille punition ne leur arrivât: d'autres appréhenderent encore pis, en quoi ils se montroient assez sages, puisqu'ils n'avoient pas tous ni la naissance ni l'appui de ceux qui avoient été emprisonnés ou éxilés. Cependant la qualité d'Etranger qu'avoit ce Ministre, & sur tout celle d'Italien, qui étoit encore plus en horreur aux François que tout ce qu'on sçauroit dire, à cause que le Maréchal d'Ancre, originaire de ce Pays-là, avoit abusé il n'y avoit pas encore long-temps de sa faveur, en sorte qu'il en étoit devenu odieux à tout le Royaume: la qualité, dis-je, d'Etranger qu'avoit son Eminence, fit que nonobstant tout tout ce qui venoit d'arriver, on ne laissa pas de murmurer sourdement contre le choix de la Reine. On ne vit ainsi qu'à regret que ce Ministre occupa un poste dont on le croyoit indigne, aussi-bien par d'autres endroits que par celui de sa naissance. On trouvoit même qu'il étoit honteux à notre Nation de le souffrir dans cette place, elle qui avoit une infinité de Sujets plus capables mille fois de la remplir que lui qui n'entendoit rien ni aux affaires des Finances, ni même à celle du dedans du Royaume. Et comme la Reine nous avoit encore donné un Surintendant, qui n'y étoit guéres plus habile que lui, tout s'en seroit bien-tôt allé sans dessus dessous, s'il n'y eut eu un meilleur ordre. Il étoit pourtant bien juste d'obéir à Sa Majesté, puisqu'elle le vouloit ainsi. Mais dumoins étant résoluë, comme elle l'étoit, de ne rien changer au choix qu'elle avoit fait de ce Ministre, il falloit qu'elle mit sous lui, pour gouverner les Finances, un homme qui en sçut plus que n'en sçavoit le Président de Bailleul. Tous les gens d'affaires souhaitoient ardemment qu'on leur donnât Demeri à sa place, & qu'on le renvoyât au Palais où il étoit plus propre qu'ailleurs. Demeri n'étoit qu'un homme de fortune, mais il entendoit parfaitement bien son métier. Il étoit de la Ville de Rheims, & après avoir commencé par être petit Commis, il s'étoit élevé pied-à-pied, jusqu'à la Charge de Contrôleur Général des Finances qu'il possedoit actuellement. On n'osoit cependant en parler à la Reine, parce que le Président étoit fort bien dans son esprit. On avoit peur que quand il viendroit à le sçavoir, il ne s'en vengea sur ceux qui auroient osé en faire la proposition. A ce défaut, on le dit au Cardinal après avoir pris son serment qu'il ne dénonceroit personne, & qu'il en parleroit à Sa Majesté, comme si cela ne venoit que de lui. On lui remontra que tout dépérissoit dans le Royaume, faute d'avoir un homme entendu à la tête de ces sortes d'affaires, dont dépendoit pourtant la gloire & le salut de l'Etat. Mais quoiqu'il s'en apperçut aussi bien que les autres, il fût je ne sçai combien de temps sans oser lui en parler. Comme il étoit tout politique, & qu'il ne se sentoit pas encore assez bien affermi pour se croire être à l'abri des secousses qu'on pourroit lui donner, il ne voulut point se mettre à dos un homme qui avoit une des premieres Charges dans le Parlement, & qui d'ailleurs étoit créature de la Reine.

Il étoit pourtant si nécessaire de donner reméde de ce côté-là, qu'on ne pouvoit presque plus attendre sans risquer visiblement le salut du Royaume. L'Etat avoit affaire d'argent de tant de côtés, que les revenus du Roi quelques grands qu'ils pussent être, suffisoient à peine pour la moitié de la dépense qu'on étoit obligé de faire. Il falloit pour y suppléer avoir recours à de nouveaux Edits; c'étoit ce que le Sur-Intendant n'entendoit pas; ainsi au lieu de se servir de l'autorité Royale, & de celle qu'il avoit entre les mains pour lever

de Bordeaux.

les difficultés qui s'y préfentoient, il en faifoit plutot naître de nouvelles. Il formoit lui-même des obftacles à tous ceux qu'on lui propofoit, enforte qu'avant que quelqu'un pût lui faire entendre raifon, il fe paffoit un temps infini qui faifoit échouer tout ce qui fe projettoit dans le Confeil. Car comme on fçait que rien ne fe peut faire fans argent, principalement à l'égard de la guerre, où pour réüffir il faut le plus fouvent le répandre à pleines mains, il falloit, faute d'en avoir, demeurer tout court, fans pouvoir aller plus avant.

Néanmoins, il étoit befoin d'en trouver, & même une affez grande quantité: nous avions en même-temps la guerre à foûtenir en quatre endroits différens, en Flandres, en Allemagne, en Catalogne & en Italie. Car comme le Royaume de France eft grand, & qu'il confine avec tous ces Etats, il falloit être armé de tous côtés pour foûtenir la gloire de la Nation. Il falloit encore avoir dequoi payer les penfions qu'on faifoit à je ne fçai combien de Puiffances, pour les engager à demeurer dans les intérêts de la Couronne, fans compter les dépenfes fecrettes, & les autres charges de l'Etat qui montoient encore à des sommes, qu'à peine on peut nombrer, sur-tout les dépenses secrettes. Car comme le Cardinal de Richelieu, après avoir fait révolter le Portugal & la Catalogne contre la Maison d'Autriche, avoit laissé en mourant des Mémoires, par lesquels il prétendoit que la ruïne de cette Maison étoit indubitable, pourvû que l'on pût empêcher les Anglois de se mêler de nos affaires, ni de celles de nos Voisins, il coûtoit des sommes immenses pour réduire ses spéculations en pratique ; l'on n'y avoit point de regret, parce que l'expérience faisoit voir qu'on ne pouvoit prendre de parti plus avantageux. Il avoit suivi lui-même, tant qu'il avoit vêcu la leçon qu'il laissoit maintenant aux autres. Il avoit porté la Reine d'Angleterre à conseiller au Roi son époux, de se servir des forces de la France pour rétablir la Religion Catholique dans ses Etats, & pour y établir son autôrité. Sa Majesté Britannique y avoit secrettement prêté l'oreille, quoiqu'elle parût toûjours attachée à sa Religion. Cependant malgré tous ses déguisemens, on ne laissa pas de s'appercevoir de ses desseins, parce qu'elle commença à favoriser la Religion Catholique au préjudice de la sienne. Le Confesseur de la Reine sa femme l'y avoit instruit en secret ; & toute la différence qu'il y avoit entre Elle & ceux qui en étoient véritablement, c'est qu'elle n'osoit la professer que devant ceux qui étoient dans sa confidence, au lieu que les autres la professoient ouvertement.

Charles, c'est ainsi que s'appelloit ce Prince, donna tête baissée dans le panneau que lui tendoit innocemment la Reine sa femme. Comme elle croyoit de bonne foi que ce n'étoit qu'un zéle de Religion, & l'amour que le Roi son frere avoit pour elle, (car elle étoit sœur de Louis le Juste,) qui faisoit agir le Cardinal de Richelieu, elle étoit toûjours aux oreilles du Roi son mari, à lui dire qu'il devoit profiter du tems, pendant qu'il lui étoit favorable. Charles n'eût pas la prudence non plus qu'elle, de reconnoître qu'il y avoit-là bien moins de zéle de Religion que de politique. Il se mit assez legérement en tête, que le Ministre du Roi son beau-frere ne demandoit à accoître sa puissance, qu'afin de le mettre en état de faire tout ce qu'il voudroit à l'égard de la Religion. Il accepta donc les offres que ce Ministre lui faisoit au nom du Roi son maître, de l'assister en temps & lieu de toutes ses forces, tant par mer que par terre. Il agit toûjours ainsi depuis conformément à cette prévention. Il avança les Seigneurs Catholiques au préjudice des Seigneurs Protestans. Et comme cela ne pouvoit manquer de produire bien-tôt des troubles dans son Royaume, Richelieu eût pû en demeurer-là, s'il eût été d'humeur à se contenter de n'avoir qu'une seule corde à son arc. Mais, comme il croyoit en habile Politique, que de n'en avoir qu'une, c'étoit presque ne point en avoir du tout, il envoya des personnes de confiance en Ecosse, pour y animer les Puritains contre les Episcopaux. Puritain en ce Pays-là, veut dire la même chose, que ce qu'on appelle en France Calviniste. Ils professent bien à la vérité la même Religion qui se professe en Angleterre ; mais ils ont une haine effroyable contre l'Episcopat, & contre quelques cérémonies que l'Eglise Anglicane a retenuë de l'Eglise Catholique. Cela est cause qu'ils ne sont jamais bien d'accord ensemble,

& que s'ils avoient, ou les uns, ou les autres occasion de se détruire, ils ne la laisseroient pas échapper. Quoiqu'il en soit, le Cardinal de Richelieu ayant fait ce que je viens de dire, jetta des semences de division dans ces deux Royaumes qui ne tarderent gueres à y germer. Il mourut ensuite, après avoir eû le contentement de voir que son ouvrage ne commençoit déja pas trop mal à s'avancer.

Le Cardinal Mazarin trouvant tant de besogne taillée, ne pût s'empêcher de la poursuivre; il étoit pourtant tellement porté à l'avarice, que s'il eût pû en retrancher une partie, il l'eût fait de tout son cœur. La dépense qu'il y falloit faire lui donnoit de l'appréhension, de sorte que l'on eût dit que c'étoit presque sa propre substance qu'il y alloit mettre, tant il en avoit de regret. Cependant, comme il sçavoit tout ce qui se passoit à la Cour par le moyen de Debar, & de quelques autres Emissaires qu'il y avoit: Comme dis-je, il n'ignoroit pas par leur moyen qu'il commençoit déja à s'élever un grand nombre d'ennemis contre lui; il ne voulut pas leur donner l'avantage de pouvoir dire qu'il eût abandonné les intérêts de l'E-tat, pour suivre ce que son inclination lui dictoit. D'ailleurs ceux qui commençoient à entrer dans sa confidence, ne manquerent pas de lui dire, que plus il trouveroit de moyens de brouiller les cartes, plus il lui seroit facile de faire ses affaires. La chose étoit trop claire d'elle-même pour en douter, desorte qu'il profita bien-tôt en habile homme, de ce que la fortune lui faisoit naître pour son avancement. Il avoit trouvé la guerre allumée hors du Royaume, à son avénement au Ministére, il eût soin de l'entretenir; ainsi quoiqu'il fût bien des fois en son pouvoir de l'éteindre, il n'en voulut jamais rien faire, parce qu'il commençoit à connoître ses véritables intérêts.

Cependant sçachant que les Grands du Royaume n'étoient pas trop contens de ce que la Reine Mere au préjudice des espérances qu'elle leur avoit données, l'avoit élevé au poste où il étoit, il eût la politique de laisser en apparence toute l'autorité entre les mains du Duc d'Orléans & du Prince de Condé premier Prince du Sang, afin qu'ils ne lui fussent pas contraires; mais de gou-

verner lui-même nonobstant la déférence qu'il paroissoit avoir pour eux : il
tâcha de les broüiller ensemble par des
jalousies, dont il jettoit lui-même les
semences. Il y avoit bien de la différence entre l'esprit de ces deux Princes.
Elle étoit du moins aussi grande que
celle que l'on a remarqué entre le Cardinal de Richelieu & le Cardinal Mazarin. Le Duc d'Orléans étoit un Prince
tout-à-fait adonné à ses plaisirs, sans
se mettre guéres en peine du reste. Il
disoit librement tout ce qu'il pensoit,
sans prendre garde devant qui ce pouvoit être, ni aux conséquences que
pouvoient avoir ses discours. Il avoit
toûjours été débauché jusqu'à l'excès,
& quoiqu'il eût pour femme une fort
belle Princesse, elle n'avoit encore pû
trouver le secret de le retirer de ses desordres. Il est vrai que quelque belle
qu'elle fût, c'étoit plutôt une de ces
beautés qui ne disent rien, quand même elles parleroient tout un jour, que
celles qui sont piquantes & qui disent
tout, quand même elles ne parleroient
jamais. Le Prince de Condé au contraire ne songeoit qu'à ses affaires, sans
songer nullement à ses plaisirs. Il étoit

extrémement politique, parloit peu, & pensoit beaucoup. Le Cardinal qui n'avoit pas vecu jusques-là, sans sçavoir qu'il falloit étudier le génie de ceux à qui l'on avoit affaire, quand on prétendoit les gouverner, prit ces deux Princes par leur foible. Il amusa le Duc d'Orléans par des plaisirs proportionnés à son inclination. Comme il aimoit le jeu aussi-bien que la débauche, il lui aposta des joueurs qui lui gagnerent souvent son argent; car, il jouoit à toutes sortes de jeux aussi mal qu'homme du monde, & cependant il vouloit toûjours jouer. Il traita Mr. le Prince d'une autre façon, il l'attira par des bienfaits, dont il étoit plus avide que tout le reste. Il se rendit par ce moyen maître de toutes les affaires, & même avec une telle autorité que les autres n'entrerent plus au Conseil, pour ainsi dire, que pour y suivre ses sentimens.

Les grandes affaires dont il se trouva chargé ne lui déplurent pas, par rapport à l'avantage qu'il y trouvoit; & comme on ne sçauroit mieux pêcher qu'en eau trouble, il commença tellement à brouiller les affaires qu'on vît bien que la guerre ne finiroit pas si-tôt. Cependant sous prétexte des grandes dépenses que l'Etat étoit obligé de faire, il leva de si grandes sommes, que les peuples en eurent beaucoup à souffrir.

L'heureux succès de nos armes, qui d'ordinaire est un charme pour tous les François, par la part qu'ils prennent à la gloire du Roi, retint les esprits qui étoient tout prêts d'éclater. Car s'il y a Peuple sur la terre qui soit affectionné à son Monarque, on peut dire que c'est celui-là. Il l'est même tellement, que quelqu'argent qu'on lui demande, il n'a point de regret de le donner, pourvû qu'il serve à mettre les Ennemis de l'Etat à la raison. On poursuivit cependant avec assez de vigueur la guerre qui étoit allumée en Flandres; & comme la Victoire que l'on avoit remportée à Rocroi, faisoit trembler, non-seulement toutes ces Provinces, mais encore toute l'Allemagne; le Duc d'Anguien se jetta sur Thionville, avant que cette Place eût le temps de prendre courage. Elle ne pût résister à un Prince, qui pour son coup d'essai avoit terrassé une Puissance qui ne prétendoit pas moins, il n'y a pas encore long-temps, de commander à toute l'Europe. Elle se rendit après une assez belle défense, & prépara un nouveau triomphe à ce nouveau Général qui n'avoit pas trop mal débuté pour son apprentissage dans le Généralat.

On soûtint encore la guerre en Italie avec assez de réputation, pendant que le Duc de Bresé Amiral de France gagna deux combats sur mer sur les côtes de Catalogne. Mais sur l'arriere saison ces avantages s'en allerent un peu en fumée par l'échec qui nous arriva en Allemagne ; si néanmoins les Ennemis peuvent le mettre en comparaison avec leurs pertes. Le Maréchal de Guebriant s'étoit avancé de ce côté-là, & y avoit attaqué Rotwyl petite Ville, dont il jugeoit la conquête nécessaire pour pouvoir prendre des quartiers d'hiver aux environs ; mais dans le temps qu'il la pressoit, afin qu'elle n'eût pas celui de se reconnoître, il reçut un coup de fauconneau qui lui emporta le bras, dont il mourut quelques jours après. Comme ces sortes d'accidens n'arrivent guéres sans être suivis d'autres malheurs, l'armée qu'il avoit sous son commandement se trouva dans une grande consternation, quoiqu'il ait eû le temps avant que de mourir de s'assurer de la Ville qu'il assiégeoit. Effectivement les affaires ne tardérent guéres à changer de face après sa mort : tant il est vrai, qu'il seroit moins désavantageux bien souvent de perdre dix mille hommes, que de perdre un bon Général. En effet Charles IV. Duc de Lorraine, qui étoit un Prince vaillant, mais d'un esprit si brouillon qu'il avoit obligé le feu Roi de le dépouiller de ses États, parce qu'au préjudice de mille paroles qu'il avoit donné à Sa Majesté de ne rien entreprendre contre son service, il tâchoit tous les jours d'exciter toutes les Puissances à se déclarer contre lui : Charles, dis-je, qui n'avoit plus rien pour toutes choses qu'un corps de sept à huit mille hommes, & qui étoit réduit en attendant une meilleure fortune à combattre pour celui qui le payoit le mieux, tomba sur cette pauvre armée destituée de Chef, & la défit entiérement.

Rantzaw qui la commandoit après la mort du Maréchal de Guebriant, & qui fût lui-même Maréchal de France, quelque temps après, s'y fit prendre prisonnier, quand il vit que sa résistance ne pouvoit lui servir de rien. Cependant, comme il craignit que la Cour ne voulût le rendre responsable de ce triste événement, ce qui arrive assez souvent à ceux qui sont assez malheureux que de se laisser battre, & particuliérement lorsqu'il y a un nouveau Ministre; il songea à mettre le Duc dans les intérêts du Roi, pour par ce service donner lieu d'oublier le malheur qui lui étoit arrivé. Il lui proposa de changer de parti, espérant qu'il y réussiroit d'autant plutôt que ce Prince avoit toujours paru d'une humeur changeante; & que d'ailleurs, il sçavoit qu'il étoit du naturel des Suisses, qui se donnent d'ordinaire à ceux qui les payent le mieux. Mais il se montra plus ferme qu'il ne croyoit, soit qu'il s'imaginât que la France ne fût pas assez bien dans ses affaires pour lui tenir les promesses que ce nouveau Général lui faisoit, ou que dans l'état où étoient les choses, il vit bien que le Roi ne se fieroit point à lui. Ainsi il aima mieux se réserver ses espérances que de souffrir qu'il restât des Garnisons dans ses Etats, sans quoi le Roi n'eut pas voulu d'accommodement: il trouva que d'avoir ainsi de telles entraves, c'eût été vivre en sujet; qualité dont il étoit si éloigné qu'il avoit mieux aimé se voir chassé de son Etat, que de faire ce que le Roi souhaitoit de lui pour le lui conserver.

La jalousie que les Grands avoient contre le Cardinal fut cause qu'on lui attribua cette défaite, quoiqu'il en fut tout aussi innocent que je le pouvois être moi-même, moi qui n'étois pas né en ce temps-là. On l'accusa d'avoir du sçavoir la marche du Duc de Lorraine qui étoit venu de loin pour attaquer Rantzaw, & d'avoir manqué à l'en avertir. Il y avoit beaucoup de passions dans ces reproches, puisque ce n'étoit pas à un Ministre à sçavoir les mouvemens que faisoient les Ennemis; mais bien plûtôt à un Général qui étoit sur les lieux, & qui avoit des Espions pour l'informer de tout ce qui se passoit. Aussi ne se mit-il guéres en en peine de toutes ces invectives. Il ne songea qu'à réparer les débris de notre Armée, parce que s'il n'y donnoit pas ordre de bonne heure, tout alloit se perdre en ce Pays-là. Il y envoya donc le Vicomte de Turenne qui avoit été fait Maréchal de France un peu après la mort du feu Roi. C'étoit un homme tel qu'il le falloit pour raſſurer une Armée, conſternée par la mort de ſon Général & par la perte d'une Bataille: Car quoiqu'il fut encore jeune, il n'avoit pas moins de flegme que s'il eut eu ſoixante ans. Cependant tout jeune qu'il étoit, il étoit déja vieux Officier, ayant commencé à ſervir dès ſa tendre jeuneſſe, & ayant toûjours continué depuis ſans manquer une ſeule Campagne.

Le Cardinal qui ſçavoit ce qui ſe diſoit de lui; & qui quoiqu'il ne s'en souciât guéres ne laiſſoit pas de juger delà, qu'il avoit à faire à une Nation qui n'étoit pas trop facile à manier, ſe ſervit d'adreſſe pour lui impoſer ſilence. Il envoya à Munſter le Comte d'Avaux & Servien à qui il donna ordre en apparence de travailler à la Paix générale, & d'en applanir toutes les difficultés, pendant que dans le fond, on donna ſous main ordre au dernier qui avoit ſon ſecret, d'y faire naître tant d'obſtacles qu'il les rendît inſurmontables. On étoit convenu entre les deux Couronnes, auſſi-bien qu'avec l'Empereur, & toutes les autres Puiſſances qui avoient pris parti dans la guerre, ou qui y avoient intérêt, directement ou indirectement, de s'assembler là, pour terminer tous leurs différends. Les deux Plénipotentiaires partirent dès le commencement de l'année 1643. la plûpart des peuples se flatant qu'après avoir été battus si long-temps de la tempête, ils y verroient bien-tôt succéder la bonace. Car, il y avoit déja neuf ans tout entiers que la Guerre duroit, & elle avoit commencée en 1635. mais c'étoit à quoi son Eminence songeoit le moins. Elle connoissoit trop le génie des François pour les vouloir laisser sans occupation ; elle craignoit que l'oisiveté ne leur fît tourner leurs armes contr'eux-mêmes, s'ils n'avoient plus d'ennemis contre qui les employer. Elle sçavoit de plus les plaintes que l'on faisoit de ce que la Reine l'avoit choisi pour premier Ministre, ce qui étoit encore une raison pour elle de ne les pas laisser en repos. Elle aimoit bien mieux que les Allemands & les Espagnols fussent exposés à leur ressentiment que d'y être exposée elle-même.

Le Comte d'Avaux, que Son Eminence trompoit, en lui faisant accroire que c'étoit de bonne-foi qu'elle desiroit la Paix, avoit si bien donné dans le panneau, qu'il avoit mandé la chose à sa famille, comme si elle eut déja été faite. Elle étoit une des plus considérables du Parlement, & tiroit même sa splendeur de plus loin. Il ne la lui avoit osé dire avant que de partir de Paris, parce que Son Eminence qui étoit d'humeur à faire mystére de rien, lui avoit recommandé le secret, lorsqu'elle l'avoit chargé de ses ordres. La famille du Comte répandit cette nouvelle parmi ses amis, & même parmi le Parlement: on y ajoûta foi, parce qu'elle étoit de bonne odeur, parmi cette compagnie, & même parmi le Public, & parce que l'on croit aisément ce que l'on desire. Le Cardinal avoit alors mandé au Comte qu'il ne l'obligeoit plus au secret, sur ce que ce Plénipotentiaire lui avoit mandé, qu'il voyoit grande apparence à la Paix. Son Eminence sçavoit bien ce qu'elle faisoit en faisant cela. Elle vouloit faire répandre cette nouvelle dans le Parlement, comme en effet, elle s'y étoit bien-tôt répanduë; afin que quand elle y feroit porter ses Edits, il en fût plus disposé à les passer. Elle se flatoit que comme il croiroit la guerre si proche de sa fin, il n'y regarderoit pas de si près. Car, cette compagnie commençoit déja à murmurer, quand on lui en présentoit de nouveaux, & il étoit bien aise de la leurrer par-là.

Cependant la Guerre ayant recommencée sur nouveaux frais en 1644. elle fût si vive de tous côtés qu'il fut aisé de voir que les esprits n'étoient pas disposés si-tôt à l'accommodement. Si quelqu'un s'y laissa tromper, ce ne fut que parce que l'on se flatoit que dans le temps que l'on vouloit faire la Paix, c'étoit alors que l'on faisoit de plus grands efforts de part & d'autre pour faire la Guerre, afin par-là de remporter quelqu'avantage. Quelques-uns se laisserent effectivement aller à cette pensée, pendant que les plus sages en jugerent tout autrement. Ils considérerent que tous les grands efforts que l'on a coûtume de faire en ce temps-là, n'aboutissent qu'à se tenir sur la défensive, au-lieu que ceux-ci alloient directement à triompher chacun de son ennemi. En effet, l'on ne veut point en hazardant mal-à-propos quelque Siége ou quelque Bataille lui donner cet avantage, que de lui voir refuser ce qu'il eût accepté de bon cœur, si l'on n'eut rien mis au hazard. On se contente de s'observer les uns & les autres; & c'est ce qui arrive ordinairement à moins qu'on ne soit tellement Supérieur, qu'on ne puisse tout entreprendre sans péril. Quoiqu'il en soit, pendant que le Cardinal, pour ses intérêts particuliers, n'avoit nul dessein de faire la Paix; la Maison d'Autriche, par rapport à ceux de ses Peuples, n'avoit aussi nulle veine qui y tendit. Comme elle sçavoit la disposition où étoient les esprits des François à l'égard du premier Ministre, & que d'ailleurs, la minorité des Rois est toûjours épineuse, elle se flatoit qu'il naîtroit bien-tôt des divisions parmi nous, dont il lui seroit facile de profiter.

Les semences de rébellion que le Cardinal de Richelieu avoit jetté en Angleterre & en Ecosse, commençoient cependant à produire les effets que son Eminence en avoit attendu: tout étoit déja en combustion en ce Pays-là: en sorte que quoiqu'il fut de l'intérêt de ces deux Nations, de se mêler de ce ce qui se passoit entre les deux Couronnes, il leur fut impossible d'y faire aucune attention, parce qu'elles avoient trop d'affaires chez elles. Le Parlement d'Angleterre, après s'être plaint de l'innovation que Sa Majesté Britannique vouloit faire, & à l'égard de la Religion & à l'égard de l'Etat, avoit découvert d'où cela venoit; & comme il en accusoit la Reine son épouse, il eut la hardiesse de demander à ce Prince de la renvoyer en France, puisqu'elle étoit la principale cause de tous ces troubles. Le Conseil du Roi d'Angleterre, dont les Membres ne lui étoient pas tous également affectionnés, ne fut pas d'avis qu'il lui accordât sa demande. Il l'anima au contraire extraordinairement contre lui, lui faisant entendre qu'on n'avoit jamais fait une telle demande à un Prince, & qu'il méritoit d'en être puni: qu'ainsi s'il avoit jamais à faire paroître son courage ce devoit être dans une occasion comme celle-là. Il n'y parut pas trop bien disposé, soit qu'il eut peur que le Parlement n'en fut que moins traitable, s'il osoit lui résister si ouvertement, soit qu'il eut moins de fermeté qu'il n'en falloit à un Prince qui avoit affaire, comme lui, à une Nation qui plus on lui est soumis, plus elle a de coûtume de vouloir commander avec hauteur.

Ce n'étoient cependant pas ceux qui étoient le moins dans ses intérêts qui lui donnoient ce Conseil ; mais comme il se sentoit apparemment incapable d'entreprendre ce qui lui étoit conseillé, il trouva des prétextes pour différer des actions de vigueur, où il pouvoit seulement rencontrer la sûreté de sa personne, & la conservation de son autorité. Ceux de son Conseil qui ne lui étoient pas si fideles furent ravis de lui voir faire cette faute dont ils ne manquerent pas de pénétrer la raison. Ils sçavoient ce qui lui avoit été proposé, parce que cela s'étoit fait en plein Conseil ; ainsi l'ayant rapporté au Parlement, & le Parlement ayant jugé qu'il y avoit là bien de la foiblesse n'en fut que plus porté à lui manquer de respect en toutes rencontres.

Le Comte de Straffort Vice-Roi d'Irlande, n'avoit pas fait comme le Roi d'Angleterre, lorsque dans ce Païs à, ceux qui ne vouloient pas de bien à ce

Prince, avoient voulu tramer quelque chose contre son autorité. Il s'étoit roidi, non seulement contre eux avec beaucoup de vigueur, mais il les avoit encore fait arrêter, quoiqu'il prévît bien qu'ils seroient appuyés par le Parlement, qui ne manqueroit jamais de désapprouver sa conduite ; & en effet, il n'en eût pas plutôt la nouvelle qu'il résolut de le faire arrêter. Le Roi d'Angleterre à qui il en parla, esquiva ce coup tout autant qu'il lui fût possible ; & voyant qu'il lui demandoit aussi la même chose à l'égard de l'Archevêque de Cantorberi qui étoit dans les intérêts de Sa Majesté, Elle tint quelques Conseils secrets pour sçavoir ce qu'elle avoit à faire dans une conjoncture si délicate. Ceux qui lui étoient fidéles n'hésitérent pas à lui conseiller de risquer plutôt le tout pour le tout, que de lui accorder une chose si préjudiciable à son autorité & à sa gloire. Ils lui remontrerent, que s'il étoit si simple que de faire une faute comme celle-là, il valoit tout autant qu'il se démit tout d'un coup de la Couronne, & qu'il se résolût à mener une vie privée. Ceux qui ne lui étoient pas fidéles, & qui assistoient à

D 2

ses Conseils, n'aimerent pas que les autres le portassent à prendre une résolution si nécessaire à sa sûreté. Ils lui firent accroire au contraire qu'il valoit mieux qu'il abandonnât ces deux hommes que d'irriter le Parlement, en lui refusant une chose qu'il desiroit avec tant d'ardeur. Il fut si simple que de préférer cet avis à l'autre, quoiqu'il y eût bien à dire qu'il fût aussi bon ; mais, comme il étoit conforme à sa foiblesse, il le fit sans y faire presque de réfléxion. Le Comte de Straffort fût ainsi abandonné à la vengeance de ses ennemis. Quoique tout son crime ne fût que d'avoir bien servi le Roi son Maître, le Parlement lui fit couper la tête ; & ayant fait emprisonner presqu'en même temps l'Archevêque de Cantorbery, il lui fit le même traitement, après l'avoir gardé quelque temps en prison.

La Cour de France ne fût point du tout fâchée que les affaires se brouillassent en ce Pays là, parce que cela lui donnoit le temps de faire les siennes, sans que cette Nation pût s'y opposer. Comme elle sçavoit la jalousie qu'elle lui portoit ordinairement, elle se mit peu en peine d'éteindre le feu qui commençoit à s'y allumer, croyant que ce seroit faire assez pour elle, si elle ne s'en mêloit ni en bien, ni en mal. Mais elle n'avoit que faire d'y mettre la main, après ce que le Cardinal de Richelieu avoit fait. Et les esprits étoient si fort aigris de part & d'autre, qu'il ne manquoit au Roi d'Angleterre que de la résolution, pour pousser les choses jusqu'à l'extrémité.

Tandis qu'il hésitoit sur ce qu'il avoit à faire, étant comme partagé entre les deux avis differens, qui continuoient toûjours de sortir de son Conseil; le Cardinal Mazarin fit un traité avec la Hollande, par lequel elle s'obligeoit de fournir des vaisseaux à Sa Majesté, pour faire en Flandres le siége de quelques Places Maritimes. Les Anglois n'eussent eû garde de le souffrir dans un autre temps; mais la guerre civile qui commençoit à les déchirer ne leur permettant pas, pour ainsi dire, d'ouvrir les yeux sur ce qui se passoit dans leur voisinage, ils laisserent attaquer Gravelines, sans s'en mettre plus en peine, que s'ils n'y eussent eû aucun intérêt. Cependant le Cardinal Mazarin, ayant peur qu'ils ne se réveillassent de leur assoupissement, & qu'ils ne s'accommodassent entre eux, pour s'opposer à cette conquête, leur envoya le Comte de Harcourt, que la Reine avoit fait Grand Ecuyer de France. Il y fut sous prétexte d'offrir à Sa Majesté Britannique tous les services que le Roi pourroit lui rendre, pour lui faire terminer à l'amiable les differends qu'il avoit avec son Parlement. Cependant, il avoit ordre sous main de prendre garde qu'ils ne missent les armes bas, pour venir troubler les conquêtes que ce Ministre méditoit de ce côté-là. Le Comte de Harcour s'acquitta fort bien de sa commission; ainsi ayant encore jetté de l'huile sur un feu qui n'étoit déja que trop embrasé, les affaires s'envenimérent à un point dans ce Royaume, que quand la Reine Mere voulut y mettre reméde, elle n'en fût plus la Maîtresse.

Les Hollandois pour plaire à la France, dont ils étoient alors bons amis; ou pour mieux dire, étant attirés par leurs propres intérêts, parce que tant que les troubles d'Angleterre dureroient ils étoient sûrs de se rendre maîtres du commerce: les Hollandois, dis-je, animés par un motif si puissant, au lieu de blâmer la conduite du Cardinal Mazarin, se firent honneur de l'imiter. Ainsi concourant eux-mêmes à allumer le feu au lieu de l'éteindre, il fut bien-tôt si violent que l'Ecosse & l'Irlande n'en furent pas plus exemptes que l'Angleterre. Ils envoyerent cependant une Flotte devant Gravelines, pour empêcher le secours que les Espagnols prétendoient y donner. Ils n'étoient pas néanmoins trop en état de l'entreprendre parce qu'ils avoient jettés leurs principales forces du côté de la Catalogne. Le Roi d'Espagne y étoit même allé en personne & y avoit assiegé Lerida, parce que depuis la révolte de cette Province tous ces peuples étoient si allarmés de la voir entre les mains des François, qu'ils ne cessoient de lui représenter qu'à moins de la faire rentrer promptement, sa Majesté même ne se trouveroit point en sûreté à Madrid.

Le Maréchal de la Motte, Gentilhomme de Picardie, commandoit en cette Province en qualité de Viceroi; ainsi ne voulant pas laisser perdre cette Place sans coup férir, il s'avança vers les Ennemis quoique le Cardinal ne lui eût pas encore envoyé la moitié des choses nécessaires pour lui faire entreprendre de la secourir. Les Espagnols firent la même chose en Flandres à l'égard de Gravelines, que le Maréchal de la Motthe faisoit en Catalogne à l'égard de Lerida ; desorte que toute l'Europe eût les yeux tournés sur ce qui arriveroit du secours qu'on prétendoit donner à ces deux Places.

Le succès de Gravelines & de Lerida fut tout égal, à la réserve que le Maréchal de la Motthe se fit battre en voulant sauver cette derniere Place, au-lieu que les Espagnols après avoir bien tourné tantôt d'un côté tantôt d'un autre trouverent tant de difficultés à leurs enentreprises qu'ils se retirerent sans vouloir rien hazarder. Gravelines fut prise le 28 de Juillet, & Lerida le dernier du même mois. Cependant les trois jours de distance qu'il y eut entre l'un & l'autre furent bien glorieux à sa Majesté Catholique, parce que si elle ne vint pas si-tôt à bout de son entreprise que nous fimes de la nôtre, ce ne fût que parce qu'avec sa conquête elle eût encore cet avantage que de faire lever le siége de Tarragone que le Maréchal avoit formé. Il avoit cru par cette diversion l'obliger d'abandonner son entreprise, ou du moins venir à bout de la sienne; mais au lieu d'en retirer le profit qu'il en attendoit, il ne fit qu'accroître sa honte. Sa Majesté Catholique après avoir laissé du monde suffisamment pour conserver sa tranchée, marcha à lui avec le reste, & l'ayant obligé lui-même à lever le siége qu'il avoit formé, il fut achever le sien.

Tant de malheureux succès qui ternissoient la réputation qu'il avoit acquise en mille endroits & sur tout dans ce pays-là, où il avoit fait parler de lui très-glorieusement, le mirent de si méchante humeur, qu'il ne pût s'empêcher de dire à ses amis que depuis qu'on avoit perdu le Cardinal de Richelieu, il n'y avoit plus de plaisir à un honnête homme de servir en France; qu'autant que celui-ci s'efforçoit que rien ne manquât à un Général, autant le Cardinal Mazarin ne se soucioit guéres qu'il manquât de toutes choses, parce qu'il ne se soucioit que de ses propres intérêts; que c'étoit lui qui avoit été cause qu'il avoit été battu, & qu'il avoit manqué Tarragonne, ce qui ne lui seroit pas arrivé, s'il lui eût envoyé un renfort d'hommes & des munitions qu'il lui avoit promis formellement. Le Maréchal croyoit peut-être ne faire ces plaintes qu'à des amis particuliers qui n'auroient garde d'en rien dire à personne; mais comme dans le siécle où nous sommes, il est bien rare de trouver quelqu'un qui ne cherche pas à faire sa Cour à un Ministre aux dépens de son ami, le Cardinal ne demeura guéres à sçavoir comment il le déshonoroit parmi les principaux Officiers. Cela lui déplût parce qu'il avoit peur qu'on ne le mandât à Paris, où il n'étoit pas déja assez aimé pour vouloir qu'on eût encore ce nouveau sujet de plainte contre lui: ainsi afin d'en rejetter la faute sur le Maréchal, il le fit arrêter & conduire à Pierre-encise, Forteresse qui commande à la Ville de Lyon. Non-content de ce mauvais traitement il fit encore courir une espece de Manifeste contre lui; afin qu'on n'ajoûtât pas si facilement foi à ceux qui voudroient entreprendre de le justifier dans l'esprit des peuples.

Pendant que cela se passoit en Catalogne le Duc d'Anguien répara fort avantageusement d'un autre côté ce qui venoit d'arriver de fâcheux en ce pays-là. Il avoit été envoyé en Allemagne dans le même temps que le Duc d'Orléans étoit parti pour le siége de Gravelines (car c'étoit lui qui l'avoit fait;) & sçachant que les ennemis avoient assiegé Fribourg, il se hâta de passer le Rhin, afin d'y arriver assez à temps pour le secourir. Mais quelque diligence qu'il pût faire il lui fut impossible d'y réüssir; tellement que sans s'arrêter à vouloir reprendre cette Place, ce qu'il eût pû faire facilement s'il eût voulu, il marcha droit où les ennemis s'étoient retirés après leur conquête. Comme ils se doutoient qu'il en voudroit venir aux mains d'abord qu'il seroit arrivé & qu'ils apprehendoient sa fortune, ils s'étoient campés si avantageusement, qu'ils ne croyoient pas qu'il ôsât jamais entreprendre de les attaquer où ils étoient. Il sembloit qu'ils eussent raison, vû l'assiette de leur camp & les travaux qu'ils y avoient fait faire, afin d'ajoûter l'art à la nature; mais ce jeune Prince qui ne trouvoit rien de difficile après la Victoire qu'il avoit remporté devant Rocroi, leur livra combat le 3. d'Août assez près de la Place qu'ils ve-

noient de prendre. Il y eût de part &
d'autre bien du monde de tué sans que
la victoire se déclarât encore pour personne ; cela en eût peut-être rebuté un
autre qui eût été moins hardi, sur-tout
voyant que la nuit commençoit déja à
paroître, sans que tant de ruisseaux de
sang lui eussent encore procuré quelqu'avantage dont il eût lieu de se vanter ;
mais comme il avoit un courage à l'épreuve des plus grandes difficultés,
après avoir laissé réparer son Armée le
lendemain, il reprit le combat le jour
d'après, il y fit de si grandes choses,
qu'il obligea enfin la fortune à se déclarer
pour lui. Cette victoire lui produisit la
prise de Philisbourg & de toutes les autres Places qui sont sur le Rhin, jusqu'à
Mayence. Le Général Bex qui n'avoit
ôsé se montrer devant Philisbourg,
ayant reçû quelque renfort, se montra
plus hardi lorsqu'il vit que nos troupes
étoient arrivées devant Worms; mais la
Cavalerie qu'il vouloit y jetter, ayant
été défaite en chemin, son entreprise
ne lui servit qu'à lui faire perdre Mayence plûtôt qu'il n'eût fait. Le Chapitre
de cette ville à qui il conseilloit de se
défendre ne le voulût point écouter;

desorte que la Place se rendit sans coup férir.

Des événemens si glorieux furent accompagnés de quelques petits avantages que le Prince Thomas de Savoye remporta en Italie. Il y commandoit notre armée, après avoir été long-tems à la tête de celle du Roi d'Espagne; mais enfin on avoit trouvé le moyen de le gagner, & afin qu'on pût prendre assurance en lui, il s'étoit marié à la sœur du feu Comte de Soissons, Prince du Sang, qui avoit été tué à la Bataille de Sedan. Le Duc d'Anguien qui n'aimoit pas la maison de Soissons & qui en avoit les raisons que tout le monde sçait, au lieu d'appeller cette Princesse la Princesse de Carignan, nom qu'elle portoit depuis son mariage, ne l'appelloit jamais autrement que la Princesse Thomasse, par une espece de dérision. Quoiqu'il en soit, comme excepté le désavantage que nous avions eû en Catalogne, nous avions été heureux partout ailleurs, le Cardinal Mazarin se mit au-dessus de tous ses envieux, qui continuoient toûjours de lui vouloir du mal. Cependant le Duc d'Anguien revint de l'armée tout couvert de gloire des grandes actions qu'il y avoit faites. Monsieur le Prince ravi d'avoir un tel Fils qu'on commençoit à regarder comme le bras droit de l'Etat, tant on trouvoit d'admiration dans les deux Campagnes qu'il venoit de faire, en tira de grands avantages pour sa Maison. Le Cardinal ne pût lui rien refuser, & il se forma une telle union entr'eux par l'interêt que l'un y trouvoit & par l'avantage que l'autre se promettoit d'avoir le premier Prince du Sang & un si vaillant homme pour lui, que le Duc d'Orléans en eût quelque jalousie.

L'Abbé de la Riviere, homme de la lie du peuple, mais qui avoit trouvé le moyen de s'établir si bien dans l'esprit du Duc, que ce Prince ne voyoit plus pour ainsi dire que par ses yeux, ne laissa pas passer cette occasion sans tâcher d'en profiter. Comme la plûpart de ces favoris ne poussent d'ordinaire leur fortune qu'à proportion qu'ils sçavent mieux débiter leurs flateries, ou entrer plus à propos dans la passion de leur maître ; celui-ci voyant que le Duc étoit épris de celle-ci que je viens de dire, lui remontre que la fortune se trouvant comme d'accord avec le mérité du Duc d'Anguien, ce jeune Prince l'obscurciroit si bien, s'il n'y prenoit garde, que tout le monde l'abandonneroit bien-tôt pour courir après lui; qu'il ne voyoit qu'un seul moyen pour l'empêcher, qui étoit de se faire valoir un peu plus qu'il ne faisoit: Qu'il ne devoit pas souffrir qu'on lui donnât à l'avenir le commandement d'une Armée; parce que c'étoit de-là qu'il tiroit toute sa gloire: Qu'il en viendroit facilement à bout, si sous prétexte de conseiller au Cardinal de faire les principaux efforts de nos troupes du côté de Flandres, il demandoit en même temps qu'on lui donnât le Duc pour servir sous lui en qualité de Général; Car pour lui, il étoit Généralissime partout où il se trouvoit, non pas par sa qualité d'oncle du Roi, mais parcequ'il avoit été déclaré Lieutenant-Général de l'Etat, lorsque le Parlement avoit confirmé la Régence à la Reine sans aucune restriction: Que comme tout l'honneur qui se remportoit dans une Campagne étoit toujours attribué à celui qui commandoit l'Armée en chef, il auroit celui de tout ce qui s'y pourroit faire de glorieux: Qu'ainsi, il abbattroit bien la gloire de Monsieur le Prince, son fils; au-lieu que s'il souffroit, que celui-ci gagnât davantage des Batailles, il n'avoit plus qu'à compter que, tout inférieur qu'il lui étoit par son rang, il lui seroit bien-tôt supérieur en toutes choses.

Le Duc d'Orléans qui étoit d'autant plus susceptible de ces sortes d'impressions, qu'il étoit plus accoûtumé qu'un autre à croire tout ce qu'on lui disoit, se laissa surprendre à ces artifices. Il parla au Cardinal en conformité de ce que desiroit son Favori. Son Eminence se trouva embarrassée comment contenter le Duc, parce qu'il ne pouvoit le faire qu'en désobligeant le Prince de Condé & le Duc d'Anguien, de qui Elle étoit bien aise de se conserver l'amitié. Ainsi, lui donnant seulement de belles paroles, afin d'avoir le temps de faire ce qu'elle projettoit, Elle conseilla au Prince de Condé & au Duc d'Anguien de faire leur cour au Duc d'Orléans, & en même temps à l'Abbé, afin de les gagner l'un & l'autre, & que le Duc se désistât de ses prétentions. Le Prince de Condé qui étoit fort politique reconnut tout aussi-tôt que ce Ministre avoit raison de leur donner ce Conseil. Il le suivit de point en point; & comme son fils, tout plein d'esprit qu'il étoit, n'étoit pas en âge de faire réfléxion à toutes choses, il le mena plusieurs fois avec lui au Palais d'Orléans, de-peur que par un feu de jeunesse, il ne s'écartât en quelque façon du droit chemin qu'il devoit tenir, s'il vouloit achever de pousser sa fortune aussi loin que ces beaux commencemens sembloient lui promettre.

Ces fréquentes visites où les deux Princes affecterent une grande dépendance pour le Duc, firent tout l'effet que le Cardinal en attendoit. Le Duc d'Orléans s'appaisa entiérement, d'autant plus que l'Abbé de la Riviere luimême se voyant faire la cour par le premier Prince du Sang & par un Héros qui étoit devenu l'admiration de toute la France, en même temps que la terreur de nos ennemis, se sentit tellement par-là flater sa vanité qu'il eût volontiers contribué de tout son pouvoir à leur faire autant de bien qu'il vouloit auparavant leur faire de mal. Ce n'est pas que parmi des sentimens si chrétiens il n'oubliât ses intérêts. Il n'étoit pas homme à le faire, aussi avoit-il pour maxime qu'il falloit battre le fer pendant qu'il étoit chaud ; c'est-à-dire, qu'il devoit profiter de la fortune pendant qu'il étoit bien avec son maître, parce qu'il ne sçavoit pas combien cela dureroit : au reste il comptoit après cette reconciliation qu'en ménageant l'amitié du Pere & du Fils, elle lui seroit mille fois plus utile qu'en cherchant à élever son maître sur leur ruïne. Ainsi étant le premier à défaire ce qu'il avoit fait, le Cardinal eut comme il avoit auparavant, la carte blanche de mettre à la tête des armées qui bon lui sembleroit.

Le Parlement d'Angleterre continuant cependant de vouloir non-seulement abaisser l'autorité Royale, mais de punir encore ceux qui lui donnoient conseil de s'élever au-delà des bornes qu'il prétendoit lui préscrire, fit couper la tête à l'Archevêque de Cantorbery, tout de même qu'il l'avoit fait couper au Comte de Straffort. Sa Majesté Britannique qui pour son bien avoit pris, mais un peu trop tard, la résolution de s'opposer à ses entreprises, étoit sortie de Londres à la fin, après avoir levé une armée par le moyen de laquelle Elle prétendoit le mettre bientôt à la raison. Mais comme ce Prince ne pouvoit tirer d'argent que par son moyen, & que ce qu'il en avoit étoit si peu de chose, qu'il ne pouvoit entretenir cette armée seulement pendant trois mois ; celle que le Parlement lui opposa se grossit tous les jours de la sienne qui désertoit faute d'avoir le moyen de la payer. Ceux qu'il avoit auprès de lui, qui le servoient fidellement, voyant que ce seroit tous les jours de pis-en-pis lui conseillerent de chercher les rebelles pour les combattre & lui en firent envisager la raison. Il eût fallu qu'il en eût manqué lui-même, s'il se fût opposé à un avis si nécessaire pour lui ; ainsi il se donna quelques combats entre son armée & celle du Parlement, mais si peu décisifs de part & d'autre, qu'il eût autant vallu qu'ils se fussent reposés. Fairfax que le Parlement avoit élu pour Général de la sienne, à la place du Comte d'Essex dont il étoit mécontent, fut le premier qui fit déclarer la victoire pour son parti. Il battit le Roi son maître à Nasebi ; & depuis ce temps-là les affaires de ce Prince allerent toûjours de mal en pis.

Par bonheur pour sa Majesté Britannique elle avoit mis dès l'année précédente la personne de la Reine sa femme en sûreté en la faisant passer en France. Elle avoit crû que la haine de ses peuples qui avoit commencée à son sujet s'appaiseroit par un si grand sacrifice. Elle avoit même d'autant plus de lieu de le croire que c'étoit le prétexte qu'ils avoient pris pour lui faire tout le mal qu'ils lui avoient fait. Cela ne les avoit point satisfait, & ayant toûjours continué à lui faire tout du pis qu'ils avoient pû, ils le réduisirent à la fin dans un si pitoyable état que, de tout le Royaume d'Angleterre, il n'y eût plus que la ville d'Oxfort qui tint pour lui. Les Traitres qu'il avoit dans son Conseil lui avoient voulu persuader plusieurs fois de se retirer en Ecosse, parcequ'ils sçavoient qu'il n'y avoit rien de plus capable de le perdre dans l'esprit des Anglois qui sont ennemis jurés de cette Nation. Il s'en étoit défendu tout autant qu'il lui avoit été possible, parce qu'il connoissoit assez leur génie, pour sçavoir que cela ne manqueroit pas de produire un méchant effet pour lui ; mais la nécessité ne lui permettant pas d'esperer une autre ressource. Il fit passer dans ce Royaume une personne de confiance pour y faire quelques propositions, il vouloit en cas qu'elles fussent bien reçuës, se jetter entierement entre les bras de cette Nation. Sa résolution se répandit aussi-tôt par toute son armée, quoique l'homme qu'il avoit envoyé en ce Pays-là fut parti secrettement. Mais, il étoit impossible que cela arrivât d'une autre maniere, puisque les traitres qu'il avoit auprès de lui avoient trop d'intérêt à ne pas divulguer une nouvelle comme celle-là. Elle devoit lui faire perdre l'amitié de tous les Anglois qui lui étoient encore fideles, & c'étoit tout ce qu'ils desiroient il y avoit déja long-temps.

Pendant que tout cela se passoit en Angleterre, le Cardinal qui avoit beau jeu en Flandres, y renvoya le Duc d'Orléans. Il y prit Mont-Cassel & le Fort Mardik, tandis que le Duc d'Angulen retourna en Allemagne où le Vicomte de Turenne, tout vigilant qu'il étoit, s'étoit laissé surprendre à Mariandac par le Général Merci. L'affaire étoit de grande consequence, & ce qui lui restoit de troupes étoient en grand danger sans un prompt secours : ainsi le Duc se pressant d'arriver où il étoit, le joignit en-deçà du Rhin, pendant que le Duc d'Orléans ajoûta aux deux conquêtes qu'il venoit de faire, celle de Bourbourg, & de quelquelques Forts qui étoient sur son passage. Merci étoit un des plus grands Généraux qu'il y eut dans tout l'Empire : cependant, il ne fut pas trop aise d'apprendre l'arrivée du Duc d'Anguien dont il redoutoit la fortune : il l'avoit déja éprouvé l'année précédente à Fribourg ; ainsi ne voulant pas s'exposer à l'éprouver une seconde fois, il prit le parti de secourir Ounekre où il croyoit qu'il ne pouvoit le forcer au combat. Le Duc avoit déja passé le Rhin dans le dessein de le lui présenter ; & voyant qu'il le refusoit, il marcha droit à l'autre riviere, afin de la passer après. Il ne le pouvoit faire qu'il ne s'y saisît de quelques postes ; mais s'en étant emparé, un moment après les avoir fait sommer, il traversa cette riviere, & fut le chercher jusqu'à Norlingue où il s'étoit retiré.

Merci croyoit qu'il dut assiéger Hailbron avant de le poursuivre si vivement ;

c'est-pourquoi, il y avoit jetté quelques troupes en passant, afin d'en renforcer la garnison. Il comptoit même déja que la résistance que feroit cette Place, lui donneroit le temps de passer le Danube au-delà duquel il pouvoit être seulement en sûreté contre un Prince qui traversoit les Fleuves & les Montagnes, avec une pareille vîtesse que les autres pouvoient faire les plaines les plus unies; mais se voyant prévenu par-là, il prit le parti de se retrancher sur deux Montagnes, où il crut que le Duc quelque hardi & quelque entreprenant qu'il pût être n'oseroit venir l'attaquer. Le Duc que le succès qu'il avoit eu, & à Rocroy & à Fribourg, faisoit croire qu'il ne trouveroit pas là plus de difficulté qu'il avoit fait ailleurs, commença son attaque par un Village, où il y avoit un assez bon Château dans lequel Merci avoit fait entrer du canon. Les avenuës en étoient difficiles naturellement, outre que les Ennemis y avoient fait un grand abbatis de bois qui les rendoient comme inaccessibles. Aussi le Duc après y avoir fait tuer bien du monde, ne l'eût jamais emporté, si le

Vicomte de Turenne n'eût trouvé un paſſage, entre ce village & une montagne, où ils avoient placé une partie de leur armée. Il fallut qu'il eſſuya tout le feu de ce village avant que de pouvoir aller bien loin ; mais tout cela s'étant fait ſans y perdre beaucoup de monde, Merci vint à lui pour le combattre, voyant que ſon deſſein étoit d'attaquer ce village par derriere. Cela n'étoit pas auſſi bien difficile à deviner. Quoiqu'il en ſoit, le Vicomte de Turenne étant obligé par-là de ſuſpendre ſa réſolution, juſqu'à ce qu'il vit ce que la fortune décideroit de leur combat, il s'avança pour le recevoir avec le même courage qu'il témoignoit avoir en venant à lui. Le combat commença ſur le penchant de la montagne hors de la portée du feu du village ; Merci y fut tué d'abord & le Général Gléen fait priſonnier. Cependant comme deux avantages auſſi conſidérables que ceux-là ne pouvoient arriver ſans qu'il y eut eu des coups donnés de part & d'autre, ſi les Ennemis y perdirent bien du monde, nous y eûmes auſſi quelque gens de tués. Le Maréchal de Grammont qui commandoit
notre

notre aîle gauche y fut même fait prisonnier ; cependant, il n'eut pas le temps de s'ennuyer dans sa prison, & il fut relâché quelques jours après avec le Général Gléen.

Les Ennemis ayant perdus leur Général ne firent plus guéres de résistance, le village fut emporté tout aussi-tôt, & tous tant qu'ils étoient, ne songeant plus qu'à prendre la fuite, cette victoire fut une des plus complettes que la France eut encore remporté. Tous les Etats du Duc de Bavieres, qui étoit étroitement lié d'intérêt avec Sa Majesté Impériale, se trouverent en proye après cela. Le soldat y fit des desordres incroyables, & cet Electeur se vit tellement pressé qu'il envoya à Vienne Couriers sur Couriers pour conjurer l'Empereur de ne le pas abandonner dans un besoin si preslant. Ce Prince y étoit bien obligé, puisque la désolation de ses Etats ne venoit que de ce qu'il s'étoit attaché inviolablement à son parti. La Cour de France avoit fait tout ce qu'elle avoit pu pour l'en retirer, & n'avoit pas oublié de lui faire des offres avantageuses : mais il n'y avoit jamais voulu prêter l'oreille, répondant pour toutes choses qu'il lui avoit donné parole de poursuivre la guerre tant qu'il pourroit, & que jusqu'à ce qu'il n'en put venir à bout, il ne vouloit pas lui manquer de parole.

Tandis que l'Empereur donnoit ses ordres à ses Généraux pour marcher incessamment à son secours, le Duc d'Enguien prit Norlingue & Dunkespield ; mais à peine eut-il fait ces deux conquêtes qu'il apprit que l'Archiduc marchoit à lui avec tout ce qu'il avoit pû rassembler de troupes. Elles étoient de beaucoup plus fortes que les siennes ; de sorte que la prudence vouloit qu'il se retirât du côté du Rhin pour éviter le combat. Cependant, je ne sçai ce qui en seroit arrivé, tant il se fioit à sa fortune & à sa valeur, si une grosse fiévre, dont il se trouva attaqué, ne l'eut mis hors d'état de songer à un combat. Il se fit apporter à Philisbourg fort fâché de ne se pouvoir mesurer avec l'Archiduc, & sans doute encore plus fâché contre le Duc de Baviere, qui après avoir refusé d'abord toutes les propositions d'accommodement qu'il lui avoit fait proposer, avoit feint ensuite d'y revenir afin de gagner du temps.

Bien que le Vicomte de Turenne ne fût pas moins habile que lui dans le métier de la Guerre ; comme c'étoit sous son commandement que l'armée étoit demeurée après son départ, il ne sçut pas plûtôt que les forces que l'Archiduc conduisoit étoient de beaucoup supérieures aux siennes, qu'il ne jugea pas à propos de l'attendre ; en effet, il n'y avoit pas-là à hésiter. L'Archiduc après être parti des Pays héréditaires avec vingt mille hommes, avoit encore en passant grossi son armée de quelques Régimens de Cavalerie & d'Infanterie, que Galas avoit tirés de Bohême & des lieux circonvoisins ; ainsi le Général François après avoir jetté du monde dans Norlingue & dans Dunkespield où il croyoit que l'Archiduc se dût arrêter, il prit sa marche du côté du Rhin où il falloit de necessité faire retraite. Elle étoit fort longue & fort difficile pour une armée qui avoit du gros canon à conduire & des rivieres à passer ; ainsi ne perdant point de temps, il fut fort surpris d'apprendre que les Ennemis ne s'arrêtoient point ni à Norlingue ni à

E 2

d'Unkespield, comme il s'en étoit flaté ; & qu'au contraire, ils ne songeoient qu'à le poursuivre sans relâche. Et de fait, l'Archiduc qui sçavoit que tant qu'il seroit le maître de la campagne, comme il l'étoit présentement, ces Places ne lui pourroient échaper, crût qu'il valloit bien mieux l'atteindre s'il étoit possible que d'employer le temps si inutilement. Le Vicomte de Turenne qui se voyoit pressé, évita le combat avec beaucoup d'adresse, il gagna des défilés où il tint ferme avec quelque monde aimant mieux y sacrifier une poignée de gens que toute son armée. Il se servit toujours de la même ruse, tant qu'il se vit poursuivi ; ainsi s'étant mis en sureté par-là, il arriva à la fin à la vuë de Philisbourg, sous le canon de laquelle il commença à ne plus rien craindre. l'Archiduc voyant qu'il ne pouvoit plus lui faire de mal, s'en retourna vers le Nekre, résolu de reprendre les Places dont le Duc d'Anguien s'étoit emparé pendant la campagne. Norlingue & d'Unkespield se rendirent à lui après une médiocre résistance & le Vicomte de Turenne l'y sçachant occupé fit mettre le siége devant la ville de Trèves, dont il s'empara pareillement.

Cette conquête vint tout-à-propos pour la rendre à l'Electeur de ce nom que la maison d'Autriche avoit tenu prisonnier dix ans tout entiers, parce qu'il avoit pris le parti de la France à son préjudice ; Elle venoit après un si long-temps de s'aviser de lui rendre la liberté à l'intercession des Princes d'Allemagne qui avoient témoigné la plûpart, que si Elle n'avoit égard à leurs prieres, peut-être pourroient-ils bien chercher d'autres moyens d'obtenir ce qu'ils lui demandoient depuis long-temps. Il n'étoit pas trop besoin qu'ils parlassent de la sorte à l'égard de l'Empereur, parce que Sa Majesté Imperiale bien loin de ressembler à la branche aînée de sa maison, qui n'avoit respiré d'abord que le feu & le sang ne demandoit pas mieux depuis quelques temps, que d'applanir toutes les difficultés qui s'opposoient à un bon accommodement. Comme Elle avoit fait la guerre depuis plusieurs années & qu'elle s'y étoit épuisée d'hommes & d'argent, elle trouvoit qu'il étoit de son interêt de la finir le plûtôt qu'il lui seroit possible ; elle tâcha même d'y porter le Roi d'Espagne qui en étoit moins éloigné qu'auparavant, parce qu'il commençoit à perdre l'espérance dont il s'étoit flaté au commencement de la Régence : aussi, bien loin de réüssir dans ses conquêtes imaginaires, on lui prenoit tous les jours quelques villes ; de sorte que pour peu que les choses continuassent de la sorte il couroit risque d'être dépouillé peu-à-peu de toutes celles qui étoient le plus à la bienséance de la France. Il comptoit donc que la paix étoit l'unique moyen de se mettre à l'abri non-seulement de ce malheur ; mais encore de lui faire recouvrer la Catalogne, ce qui devoit être un grand charme pour lui, puisque malgré tous les efforts qu'il y avoit pû faire, il n'avoit pas encore été en son pouvoir de faire rentrer sous son obéïssance la Capitale de cette Province qui, tant qu'elle seroit entre les mains du Roi, avoit dequoi le faire trembler jusqu'au milieu de Madrid. Pour comble de malheur il venoit encore de perdre la Bataille de Liorens & en même temps les villes de Roses & de Ballaguier : celle-ci fort avancée dans le pays, celle-là au commencement & sur le bord de la mer. La guerre qu'il faisoit en Italie, ne lui avoit pas été non-plus trop favorable. Il avoit d'ailleurs une autre épine au pied qui ne l'inquiétoit guéres moins que tout ce que je viens de dire. Depuis que le Cardinal de Richelieu avoit fait révolter le Portugal contre lui, il avoit toûjours prétendu le recouvrer & en avoit fait sa principale affaire; mais quelques peines & quelques soins qu'il y eût pris, il y avoit si mal réüssi jusques-là, qu'il avoit plûtôt affermi la domination des Ducs de Bretagne, qui s'étoient emparés de cette Couronne, qu'il ne l'avoit ébranlée. Il ne voyoit donc que la paix avec la France, qui pût lui faciliter l'exécution de tous ses desseins. Ainsi après quelques conférences secrettes avec les Ministres de ses Alliés, il donna parole à l'Empereur de concourir avec lui en tout ce qu'il pourroit à la paix générale.

Les Ambassadeurs qui tant de notre part que de celle de tous les Princes Alliés... assemblés à Munster, crûrent que toute l'Europe alloit bien-tôt joüir d'un repos que rien ne pourroit troubler de long-temps: mais, ils se flatoient là d'un bien dont on étoit encore bien éloigné puisque ce n'étoit pas là ce que le Cardinal Mazarin demandoit. Comme il lui falloit la guerre pour remplir ses coffres, il refusa une suspension d'armes qu'on lui proposoit. Il prit pour prétexte qu'il n'étoit pas juste que sous l'espérance d'une chose aussi incertaine que l'étoit encore la paix dont on parloit, le Roi discontinuât de faire des conquêtes qui lui étoient toutes assurées. En effet nous venions encore de prendre dans la Flandre, les villes de Menin, Bethunes, Armentieres, Lillers & St. Venant, & il n'y avoit pas apparence que tant que les Espagnols ne seroient pas plus forts qu'ils l'étoient, ils pussent empêcher le pays de suivre la destinée de tant de Places. Or il sçavoit que tant qu'il seroit si heureux que de prendre un pouce de terre en ce pays-là les François lui laisseroient publier tant de nouveaux Edits qu'il voudroit parce qu'ils regardoient ce nouvel éclat de la Couronne, comme si ç'eût été un bien qui leur fût venu à chacun en particulier. Quoiqu'il en soit les Espagnols n'avoient pû s'opposer à toutes ces nouvelles conquêtes, parce que l'armée que nous avions en Flandres étoit beaucoup plus forte que la leur. Cependant comme du côté de l'Allemagne, il n'en étoit pas tout à fait de même, & qu'au contraire l'Archiduc y étoit toûjours superieur, il falloit faire un détachement de l'armée de Flandres pour marcher de ce côté-là. Il fut donné à Gaſſion qui avoit été fait Maréchal de France peu de temps après la bataille de Rocroi. Il marcha vers la Meuſe, & comme cela ne s'étoit pû faire ſans affoiblir extrêmement l'armée dont il avoit été tiré, les Eſpagnols ſe ſervirent fort à propos de cette diverſion pour reprendre Mont-Caſſel; ils prétendoient bien même s'emparer encore de la plûpart des Places que leur foibleſſe leur avoit fait perdre; mais Gaſſion ayant eû avis en chemin que l'Archiduc après avoir pouſſé le Vicomte de Turenne juſques ſur les bords du Rhin, s'en étoit retourné ſur ſes pas, il s'en retourna lui-même ſur les ſiens, & rompît ainſi les meſures que les Eſpagnols avoient priſes. Ils reprirent pourtant encore le Fort de Mardix, avant qu'il pût arriver, parce que comme les brêches qui y avoient été faites, lorſqu'elle avoit été priſe n'avoient pas encore été reparées, la garnison n'osa pas entreprendre de les défendre de peur de succomber dans un assaut général que les ennemis se préparoient d'y donner.

Pendat que celá se passoit, l'Empereur qui avoit à soûtenir la guerre non-seulement contre nous, mais encore contre les Suedois avec qui nous avions renouvellé de temps en temps le Traité que nous avions conclu avec eux sous le régne du Grand Gustave, trouva moyen de leur faire déclarer la guerre par le Roi de Dannemarck. La jalousie qui a toûjours regné entre ces deux Couronnes ni plus ni moins qu'elle fait entre celle de France & d'Espagne : la jalousie, dis-je, qui est enracinée de longue main entre ces deux Puissances, parce que l'une a prétendu de tout temps être en droit de commander à l'autre comme elle faisoit anciennement, n'étoit pas encore morte quoiqu'elle parût l'être depuis plusieurs années. Elle n'avoit fait que couver sous la cendre, & ce feu étoit d'autant plus disposé à se rallumer qu'il s'étoit tenu caché par la crainte de la fortune du grand Gustave. Quoiqu'il en soit l'on vit, lorsqu'on y pensoit le moins, que le Roi de Dannemarck qui avoit armé par mer & par terre, tomba tout-d'un-coup sur les Etats de la Reine Christine, fille unique de ce grand Roi. Cette hostilité obligea les Suedois de retirer d'Allemagne la plus grande partie de leurs troupes, & cette diversion ne nous pouvant être que très-désavantageuse, parce que celles que l'Empereur leur opposoit n'alloient pas manquer de tomber sur nous; le Cardinal Mazarin contre qui toute la France murmuroit de ce qu'il ne faisoit pas la paix, puisqu'il ne tenoit présentement qu'à lui de la faire après les pas qu'en avoit fait la Maison d'Autriche: le Cardinal Mazarin, dis-je, ne vit pas plûtôt cet embrasement qu'il se prépara à l'éteindre; il fit intervenir le Roi qui offrit sa médiation à ces deux Couronnes. Le Roi de Dannemarck eut bien de la peine à l'accepter, parce qu'il sçavoit les liaisons étroites que la France avoit depuis long-temps avec la Suede. Néanmoins le Cardinal lui ayant fait dire au nom de Sa Majesté que bien loin d'avoir sujet de craindre aucune partialité de sa part, elle lui feroit donner toute la satisfaction qu'il pourroit raisonnablement desirer, il y consentir à la fin après s'en être pourtant excusé pendant quelque temps sous divers prétextes. Cette affaire que l'on croyoit pouvoir enlever dans trois mois, en dura plus de quatre fois autant avant que de pouvoir être terminée : l'Empereur la traversa tout autant qu'il lui fut possible ; parce que comme il commençoit à s'appercevoir de l'avantage qu'il retiroit de la guerre qui s'étoit émuë entre ces deux Nations, il eût été bien aise qu'elle eut durée davantage. Cependant Mr. de la Thuillerie que la Reine mere avoit envoyé dans le Nord en qualité de Plénipotentiaire de Sa Majesté, ayant surmonté toutes les difficultés qui se présentoient au Traité, tant de sa part que de celle des autres Puissances qui embrassoient ses intérêts, il fut à la fin signé entre ces deux Couronnes qui en demeurerent ensemble aux mêmes termes qu'elles en étoient avant leur rupture.

La paix ayant été ainsi renduë à la Suede & au Dannemarck, l'Empereur qui avoit déja dessein de faire la sienne avec nous y songea plus que jamais. Il résolut de se relâcher de bien des choses sur lesquelles il avoit formé auparavant des difficultés, plûtôt que de la manquer. Il fit connoître son dessein à tout l'Empire; afin qu'il se joignit à lui pour réüssir plus facilement. Le Cardinal y étoit toûjours tout aussi opposé que jamais, quoiqu'il n'en eut point d'autre raison que son intérêt, qui marchoit toûjours le premier chez lui. Le Comte d'Avaux qu'il avoit si bien trompé au commencement qu'il avoit été si simple que de publier luimêmes ses bonnes intentions, n'étoit plus si crédule qu'il avoit été pendant je ne sçai combien de temps; & quoique ce Ministre pour faire encore mieux accroire aux peuples qu'il n'avoit pas d'autre dessein que de faire la paix eut envoyé un troisiéme Plénipotentiaire à Munster, il ne se fioit pourtant plus à lui. Ce nouveau Ministre qui étoit au-dessus des deux autres par sa qualité, étoit le Duc de Longueville, beau-frere du Duc d'Anguien, & Gouverneur de Normandie. Cependant, si par le rang qu'il tenoit en France, où il passoit directement après les Princes du Sang, il étoit leur Supérieur, il n'en étoit pas de même du côté de l'esprit; le sien étant si foible qu'il n'y avoit que sa naissance qui eut pu porter le Cardinal à faire choix de sa personne pour remplir un poste de si grande distinction. Jamais il n'y avoit eu un si pauvre homme que celui-là. Mais c'étoit ce qu'il falloit à Son Eminence, parce-qu'un plus habile eût bien-tôt découvert ses desseins ; & c'est ce qu'il vouloit empêcher autant qu'il lui étoit possible, parce qu'il étoit de ses intérêts de cacher ses fourberies à tout le Royaume.

Les François qui ne s'accommodoient nullement des manieres de ce Ministre, & qui commençoient à sçavoir qu'il envoyoit de l'argent en Italie pour apparemment s'y retirer en cas qu'il vit qu'ils le regardassent toûjours de mauvais œil : les François, dis-je, qui ne pouvoient approuver aucunement son procédé, crierent fort de ce que la paix n'avançoit point, nonobstant les espérances qu'il leur en avoit données si souvent. Ce qui les rendoit encore de plus méchante humeur contre lui, c'est qu'ils apprenoient de tous côtés le manége qu'il faisoit faire à Servien ; & qu'après s'en être plaint à

Son Eminence, comme s'il eût ignoré que cela vint d'elle, & n'en avoir point eu de raison, il s'en étoit plaint ensuite à sa famille, afin qu'elle en informât le Parlement. Cela s'étoit ainsi répandu parmi le peuple, & avoit tellement frappé l'esprit des particuliers qu'il n'y en avoit pas un qui s'en voulût taire. D'un autre côté, ils voyoient tous que sous prétexte de la guerre, il leur en coûtoit tous les ans beaucoup d'argent, & que cependant si l'on prenoit une Place aujourd'hui, il étoit bien rare qu'elle ne fût pas reprise le lendemain, parce que les Espagnols prenoient si bien leur temps que ce qu'ils ne pouvoient faire durant la campagne, ils le faisoient pendant le quartier-d'hyver. En effet, comme en ce temps-là, il n'y avoit nulle discipline parmi nos troupes, la plûpart des Officiers ne voyoient pas plutôt venir le mois de Novembre qu'ils s'en alloient tous les uns d'un côté, les autres d'un autre, sans qu'on en put presque rassembler une douzaine ensemble, lorsqu'il arrivoit quelque chose d'extraordinaire. Ainsi, les Parisiens qui donnoient le branle au reste du Royaume, ne cessoient point de dire que tout l'argent qui se levoit sur eux n'étoit qu'une dépense inutile, puisqu'au bout du compte on ne pouvoit pas dire quelquefois qu'il nous restât une bicoque pour tout ce qu'ils en avoient donné. Ils se plaignoient d'ailleurs qu'on ne laissoit pas de perdre une infinité de monde dans toutes ces occasions, sans que l'on put se vanter de quelqu'avantage pour tant de sang répandu. Ils citoient à propos de cela ce qui s'étoit passé, tant en prenant qu'en reprenant le Fort de Mardik; & comme effectivement nous y avions perdu plus de cinq mille hommes, ce qui étoit beaucoup pour un aussi petit trou que celui-là, personne ne sçavoit quasi que répondre, quand même on eut eu dessein de prendre le parti du Cardinal.

Ces plaintes vinrent bien-tôt aux oreilles de son Eminence; & comme il ne se tenoit pas trop assuré en France, où il sçavoit bien qu'il n'étoit nullement aimé, il fit dessein de se bâtir aux dépends de l'Espagne & aux nôtres, puisqu'il falloit lui fournir des hommes & de l'argent pour venir à bout de son entreprise: il fit dessein, dis-je, de se bâtir une Souveraineté en Italie, où il pût se retirer quand il verroit qu'il n'y auroit plus de moyen pour lui de se maintenir dans le poste où il étoit. Il ne raisonnoit pas trop mal pour l'état où il se voyoit continuellement. Quoiqu'il en soit, la Forteresse d'Orbitelle que les Espagnols possedoient en ce pays-là & qui est comme séparée des autres Etats qui y tiennent, devint bien-tôt l'objet de son ambition. Il lui sembla qu'elle l'accommoderoit mieux qu'un autre, à cause du voisinage de Rome; & que quand il l'auroit une fois prise avec nos forces nous nous trouverions trop heureux de la lui abandonner pourvû que nous pussions nous défaire de lui : Que d'un autre côté le Pape & toute l'Italie ne feroient point de difficulté de l'y maintenir, parce que quelque bonne mine qu'ils fissent à l'Espagne, ils se tiendroient très contens s'ils pouvoient ainsi lui écorner quelque Place pour en revêtir un particulier qui ne leur donneroit pas la même jalousie; Que le Pape, surtout ne manqueroit jamais à s'intéresser de tenir cette Principauté en plein-fief de l'Eglise, comme il y en a tant d'autres là auprès qui relevent d'Elle, & sur lesquels les Papes n'ont pas laissé d'étendre leur droit, quoiqu'ils n'en eussent pas davantage sur elles que sa Sainteté pouvoit en avoir sur celle-là.

C'est ainsi que son Eminence formoit le plan de sa fortune; & comme d'ordinaire on n'a pas de peine à se mettre en tête que les choses que l'on desire passionnément, ne sçauroient jamais manquer de réussir, elle fit revenir d'Italie le Prince Thomas qui y commandoit toûjours les troupes de sa Majesté, afin de conférer avec lui de cette expédition. Ainsi étant bien éloigné de lui rien cacher de son secret, Elle lui ouvrit son cœur entierement afin de l'engager davantage dans ses intérêts. Elle se plaignit à lui sur toutes choses de l'ingratitude des François qui ne la pouvoient souffrir après toutes les obligations qu'ils lui avoient. Elle eût été cependant bien embarrassée de dire en quoi ce pouvoit être; au lieu que pour eux, il leur étoit permis de se plaindre que ce Ministre étoit venu fort gueux dans leur pays, & que quoiqu'il n'y eût que fort peu de temps qu'il y étoit, il étoit déja devenu si riche que sa fortune pouvoit donner de l'envie à quantité de Souverains.

de Bordeaux. 115

Cependant avec toutes ces grandes richesses il ne m'avoit pas encore rendu mes vingt mille écus, quoique je lui eusse fait sentir quelquefois en passant que chacun avoit affaire du sien ; mais comme il étoit du nombre de ces gens de qui le proverbe dit, *qu'il n'y a point de pires sourds que ceux qui ne veulent pas entendre*, j'avois eu beau dire tout ce que j'avois voulu, ç'avoit été pour moi, comme si je n'eusse point parlé. Il dit encore au Prince Thomas, afin de mieux captiver sa bienveillance, qu'il avoit un fils, & lui plusieurs niéces parmi lesquelles il en pourroit choisir une pour la lui faire épouser : qu'ainsi, comme c'étoit lui qu'il vouloit charger de cette expédition, il ne travailleroit que pour la grandeur de sa maison, s'il pouvoit la faire réüssir. Le Prince n'eût garde de ne lui pas offrir ses services après des assurances pareilles à celles-là. Ils se séparerent les meilleurs amis du monde, & étant convenus tous deux de ce qui étoit nécessaire pour la réüssite de ce dessein. Son Eminence fit équipper une belle Flotte dans la Méditerranée sans que l'on pût en aucune façon pénétrer à quoi il la vouloit employer. Les Espagnols sçurent que c'étoit pour Final, parce que comme il n'y avoit pas encore long-temps que le Prince Thomas avoit assiégé cette Place, & qu'il avoit été obligé d'en lever le Siége, ils présumoient qu'il seroit ravi de venger l'affront qu'il y avoit reçû, par une plus heureuse destinée. Ils équipperent aussi de leur côté tout ce qu'ils purent de Vaisseaux & de Galeres; afin qu'en quelqu'endroit que pût aller notre Armée Navale, ils ne se laissassent point surprendre.

Le Prince Thomas retourna en Italie après s'être ainsi abouché avec le Cardinal. Chacun crût qu'il n'étoit venu à Paris que pour prendre des mesures avec son Eminence pour poursuivre la guerre qu'il avoit portée dans le Milanois. Depuis qu'il étoit à la tête de nos Armées, il avoit pris sur cette Frontiere la Forteresse d'Elligevano dont la garnison faisoit des courses jusqu'aux portes de Milan. Au reste les Espagnols qui faisoient le même jugement que faisoient les autres, étant bien aise de reprendre cette Place, non-seulement à cause des courses que je viens de dire, mais aussi parce qu'elle favorisoit extrêmement notre armée navale, y mirent le Siége tout au milieu de l'hyver. On ne la pût jamais secourir quelque dessein que l'on en eût; de sorte que les Espagnols s'en étant rendus les maîtres, ils attendirent plus en repos qu'ils n'eussent fait sans cela, que le temps leur apprit le dessein que nous pouvions avoir avec notre Flotte.

Elle partit de Provence sous le commandement du Duc de Bresé, & ayant feint de tenter Final pour fortifier de plus en plus les Espagnols dans la pensée qu'ils avoient, que c'étoit à cette Place qu'elle en vouloit, elle prit tout-d'un-coup la route de la côte de Toscanne où elle commença à débarquer. Le Prince Thomas avoit pris un autre chemin pour se rendre de ce côté-là, & s'étant mis à la tête de ses troupes, il marcha sans différer contre Orbitelle. Cette Place qui est sur le bord de la Mer avoit reçu une assez bonne garnison, depuis que les Espagnols avoient vû notre armée navalle prête à faire voile. Ils avoient voulu se précautionner de ce côté-là, en cas de besoin, & n'avoient pas trop mal fait. Le Cardinal ne s'y étoit point attendu &

soupçonna un de ses gens, qu'il fit arrêter, de leur en avoir donné avis. Il l'envoya à la Bastille, où il lui fit donner la question afin de lui faire avouer le fait; mais n'ayant rien dit, soit qu'il fût innocent ou qu'il eût assez de courage pour n'être pas ébranlé de tous les tourmens qu'on lui faisoit souffrir, son Eminence fut obligée de le laisser là puisqu'elle n'avoit point de preuve contre lui.

 La Garnison d'Orbitelle se défendit si vigoureusement que, quoique le Prince Thomas ne lui donnât point de relâche, il lui fut impossible d'avancer ses travaux tout autant qu'il eût bien voulu. Cela donna le temps à l'Armée Navale d'Espagne de venir à son secours pendant que le Vice-Roi de Naples, quoique fort éloigné de cette Place, songea aussi à la secourir par terre. Le Duc de Bresé qui en plusieurs rencontres s'étoit déja montré digne de l'honneur que la Reine mere lui avoit fait de le mettre à la tête des Armées Navales de sa Majesté, ne s'en démentit pas encore dans celle-ci. Il s'en fut au devant des ennemis & leur ayant presenté combat il y fut tué d'un coup de canon à l'âge de vingt-sept ans. Il étoit frere de la Duchesse d'Enguien; desorte que ce Prince prétendit après sa mort que la charge d'Amiral devoit lui appartenir, ou du moins qu'il falloit lui en donner une récompense. Cette prétention qu'il conserva tout autant qu'il pût, quoique de temps en temps la Cour lui accordât des bienfaits pour l'obliger à se taire, produisit enfin de sa part de si grands mécontentemens contre le Cardinal que cela ne contribua pas peu à lui faire faire ce que l'on verra dans la suite. Il se plaignît que son Eminence ne se mettoit guéres en peine de lui en faire justice, quoi qu'elle eût assez d'obligations à son Pere & peut-être à lui même en particulier pour en user tout d'une autre façon qu'elle ne faisoit: néanmoins l'on ne voyoit point encore quelle obligation lui pouvoit avoir le Cardinal, à moins que, comme il étoit premier Ministre, il ne voulût l'obliger à mettre sur son compte ce qu'il avoit fait de glorieux pour l'Etat. Quoiqu'il en soit, son Pere qui vivoit encore & qui recevoit tous les jours mille graces de la Cour, lui imposa silence, de peur qu'il ne se fît passer & lui aussi pour ingrats à force de se plaindre mal-à-propos. Il lui dit qu'il falloit laisser dormir cette prétention un peu de temps & que lorsqu'il trouveroit jour à la réveiller il n'en laisseroit pas échapper l'occasion.

La mort du Duc de Bresé ne fit pas perdre courage à ceux qui après lui avoient le principal commandement sur la Flotte. Ils continuerent le combat qu'il avoit commencé, & ce fût avec tant de vigueur & de résolution que les Espagnols furent obligés de prendre la fuite. Dom Carlos de la Gatta, Capitaine de réputation qui s'étoit signalé dans les guerres civiles de Savoye où l'on avoit avoit vû deux oncles combattre contre le neveu entre lesquels le Prince Thomas se trouvoit le premier en date : Dom Carlos de la Gatta, dis-je, qui dans ces guerres avoit souvent rendu son nom plus fameux que celui d'un autre, commandoit pour-lors dans la Place que ce Prince Assiégeoit. Ils avoient autrefois combattu sous les mêmes enseignes : mais maintenant que le Prince Thomas s'étoit rangé à son devoir à l'égard du Duc de Savoye, son neveu, ils avoient les Armes à la main l'un contre l'autre. Ce Gouverneur avoit

voit mis dans le Clocher une sentinelle pour voir ce qui se passeroit entre les deux Armées Navalles, (car le combat ne se donnoit pas loin de-là;) elle avoit ordre de lui envoyer dire à toute heure & à tous momens ce qu'elle découvriroit : Or quelqu'un lui étant venu dire de sa part que leur Armée étoit battuë & qu'elle se servoit de toutes ses voiles pour se retirer : tant pis pour elle lui répondit-il, du plus grand sang froid du monde ; mais tant mieux pour nous, puisque nous ne serons désormais redevables qu'à notre valeur de la gloire que nous allons acquerir dans la défense de cette Place. Il nous eût fallu la partager avec elle, si elle nous eût donné quelque secours, & nous ne la partagerons maintenant avec personne ; puisqu'elle nous signifie par sa retraite que toute l'espérance que nous devons avoir présentement ne consiste plus que dans notre courage ; mais cela suffira de reste, ajoûta-il, en parlant à quelques Officiers qui étoient autour de lui, & qui paroissoient déja tout consternés de ce qui venoit d'arriver. Ainsi, les François se trompent fort, s'ils croyent que pour avoir battu notre Armée Navalle, nous nous en rendions un quart-d'heure plûtôt.

Ce discours eut peut-être paru une rodomontade Espagnolle dans la bouche d'un autre; mais pour lui, il avoit toûjours si bien fait par-tout où il s'étoit trouvé, & sur-tout à la défense de Turin, lorsque le Comte de Harcourt l'avoit prise, que bien loin que ceux qui l'écoutoient eussent méchante opinion de lui, ils se trouverent tous rassurés par sa fermeté. Aussi joignant dans le même moment les effets aux paroles, il fit une sortie dans laquelle il fût aisé de voir que son courage n'en étoit pas plus abattu. Il tomba sur la tranchée, lorsqu'elle y pensoit le moins; c'est-à-dire, lorsqu'enflée du succès de la victoire que notre Armée Navalle venoit de remporter, elle s'imaginoit que tout ce que ce Gouverneur avoit à faire présentement étoit de songer à obtenir une capitulation honorable.

Il continua toûjours depuis à se signaler, tout comme il venoit de faire; de sorte qu'ayant par-là retardé les travaux du Prince Thomas, ce Général eut un pressentiment secret, que si son fils n'avoit jamais d'autre Souveraineté que celle d'Orbitelle, il couroit grand risque de mourir Sujet du Roi, comme il avoit plû à Dieu de le faire naître : car, il étoit né en France, & il y est mort aussi sous le nom de Comte de Soissons. Au-reste, la belle défense qu'il faisoit ayant donné le temps au Vice-Roi de Naples, de lui envoyer le le secours qu'il avoit commencé à lui préparer du moment qu'il avoit sçu qu'il étoit assiégé, il lui donna ordre de se mettre en marche. Les François qui avoient nouvelles par leurs espions de tout ce que faisoit le Vice-Roi, ne s'embarrasserent pas beaucoup de ce secours, parce qu'ils sçavoient qu'il étoit fort foible; & que d'ailleurs, ils supposoient qu'il lui arriveroit toute la même chose, qu'il a coûtume d'arriver à des troupes qui viennent de si loin. Ils supposoient, dis-je, qu'il en déserteroit une bonne partie en chemin, & que le reste étant accablé de lassitude auroit plus d'envie de se reposer que de combattre. Il en arriva tout autrement. Les Princes par les Etats de qui ce secours marchoit, ne sçachant point le dessein du Cardinal, & croyant au contraire que si Orbitelle venoit jamais à être pris, ils alloient devenir voisins de notre Nation, dont les manieres ne les accommodoient pas trop bien, convinrent entr'eux de sauver adroitement cette Place. Ils n'osoient le faire à force ouverte, parce qu'ils avoient la paix avec nous, & qu'ils craignoient que le Roi qui avoit les mains longues ne s'en ressentît un jour, lorsqu'ils y penseroient le moins. Ainsi croyant, comme je viens de dire, qu'il leur conviendroit mieux d'user d'adresse que de force, ils fortifierent ce secours à mesure qu'il passoit dans leur voisinage ; le Pape fut le premier qui montra l'éxemple aux autres, il le grossit de douze cent hommes. Les autres Princes dans les Etats de qui il devoit marcher, imiterent aussi le Saint Pere ; les uns lui envoyerent cinq cent hommes, les autres quatre cent, les uns plus, les autres moins ; le tout à proportion des forces qu'ils avoient. Ces troupes ne marcherent point en corps ; cependant elles firent au contraire semblant de déserter, tantôt vingt hommes à la fois, tantôt quinze, tantôt dix ou douze. Ces prétendus Déserteurs marcherent même par des routes toutes différentes ; mais, comme ils sçavoient bien où se retrouver, & que leurs Officiers les devoient attendre là ; comme s'ils eussent désertés eux-mêmes, ils jouerent tous si bien leur personnage, que le Prince Thomas ne sçut point ce qui se passoit, que ce secours ne fut assez près de lui.

Les Espagnols qui avoient en chemin des nouvelles de la belle défense que faisoit Dom Carlos, furent ravis de se trouver en état de seconder son courage. Ainsi, afin que rien ne s'opposât au secours qu'ils prétendoient lui donner, ils grossirent encore leur armée de la garnison de Porto-Hercolé, & de quelques autres Places qu'ils tiennent le long de la Côte de Toscanne. Le Prince Thomas avoit assez d'expérience pour connoître qu'il avoit alors affaire à plus forte partie qu'il n'avoit pensé ; & comme il étoit de sa prudence de prendre son parti de bonne heure, de-peur que s'il attendoit plus long-temps, il n'eut lieu de s'en repentir, il assembla tout aussi-tôt le Conseil de Guerre, à qui il exposa la mauvaise foi de la plûpart des Princes d'Italie, & même du Pape, qui bien loin de se montrer neutre entre les deux Couronnes, comme devoir faire non-seulement un Pere commun, mais encore un Prince pour qui le Roi avoit toûjours témoigné beaucoup de respect & de considération, avoit au contraire été le premier à donner méchant éxemple aux autres. Il leur demanda après cela, ce qu'ils croyoient qu'ils dûssent faire dans une occasion si délicate ; & afin qu'ils ne s'imaginassent pas qu'il eut peur, il leur dit qu'il ne sçavoit pas encore leur sentiment, mais que s'ils vouloient sçavoir le sien, il croyoit que tout ce qu'ils avoient à faire étoit de sortir de leurs lignes, de se mettre en bataille, & d'aller ensuite au-devant des Ennemis : Qu'il ne falloit pas s'étonner de leur nombre, parce qu'à proprement parler, c'étoit moins des Soldats que des gens accoûtumés à une longue fainéantise, & par consequent dont le courage n'étoit pas beaucoup à appréhender.

Le Conseil de Guerre fut de l'avis de son Général ; ainsi le Prince Thomas ayant donné ses ordres, conformément à ce qu'il venoit d'être résolu, il ne laissa à la tranchée qu'autant de gens qu'il en falloit pour la garder : mais l'ayant affoibli par-là, Dom Carlos ne le vit pas plûtôt aux mains avec le secours qui lui venoit qu'il se jetta dessus de grande force : tout plia d'abord devant lui, ou pour mieux dire, il n'y en eut guéres qui ne prissent la fuite. Ainsi, il ne lui fut pas difficile avec les Pionniers qui le suivoient de faire combler les travaux. Cependant, afin qu'en cas que les Espagnols perdissent la Bataille, on ne pût pas les raccommoder si-tôt, il fit mettre le feu à un gros tas de fascines, dont le Prince Thomas avoit fait provision pour s'en servir dans le besoin. Cependant cette précaution ne lui eut pas été trop nécessaire, s'il eut sçu ce qui se passoit entre les deux armées. Celui qui conduisoit le secours Espagnol, ayant moins d'envie de donner une bataille rangée que de jetter du secours dans la Place, ne fit qu'attacher quelques escarmouches pendant qu'il chercha un passage pour éxécuter son dessein : il y réussit heureusement ; de sorte que le Prince Thomas, qui étoit d'un autre côté, apprenant ce qui se passoit, se trouva bien éloigné de voir jamais son fils devenir Prince d'Orbitelle. Aussi ne songea-t-il plus qu'à faire sa retraite, en quoi il ne fit pas trop mal ; puisque ses troupes se trouvoient tellement diminuées par la fatigue qu'elles avoient souffertes pendant le Siége, & les sorties continuelles de Dom Carlos, que s'il eut plûtôt parti, il n'en eut pas été moins sage. Cependant ses gens eurent bien de la peine à regagner les vaisseaux qui les avoient amenés, quoiqu'ils en fussent tout proches. Les Espagnols les y reconduisirent à grands coups de mousquet ; de sorte qu'à peine en retourna-t-il quatre mille en Provence, de dix mille qui avoient été employés à cette expédition. Cela fit dire à tout le monde que l'Italie étoit toûjours la même qu'elle étoit autrefois, que notre Nation y avoit toûjours trouvée son tombeau, & qu'elle l'y trouvoit encore présentement.

 Le Cardinal Mazarin qui s'étoit flaté d'une Principauté imaginaire, fut bien affligé quand il apprit cette nouvelle. Il en fut d'autant plus honteux que toute la France n'avoit pas plûtôt sçu son entreprise, qu'elle avoit pénétré dans ses desseins ; du moins il y en avoit eu quelques-uns qui en avoient parlé tout hautement, pendant que d'autres, ou moins pénétrans ou plus circonspects, s'étoient contentés d'y trouver à redire. En effet, ce Ministre montroit bien que ses intérêts le touchoient tout autrement que ceux de Sa Majesté ; puisque quand même on eut fait cette conquête, elle n'eût pû servir de rien à la Couronne, & que les politiques ne l'eussent jamais regardée que comme hors d'œuvre & entierement inutile. Quoiqu'il en soit, il fallut qu'il avallât cet affront qui fut d'autant plus sensible pour lui, qu'il s'étoit vanté quelques jours auparavant à ses confidens qu'il auroit bien-tôt une retraite assurée, si les François avoient toûjours si peu de reconnoissance de ses services ; que c'étoit-là où il se consoleroit de leur injustice, s'ils continuoient toûjours à le chagriner, comme ils avoient fait depuis que la Reine mere lui avoit fait l'honneur de le choisir pour premier Ministre.

Cette affaire fût pourtant la seule qui lui tourna mal, de toutes celles qu'il entreprit pendant cette Campagne ;

mais avant que d'en dire un mot je crois que je ne ferai pas mal de rapporter ce qui se passoit à la Cour. L'Abbé de la Riviere qui étoit toûjours aussi-bien dans l'esprit de son maître qu'il y avoit jamais été, ne voyant point que la protection de Monsieur le Prince n'y celle du Duc d'Anguien lui eussent produit ce qu'il en attendoit; considerant tout au contraire que bien loin de là ils ne l'avoient payé que de belles paroles & que ce seroit peut-être toûjours la même chose à moins que de leur faire voir dequoi il étoit capable, il reprit tout d'un coup ses premiers erremens sans leur donner le temps de se reconnoître. Il est vrai que ce qui l'anima plus que tout le reste (car peut-être se fût-il donné patience encore quelque temps) fut qu'au lieu de lui être favorables pour une Abbaye qu'il demandoit & qui étoit à sa bienséance, ils lui furent contraires, sans néanmoins avoir dessein de lui faire dépit: ils l'avoient demandé pour une de leurs créatures avant que de sçavoir qu'il y prétendit; ainsi craignant qu'il n'y allât du leur à se désister de leur entreprise, & même que l'on ne dît dans le monde qu'il y auroit de la foiblesse à eux de céder au favori d'un Prince de qui s'il étoit abandonné on n'en feroit non-plus d'état que de la moindre personne qu'il y eut dans tout Paris : ces Princes, dis-je, étant prévenus de cette pensée, allerent toûjours leur chemin, se contentant de lui faire dire que s'ils eûssent été plûtôt avertis de sa prétention, ils s'y fussent plûtôt employés pour lui que pour tout autre.

Comme il étoit extrêmement glorieux, ainsi que le sont d'ordinaire les gens qui viennent de rien, il ne voulut jamais se payer de ces raisons quoique peut être eussent-elles paru bonnes à des gens moins entêtés de leur mérite. Il retourna à la charge auprès de son maître, dont il se faisoit fort d'autant plus qu'il connoissoit la portée de son esprit : il ne lui dit point autre chose, sinon qu'il regardât ce qui se passoit tous les jours à l'Hôtel de Condé, & même jusque devant ses yeux, qu'il étoit impossible qu'il ne prît garde à la grosse Cour qu'avoit toûjours le Duc d'Anguien, que cela lui étoit de plus grande consequence qu'il ne pensoit à moins toutesfois que bon Chrétien, comme il étoit, il n'eût résolu de le voir toûjours triomphant & toujours l'admiration de toute la terre pendant qu'à son égard il ne seroit que dans l'oubli & dans le mépris. Ces paroles furent encore suivies de quelques autres qui ne tendoient pas moins que celles-là à reveiller en lui la jalousie qu'il avoit tâché autrefois de lui donner du Duc; ainsi, il n'en fallut pas davantage à ce Prince pour le mettre aux champs. Il fit au Cardinal la même priere qu'il lui avoit faite un an auparavant, sçavoir que s'il vouloit qu'il lui eût obligation, il empêchât la Reine Mere de donner davantage le commandement d'une Armée au Duc d'Anguien; il lui dit en même temps qu'il en parleroit lui-même à sa Majesté, & qu'il ne croyoit pas qu'elle lui refusât sa demande.

Les grands préparatifs que l'on faisoit sur toute la frontiere de Picardie pour reprendre Mardik & pour faire la conquête des autres Places qui sont le long de la côte de la mer, pendant que les Anglois, dont les divisions augmentoient plûtôt que de diminuer, nous en donnoient le temps: les grands préparatifs, dis-je, qui se faisoient partout servirent de prétexte au Cardinal pour ne pas refuſer le Duc d'Orléans dont il avoit affaire tous les jours : car comme il étoit Lieutenant Général du Royaume, il se passoit souvent dans le Conseil des choses, dont il n'eût pas été le maître comme il l'étoit s'il se fût brouillé avec lui. Cependant quoique, pour ainſi dire, il fut tout puissant dans le Conseil, il crût qu'attendu le rang & la grande consideration où étoit le Duc d'Anguien, il lui falloit adoucir cette pilulle avant que de la lui faire avaller. Il en parla à la Reine, qui lui dit qu'il faisoit bien de prendre des mesures là-dessus. Il en parla ensuite au Duc à qui il tâcha de faire accroire que Mardik ne s'étant perdu que parce que le Duc d'Orléans n'avoit pas sçu pourvoir comme il falloit à sa conquête, il étoit important pour le service du Roi & pour le bien de l'Etat qu'il fût faire une campagne en ce pays-là ; que quoiqu'on ne pût ôter le Commandement au Duc d'Orléans à cauſe de ſa qualité de Lieutenant Général du Royaume, & que par conſequent il ne pût y aller ſervir que ſous lui, il ne laiſſeroit pas d'avoir tout l'honneur de ce qui s'y pourroit faire de glorieux, tout de même que le Maréchal de Gaſſion l'avoit eu de tout ce qui s'y étoit paſſé les années précédentes.

Le Duc d'Anguien avoit trop d'eſprit pour ſe laiſſer tromper par perſonne, à moins qu'il ne le voulût bien; & comme il ne ſe pouvoit payer de la conſolation qu'il prétendoit lui donner, & qu'il aimoit trop l'indépendance & la gloire pour vouloir ſervir ſous un autre, il répondit à ce Miniſtre qu'il en parleroit à la Reine, & qu'il verroit ce que Sa Majeſté lui ordonneroit. Il n'étoit déja pas trop content de ſon Eminence parce qu'elle s'oppoſoit ſous main à ce qu'il eut la Charge d'Amiral qu'il ſoutenoit toûjours lui appartenir de droit comme étant unique héritier du Duc de Breſé. Ce Miniſtre ſongeoit déja à en faire une dot pour une de ſes niéces, ſçachant qu'avec une telle charge & ce qu'il lui donneroit encore d'ailleurs, elle ne manqueroit pas de mari. Quoiqu'il en ſoit, ce qu'il venoit encore de propoſer au Duc achevant de le perdre dans ſon eſprit, il s'en feroit peut-être déja enſuivi quelque rupture entr'eux ſi ce n'eſt que le Prince de Condé qui étoit plus politique que ſon fils, lui dit de ne pas aller ſi vîte en beſogne, & qu'il alloit garder plus de mesures envers une personne que la Reine honoroit particulierement de sa confiance. Cet avis servit comme de commandement au Duc : si bien que l'ayant empêché par-là de se cabrer, il disposa peu à peu son esprit à ce que le Cardinal lui avoit proposé. Il est vrai que ce ne fût qu'après que son Eminence l'en eut prié & même qu'il lui eut dit qu'il feroit plaisir à la Reine de le disposer à l'obéissance. Le Duc qui avoit beaucoup de respect pour sa Majesté avec qui il n'avoit garde de se brouiller pour si peu de chose, répondit au Prince de Condé, qu'il étoit ravi de lui faire ce sacrifice; puisque c'étoit sa volonté, qu'il l'en assuroit incessamment, & qu'il le prioit de le faire de sa part s'il la voyoit avant lui. Il l'en assura effectivement si-tôt qu'il fut au Louvre : si bien qu'il prit le chemin de Flandres pour y servir sous les ordres du Duc d'Orléans.

Les grands préparatifs que l'on avoit fait de ce côté-là répandirent de la terreur aussi bien parmi nos amis que parmi nos Ennemis. Les Hollandois qui n'avoient pas été trop fâchés que les Espagnols eussent repris le Fort de Mardik, afin de reculer d'autant les conquêtes, que nous prétendions faire en ces quartiers là, ne souhaitoient point du tout que nous nous établissions si près de leur voisinage ; ainsi étant las de la guerre qu'ils soutenoient depuis près d'un siécle sans avoir eu pour ainsi dire aucun relâche, prêterent l'oreille à quelques propositions de Paix que les Espagnols leur faisoient faire. Le Cardinal Mazarin n'en eut pas plûtôt avis qu'il tâcha de les détourner de leur résolution. Il leur remontra que quelqu'accommodement qu'ils pussent faire à part, il ne leur seroit jamais si avantageux, que lorsque tous leurs Alliés y seroient compris. Qu'ils devoient sur tout se ménager avec le Roi dans une occasion comme celle-là, parce qu'en ayant tiré du secours lorsque leurs affaires étoient en pitoyable état, l'on diroit dans le monde qu'ils en auroient bien peu de reconnoissance eux qui témoignoient ne s'en plus soucier lorsqu'ils croyoient n'avoir plus besoin de lui.

Le Prince d'Orange qui étoit à leur tête & dont les interêts étoient differens des leurs, tâcha tout aussi-bien que le Cardinal Mazarin de rompre le traité qu'ils avoient sur le tapis. Cela paroissoit assez difficile parce que cette Nation qui au milieu de la guerre avoit trouvé moyen de faire fleurir le Commerce chez eux, en goutoit si bien les douceurs qu'elle sembloit maintenant être devenuë insensible à tout le reste. Néanmoins lui ayant fait entendre que le Cardinal Mazarin ne lui demandoit rien que de raisonnable, & qu'il étoit du moins juste qu'elle le mît dans son tort ; c'est-à-dire qu'elle le convainquit de retarder la Paix Générale, pour ses intérêts particuliers, avant que de rien conclure sans lui : le Prince d'Orange, dis-je, ayant obtenu d'Elle sur ses remontrances qu'elle ne précipiteroit rien, il y eût quelques conférences entre quelques députés du Roy & les siens, pour ne rien faire l'un sans l'autre : cependant la parole qu'Elle en donna ne fût que sous la promesse que le Cardinal lui fit de lever incessamment tous les obstacles que Servien faisoit naître à la paix générale, en quoi il le serviroit toûjours selon son desir.

Le Prince d'Orange ayant eu bien de la peine à obtenir ce que je viens de dire tâcha encore de renoüer plus étroitement que jamais l'ancienne amitié qui avoit été de tout temps entre la France & la Hollande. Il proposa pour cet effet une nouvelle ligue entre les deux Nations, résolu de faire tant de choses pour empêcher que les Hollandois ne s'accommodassent avec leurs anciens ennemis, qu'ils en devinssent irréconciliables. Peut-être croyoit-il qu'il y alloit de leur interêt ; mais quand même il n'en eût pas été persuadé plus que de raison, il lui étoit assez fâcheux après tant de services que ses peres & lui avoient rendus à la République de voir qu'elle eût songé à faire la paix sans en prendre son avis : car tout ce qu'elle avoit fait jusques-là avoit été traité sans sa participation & sans qu'il en eût rien appris que du Cardinal Mazarin qui avoit crû lui en devoir donner avis, par l'interêt qu'il avoit de se joindre avec lui pour empêcher que les choses n'allassent plus avant.

Pendant tous ces pour-parlers de paix & de guerre, ce Prince se rendit maître de Tirlemont, qui est une grande ville du Brabant, sur la frontiere du Pays de Liége. Il y mit un corps de troupes assez considérable,

& elles commencerent à faire trembler la ville de Bruxelles qui n'est pas beaucoup éloigné de-là. Il les y laissa jusqu'à l'entrée de la Campagne, parceque ce fut-là où il voulut assembler son armée. La nôtre qui devoit agir de concert avec lui prit Cette pour pouvoir s'avancer bien avant dans le Pays, tellement qu'elles se trouverent en état de s'entre-donner la main, l'une à l'autre. Et en effet, pendant que nous assiégions Courtrai, nous fimes un détachement de six mille hommes pour aller trouver ce Prince. Le Maréchal de Grammont fut chargé de le lui mener, & s'en étant acquitté avec succès, quoique les Ennemis fissent mine de s'opposer à son passage, toutes ces troupes ensemble firent tellement trembler toutes ces Provinces, que les Espagnols ne purent jamais deviner où l'on en vouloit véritablement. Pour nous nous n'en voulions qu'à Mardik; ainsi les voyant épars çà & là, pour prendre garde à une infinité de Places qu'ils étoient obligés de garder, nous tombâmes dessus lorsqu'ils y pensoient le moins. Quoique cette Place leur fut d'une extrême conséquence, parcequ'elle nous ouvroit le chemin de Dunkerque où nous voulions aller après l'avoir prise ; ils n'oserent jamais entreprendre de la secourir. Le Prince d'Orange qui étoit dans le cœur de leur Pays les embarrassoit à un point que pour prendre garde à lui, ils ne prirent point garde à tout le reste. Picolomini l'un des Généraux de l'Empereur qu'ils avoient appellé à leur secours, s'approcha néanmoins de nous, comme s'il eut eu quelque dessein ; mais le Prince d'Orange, qui à chaque pas qu'il faisoit en faisoit un autre de son côté, comme s'il eut eu dessein d'engloutir quelque Place, le tint en si grand respect qu'il employa tout son temps à faire des marches & des contre-marches. Mardik tomba ainsi pour la seconde fois entre nos mains, sans qu'ils osassent entreprendre de nous l'ôter, comme ils avoient fait la premiere fois.

Le Duc d'Anguien fut blessé à ce Siége ; mais si legérement que cela ne l'empêcha pas de visiter la tranchée tous les jours. Le Cardinal avoit promis à son pere en le priant de le faire aller en ce Pays-là, d'en faire revenir le

Duc d'Orléans, si-tôt que la Place seroit prise. Il se fondoit apparemment sur ce que ce Prince aimant les plaisirs seroit ravi qu'on lui en fit la proposition, afin de n'en être pas éloigné plus long-temps. Quoiqu'il en soit, Mr. le Prince l'ayant sommé de sa parole, Son Eminence étant bien aise de la lui tenir, Elle fit conseiller sous main à Madame la Duchesse d'Orléans, son épouse, qui s'ennuyoit de ne le pas voir, de faire la malade, si elle vouloit le faire revenir avant qu'il fût peu. Monsieur l'avoit épousée par amourette, & contre le consentement du feu Roi qui avoit même fait casser son mariage par Arrêt. Ainsi, se trouvant tout allarmé de cette nouvelle, il en parla à l'Abbé de la Riviere qui étant plus fin que lui, lui répondit qu'il avoit bien peur que ce ne fut un tour qu'on lui jouât, pour lui ravir la gloire qu'il alloit acquerir à quelqu'autre expédition. Le Duc lui repartit qu'il ne le croyoit pas, mais que s'il avoit ce soupçon, il ne tiendroit qu'à lui de s'en éclaircir; qu'il lui permettroit d'aller lui-même à Paris, pour voir si la Duchesse étoit véritablement malade, ou si elle n'en faisoit que semblant ; qu'il ne jugeoit pas à propos de donner cette commission à un autre, parce que où il se laisseroit tromper faute de lumiere, où il se laisseroit gagner par elle ou par quelqu'autre, pour lui rapporter les choses tout autrement qu'il ne les auroit vuës. L'Abbé ne fut pas d'avis de faire ce voyage, parce qu'il n'y a rien qu'un Courtisan appréhende tant que de perdre son maître de vuë. Cependant la Duchesse écrivant lettre sur lettre à ce Prince, & chantant toutes la même chose ; sçavoir que s'il la vouloit encore voir envie, il ne devoit pas différer d'un moment de prendre le chemin de Paris, il partit de l'armee & la fut trouver. Elle avoit toujours un air si languissant, que même dans sa plus grande santé, l'on eut dit qu'elle étoit malade. Il ne pût donc reconnoître, si elle disoit vrai ou non ; quand elle lui assura qu'elle étoit encore présentement si mal, que s'il eût tardé, tant soit peu davantage, à revenir, peut-être ne l'eût-il pas trouvée en vie le lendemain. Cependant, elle ne voulut pas qu'il couchât avec elle, elle le pria de remettre la partie à une autrefois ; parce qu'elle avoit peur qu'il ne s'apperçut qu'elle n'étoit pas si malade qu'elle le disoit. Mais, comme cette maladie n'étoit que de commande, la Duchesse s'en trouva non-seulement délivrée en moins de rien, mais lui fit encore accroire que c'étoit lui qui lui avoit apporté la santé.

Le commandement de l'armée étant demeuré par ce moyen au Duc d'Anguien, il la mena contre la ville de Bergues, dont il se rendit maître sans y trouver grande résistance. Il fut ensuite mettre le Siége devant Dunkerque, Place tout autrement considérable que pas une de celles qu'on avoit attaqués depuis long-temps. Elle le sembloit même tant, que quoiqu'on eut dessein sur elle depuis plus de deux ans, on ne l'avoit jamais osé regarder qu'avec respect. On ne l'attaqua même alors que parce que le Duc envoya une personne exprès en Cour pour assurer qu'il trouvoit jour à s'en saisir, & qu'il en rendroit bon compte, si on lui permettoit de l'assiéger. Le Cardinal fut ravi de cette proposition ; parce que s'il y réüssissoit, il prétendoit bien qu'il lui en reviendroit quelque gloire, surtout dans les Provinces du Royaume où tout le monde bien loin de sçavoir que ce seroit là l'ouvrage du Duc, s'imagineroit que cette entreprise auroit été formée dans son cabinet; que s'il ne réüssissoit pas il prétendoit divulguer la chose comme elle se seroit passée, afin que personne ne lui en attribuât la faute.

Il falloit que les Anglois fussent tout-à-fait endormis, ou qu'ils eussent sur les bras de grandes affaires pour permettre qu'on fit une entreprise comme celle-là à leur porte sans faire paroître l'intérêt qu'ils y prenoient. Cependant il étoit aisé de juger après ce que j'ai dit ci-devant que c'étoit l'un bien plûtôt que l'autre : bien loin d'être endormis ils veilloient éxactement ; mais c'étoit les uns sur les autres sans avoir le temps de faire réfléxion sur les affaires d'autrui. Après avoir obligé leur Roi, comme je l'ai rapporté ci-devant à sortir de la Capitale de son Royaume, & l'avoir osé combattre par plusieurs fois, ils avoient outré les choses d'une maniére que la Postérité auroit peine à y ajoûter foi, si ce n'est que la chose a été trop

publique

pour en pouvoir douter : soit qu'ils crussent qu'il n'y eût plus de pardon à esperer pour eux après leur désobéïssance, ou plûtôt qu'ils se laissassent conduire par des personnes qui avoient tant de passion qu'ils ne se soucioient pas de plonger le Royaume dans les derniers excès pourvû qu'ils se pussent contenter. Le Roi d'Angleterre après avoir été obligé d'avoir recours aux Ecossois pour empêcher que les Anglois n'achevassent de le chasser de dessus le trône, n'eût pas été pour ainsi dire un jour avec eux, qu'il s'apperçut, mais un peu trop tard, que si les uns lui avoient été infideles, les autres étoient tout prêts de leur ressembler. Ils le reçurent pourtant d'abord avec beaucoup de marques de bienveillance ; ils lui promirent même tout le secours qui seroit en leur pouvoir : ce qui le trompa si fort qu'il s'abandonna entierement entre leurs mains. Il joignit ses Troupes aux leurs qui étoient commandées par Hamilton grand Seigneur du Pays, & qui avoit l'honneur d'être son parent. Cependant tout homme de condition, & tout son parent qu'il étoit, il ne laissa pas de se laisser gagner par les Anglois.

tout de même que si ce n'eût été qu'un misérable, & qu'il eût été son ennemi; ainsi au lieu d'exciter ses gens à répandre jusqu'à la derniere goutte de leur sang pour le service de leur Prince, qui devoit leur faire d'autant plus de pitié, qu'il étoit comme abandonné de tout le monde, il leur insinua de disputer la droite aux Anglois que sa Majesté Britannique avoit amenés dans leur Armée.

Comme il avoit concerté tout cela avec ceux qui vouloient le plus de mal à sa Majesté Britannique, Fairfax qui commandoit toûjours les Troupes du Parlement, les fit avancer du coté où elle étoit, pour lui présenter la Bataille. Elle s'y prépara avec joye voyant que c'étoit une nécessité pour elle de répandre le sang de ses sujets, si elle prétendoit jamais les faire rentrer sous l'obéïssance. Mais elle fût tout étonnée de voir que les Ecossois lui demanderent d'être placés à l'aîle droite de son Armée; ils lui signifierent que sans cela il leur étoit impossible de combattre, & qu'ils aimoient mieux se laisser tuer sans se défendre que d'occuper un poste indigne de leur Nation & de leur courage ; qu'il n'étoit pas juste qu'une petite poignée de gens leur vinssent faire la loi, jusques dans leur propre Pays, & encore moins qu'il se déclarât en leur faveur lui qui avoit tant de sujet de se plaindre de cette Nation.

Le Roi d'Angleterre fut extrêmement surpris d'une proposition comme celle-là ; & ne leur ayant jamais pû faire entendre raison, il n'y eut que les Anglois qui combattirent contre Fairfax, avec quelque peu d'Ecossois qui ne trempoient point dans la conspiration de leur Général. Or, comme ce petit nombre ne pouvoit pas tenir tête à l'armée du Parlement qui étoit forte de vingt mille hommes, cela fût cause de la perte de la Bataille, où Hamilton avoit fait mine de se présenter avec beaucoup de courage de peur que Sa Majesté Britannique ne s'apperçût de son infidélité. Elle se donna en Angleterre, d'où ce malheureux Prince s'étant retiré pour entrer en Ecosse, Hamilton y rallia son armée, qui s'en étoit allée, comme à la débandade, voyant que le Roi ne lui vouloit pas donner le poste qu'elle demandoit. Il feignit toûjours, malgré ce qui s'étoit palié, d'être fidéle à Sa Majesté, pendant que sous main il convint avec les Anglois de leur livrer sa personne. Douglas & Gourdon deux autres personnes de qualité de ce Pays-là qu'il avoit gagnés, & sans quoi il ne pouvoit rien faire, parce qu'ils avoient presqu'autant de crédit parmi leur Nation qu'il en pouvoit avoir, entrerent dans cet infame Traité. Cependant, ils ne le firent pas pour rien, & ils reçurent tous trois une somme très-confidérable, qu'ils voulurent toucher avant que de livrer Sa Majesté Britannique.

La honte qu'ils eurent en commettant une si grande lâcheté, fit qu'ils voulurent cacher leur crime au reste de la Nation : Pour cet effet, ils conseillerent à ce Prince de rentrer en Angleterre, lui faisant entendre qu'il ne seroit pas plûtôt arrivé sur la frontiere, que sa présence y ranimeroit ses amis. Le Roi qui étoit un Prince fort crédule, & bien éloigné de la pénétration qui lui eut été nécessaire pour deviner leur malice, se laissa aller à suivre leurs conseils ; mais, à peine eût-il mis le pied dans ce Royaume qu'ils le livrerent aux Rebelles. Le Comte de Bedfort qui étoit le plus animé de tous les Parlementaires contre lui, ne sçut pas plûtôt que Hamilton & les deux autres avoient fait ce coup-là, qu'il fit assembler les deux Chambres du Parlement, pour sçavoir comment ils devoient se conduire dans une occasion comme celle-là. Elle étoit toute nouvelle, & n'avoit jamais eu d'éxemple depuis que l'Angleterre étoit Angleterre; ou dumoins s'il étoit autrefois arrivé quelque chose de semblable, ç'avoit été dans un temps plus barbare, & lorsqu'il y avoit plusieurs Concurrens à la Couronne. Quoiqu'il en soit, les deux Chambres s'y trouvant assez embarrassées d'abord, elles arrêterent à la fin qu'il falloit lui faire quelques propositions d'accommodement avant que de prendre aucune résolution contre lui. Elles chargerent quelques membres d'entr'elles de les rédiger par écrit; & lui ayant été envoyés, ce Prince les trouva si dures qu'il ne voulut pas seulement les écouter.

Ceux qui les lui avoient portés, étant revenus d'auprès de lui, sans l'avoir pû résoudre à leur dire autre chose, sinon que son Parlement s'oublioit bien de vouloir lui faire la loi, n'eurent pas plûtôt fait leur rapport aux deux Chambres, que Bedfort dit que, puisqu'il en usoit ainsi, il falloit lui montrer qu'un Roi d'Angleterre, qui manquoit au serment qu'il faisoit à ses peuples, lorsqu'il étoit couronné, dispensoit non-seulement par-là les mêmes peuples de lui rendre obéïssance à l'avenir, mais encore qu'il n'étoit pas plus éxempt qu'un autre de la punition qui étoit duë aux parjures. Ce dicours à l'égard de son Monarque étoit bien hardi pour un sujet; & sur-tout pour une personne de qualité, parcequ'elles ont d'ordinaire plus de respect que les autres pour ceux qui sont sur le Trône. Mais quelque hardi qu'il pût être, son avis ne laissa pas d'être suivi par la plûpart des Membres des deux Chambres. Chacun desira néanmoins de ne rien faire que de concert avec l'Armée; de-peur que si elle voyoit qu'on n'eut point de considération pour elle, elle ne prît le parti de protéger Sa Majesté Britannique au préjudice de toutes les résolutions que pourroit prendre le Parlement. Fairfax fut ainsi mandé pour assister à leurs délibérations : les deux Chambres trouvant qu'il falloit attendre sa réponse ou sa venuë, avant que de faire la moindre procédure contre le Roi.

Voilà ce qui se passoit en Angleterre, & ce qui empêcha que cette Nation ne traversât l'entreprise de Dunkerque. Picolomini à son défaut fit tout ce qu'il pût pour ne pas laisser perdre une Place de si grande importance sans coup férir. Il vint tâter nos Gardes avancées, afin que si la fortune lui étoit favorable, il pût selon que la prudence le lui conseilleroit, en entreprendre davantage. Mais n'y ayant pas trouvé toute la facilité dont il se flatoit, il se retira assez vîte de peur d'accrocher encore la perte dont son parti étoit menacé par quelque nouvelle disgrace. En effet, quoiqu'il y eut dans cette Place un Gouverneur qui n'oublioit rien pour se défendre, il étoit si vivement attaqué que tous ses efforts lui étoient comme inutiles. Le Duc d'Anguien se trouvoit partout ; de sorte qu'il voloit, pour ainsi dire, tant on étoit étonné de le voir de tous côtés dans le même moment. Ainsi le Gouverneur ne voyant point de moyen de résister davantage à un Prince, qui jusqu'alors s'étoit montré invincible par-tout où il avoit paru les armes à la main, il ne songea plus qu'à obtenir une capitulation honorable. Le Duc n'eut garde de la lui refuser quoiqu'il ne fut pas toûjours d'humeur à faire un pont d'or à ses Ennemis. Quoiqu'il en soit, s'étant rendu maître d'une Place si importante, & en bien moins de temps que l'on ne s'attendoit, eu égard à sa force & à la valeur de la garnison, il s'en seroit retourné à l'heure même à la Cour, si son pere ne lui eut mandé que d'abord qu'il auroit fait cette Conquête, il n'eût pas tant de hâte d'y revenir qu'il n'attendît auparavant de ses nouvelles.

La raison pour laquelle il ne vouloit pas que son Fils précipitât son retour; c'est qu'à chaque fois qu'il recevoit un Courier de sa part par lequel il apprenoit que le siége alloit bien, il livroit au Cardinal de nouvelles attaques touchant la charge d'Amiral à laquelle ils n'avoient pas encore renoncé ni l'un ni l'autre. Le Cardinal qui étoit foible n'osoit lui dire tout d'un coup son intention parce qu'il craignoit de se les attirer tous deux sur les bras ; il biaisoit donc le mieux qu'il pouvoit, & comme le Prince de Condé avoit trop d'esprit pour ne pas voir son appréhension, il prétendoit lui donner quelque soupçon de la fidelité de son Fils, en lui mandant ce qu'il faisoit : & en effet ce Ministre ne sçachant ce que le Duc d'Anguien pouvoit faire davantage en Flandres, maintenant que la saison étoit trop avancée pour y rien entreprendre, il en prit si bien l'allarme que pour le faire revenir il dit à son Pere, que quand il seroit à la Cour on verroit à accommoder l'affaire dont il lui avoit déja parlé tant de fois. Le Prince de Condé manda à son Fils de revenir après cette parole ; mais quand il fut à Paris, il dit franchement à l'un & à l'autre qu'il falloit leur donner quelque chose à la place & qu'ils se désistassent de cette prétention. Cela ne plût point du tout au Duc d'Anguien qui sçavoit que cette Charge étoit d'un revenu immense, & qui s'y attachoit non-seulement par là, mais encore pour s'acquerir des créatures aussi-bien sur mer que sur terre. Je ne sçai si le Cardinal l'eut dans la pensée, où s'il fut bien aise de se servir de ce prétexte pour éluder sa prétention; mais enfin il dit à la Reine, pour lui cacher le dessein qu'il avoit lui-même sur cette charge, qu'il falloit bien se donner de garde de l'en revêtir jamais; qu'il étoit déja assez puissant sans le mettre en état de le devenir davantage, ce qui ne pouvoit pas manquer d'arriver si on lui donnoit une Charge comme celle-là; que la persévérance qu'il avoit à la demander étoit une preuve manifeste qu'il ne songeoit qu'à se rendre maître de toutes les forces du Royaume, puisque non content de celles de terre sur lesquelles il s'étoit acquis un empire absolu par sa valeur & par ses victoires, il vouloit encore avoir une pareille autorité sur celles de mer. Il n'eut pas besoin d'en dire davantage à la Reine pour lui donner une exclusion formelle. Sa Majesté lui dit aussi-tôt qu'il falloit pour l'appaiser lui donner autre chose; mais qu'il falloit aussi lui dire en même temps que c'étoit à condition qu'il ne reparlât jamais de cette affaire. Le Prince de Condé crut qu'il n'y avoit rien tel que de prendre toûjours, difant à fon Fils que ce feroit à lui à faire revivre fa prétention felon que l'occafion s'en prefenteroit; ainfi il entra pour lui en négociation avec le Miniftre de qui il tira trente mille écus de rentes en fonds de terre, tant fon Eminence avoit envie de fe rendre lui-même maître de cette Place par la renonciation du Duc.

Cette affaire s'étant affoupie de la forte, ou du moins le paroiffant être, quoiqu'à dire le vrai le Duc d'Anguien fongeât férieufement à profiter de la foibleffe du Cardinal lorfqu'il en trouveroit l'occafion, Son Eminence qui n'étoit pas encore dégoutée de fe faire un érabliffement en Italie, quoique le malheureux fuccès qu'il avoit eu devant Orbitelle femblât lui en devoir ôter la fantaifie, minuta une autre entreprife de ce côté-là. Et en effet, étant averti que les Efpagnols tout fiers de l'avantage qu'ils avoient remportés fur le Prince Thomas, fe trouvoient en fi grande fureté dans le Pays, qu'ils avoient non-feulement fait rentrer les Vaiffeaux dans leurs Ports, mais qu'ils les avoient encore fait défarmer, fit prendre la poste au Maréchal de la Meilleraye pour s'acheminer de ce côté-là. La réputation qu'il avoit de sçavoir mieux qu'un autre comment il falloit assiéger une Place & la réduire sous son obéïssance, fit qu'il jetta les yeux sur lui préférablement à quantité d'autres Généraux. Il est vrai pourtant qu'il lui donna pour adjoint le Maréchal du Plessis Prâlin autre Capitaine de réputation & qui avoit acquis le Bâton de Maréchal de France uniquement par sa valeur. L'un s'embarqua à Toulon, & l'autre à Oncille ayant pris avec eux toutes les meilleures troupes qui étoient en quartier d'hyver dans la Provence & aux environs. Comme ils leverent l'encre par un bon vent & que la saison étoit propre pour la navigation, ils eussent fait leur trajet avec beaucoup de plaisir, si ce n'est qu'il s'éleva une querelle entre les deux Chefs d'Escadre qui alla si loin qu'ils ne furent pas sans apprehension qu'ils n'en vinssent aux mains l'un contre l'autre : l'un étoit le Chevalier Garnier & l'autre Montade. Leur querelle vint de quelques discours que l'un fit au préjudice de l'autre touchant quelque chose qui s'étoit passé pendant le siége d'Orbitelle, & il n'y avoit pas eu moyen de les accommoder depuis ce temps-là. Ce n'est pas que des personnes de considération ne s'en fussent mêlées, & ne leur eussent demandés leur parole ; mais comme, dans ce temps-là, on se battoit plus librement qu'on ne fait aujourd'hui, ils n'avoient jamais voulu déférer aux conseils de leurs amis & encore moins le leur donner : comme on avoit vû leur obstination on les avoit séparés l'un de l'autre ni plus ni moins que l'on fait des dogues, qui se veulent mordre ; ils avoient même eu ordre de ne pas sortir de l'endroit où ils avoient été envoyés sous peine de désobéïssance ; mais enfin le besoin que l'on avoit présentement de leurs Vaisseaux les ayant fait rassembler sans que l'on pensât presque à ce qui leur étoit arrivé, à peine se trouverent-ils en mer qu'ils se firent des fanfaronnades, tout comme s'ils eussent voulu se défier au combat. Les deux Maréchaux les accommoderent pourtant à la fin ; mais avec tant de peine, qu'on vit bien qu'ils avoient besoin de toute leur autorité pour en venir à bout.

Messieurs d'Estrades & de Fabert, que l'on a vûs depuis Maréchaux de France, furent de cette expédition avec un autre homme que l'on a vu Gouverneur de la Bastille & fort à son aise, & qui en ce temps-là n'étoit néanmoins que très-petit compagnon. Je veux parler de Besmaux que le Cardinal avoit donné au Maréchal de la Meilleraye, sous prétexte de lui servir d'Aide-de-Camp ; mais qui dans le fonds, comme il ne manquoit pas d'esprit, n'étoit-là que pour lui rendre compte de quelle maniere s'y comporteroient non-seulement les Généraux ; mais encore pour l'instruire de toutes les autres choses qui mériteroient la peine d'être mandées. Il n'y avoit que très-peu de temps qu'il étoit à son Eminence, & il lui avoit été donné par Treville, Capitaine Lieutenant des Mousquetaires du Roi, à qui son Eminence avoit demandé deux Mousquetaires qui n'eussent aucun bien de chez eux, afin de faire leur fortune. Comme Besmaux étoit dans cette compagnie, & qu'il étoit Gascon de Nation dont Treville étoit regardé comme le Protecteur, parce qu'il l'étoit lui-même, ou dumoins Bearnois qui vaut bien autant qu'un Gascon, il avoit jetté les yeux sur lui & sur Mr. d'Artagnan, que l'on a vû depuis Capitaine Lieutenant de la même compagnie.

Ils étoient tous deux tels que M. le Cardinal les desiroit; c'est-à-dire, qu'ils n'avoient pas un sol vaillant, n'y l'un n'y l'autre. Ils crurent déja leur fortune faite quand Treville les choisit entre tous les autres pour en faire présent à à son Eminence : car pour leur faire le plaisir tout entier, bien loin de leur cacher ce que M. le Cardinal lui avoit dit, il leur en fit part afin qu'ils lui eussent plus d'obligation de la préférence qu'il leur donnoit sur leurs camarades. Cependant ce Ministre n'étoit nullement liberal, non pas même de la bourse du Roi dans laquelle il vouloit qu'il n'y eut que lui qui foüillât : à plus forte raison l'étoit-il encore bien moins de la sienne, aussi ne les fit-il pas trop riches de quelque temps. Ils s'attendoient pourtant à bien d'autres choses, & même *que les Cailles*, pour ainsi dire, *leur alloient tomber toutes rôties dans la bouche*: mais ils eurent besoin de prendre patience avant que de voir l'effet de ses promesses. Ce

Ministre les garda même quelque temps auprès de lui sans leur donner autre chose que bouche en Cour ; mais quand il y avoit quelque course à faire, c'étoit eux qui la faisoient, parce que la récompense qui en venoit ne sortoit pas de sa bourse, & qu'étant besoin de toute nécessité que cette dépense se fît, il aimoit encore mieux que ce fussent ses gens qui en profitassent que des personnes qu'il ne connoissoit point : il la leur procuroit néanmoins toute la plus legére qu'il lui étoit possible, soit qu'il fut bien aise par-là de les éprouver, ou qu'il les crut encore trop heureux d'avoir une honnête subsistance, eux qui avant que d'être à lui avoient souvent l'appétit bien ouvert sans sçavoir où prendre le premier sol pour aller dîner. Je ne suis pas fâché de rapporter toutes ces choses en passant, parce qu'ayant à parler de ces deux hommes dans la suite de ces Mémoires, l'on verra comment à force d'avoir de la patience, l'un a amassé plus de cent mille livres de rentes, en de fort bonnes Terres, & en d'autre nature de bien qui ne vaut pas moins, & l'autre a eu une des plus belles Charges de la Cour, avec le commandement de Lille, Capitale de toute la Flandre Françoise.

Quoi qu'il en soit, le débarquement des troupes dont je viens de parler, s'étant fait assez près d'une maison où le grand Duc de Toscane a un haras dont j'ai oublié le nom, un des deux Maréchaux de France marcha droit à Piombine, pendant que l'autre assiégea Porto-longonne. Dès que tout le peuple de Paris, & tout celui des autres villes du Royaume sçurent cette entreprise, ils ne manquerent pas de renouveller tous les discours qui s'étoient faits à l'égard d'Orbitelle; principalement quand ils songeoient au malheureux succès que les troupes du Roi avoient eu devant cette derniere Place. Le Cardinal leur laissa dire tout ce qu'ils voulurent, sans s'en mettre autrement en peine, prétendant qu'à ce coup-là les Espagnols ne se moqueroient pas de nous, comme ils avoient fait l'autre fois, c'est-à-dire, quand ils nous avoient vûs rentrer en si petit nombre si délabrés dans nos Vaisseaux, nous qui quelque temps auparavant en étions sortis en quantité & en très-bon état. Ce qui lui donnoit si bonne espérance cette fois-là, c'est que les Espagnols tous fiers de ce qui nous étoit arrivé devant Orbitelle, s'étoient comme endormis sur leur bonne fortune. Et en effet, Piombine étoit si mal pourvû de toutes choses qu'il ne fit presque point de résistance. Le Maréchal de la Meilleraye qui l'avoit pris envoya Besmaux en porter la nouvelle à la Cour; non pas tant par l'amitié qu'il avoit pour lui, que parce que s'étant apperçu qu'il servoit d'Espion au Cardinal, non-seulement à son égard, mais encore à l'égard de toute l'Armée, il étoit bien aise de s'en défaire pour autant de temps qu'il seroit obligé de demeurer à son voyage. Comme Besmaux étoit novice dans le métier, & qu'il étoit moins propre à faire la guerre qu'à bien des choses dont il se fut beaucoup mieux acquitté, il fit à son arrivée un portrait de ces deux Places, comme de tout ce qu'il y avoit de meilleur, particulierement de Portolongonne.

Cela lui étoit plus pardonnable qu'à un autre, lui qui n'avoit jamais vû la guerre qu'en peinture. Cependant, s'appercevant que le Duc d'Anguien devant qui il faisoit ce récit, ne pouvoit non-seulement s'empêcher de rire, mais qu'il le tournoit encore comme en ridicule, il eut peine à le souffrir, tout grand Capitaine qu'il étoit, & fils aîné du premier Prince du Sang. Aussi lui demandant d'un air de Gascon ce qu'il trouvoit tant à redire à son discours, lui qui n'avoit jamais été sur les lieux; c'est, lui répondit Mr. le Duc en s'humanisant un peu plus avec lui, que ces deux Places dont vous parlez ne sçauroient être si fortes que vous le dites, puisqu'il y en a déja une de prise; & que l'autre le doit être aussi à l'heure qu'il est, dumoins si l'on doit ajoûter foi à ce que vous en dites vous-même. Le Duc se tournant ensuite vers Mr. le Cardinal, lui dit qu'il avoit demeuré je ne sçais combien de temps devant Dunkerque, qui, au dire de Besmaux ne valoit pas tant que Piombine, qu'il ne croyoit pas pourtant le Maréchal de la Meilleraye plus habile que lui; qu'ainsi, il falloit que cette Place ne fut pas si forte que l'autre, puisqu'il n'avoit été que quelques jours à la réduire. C'étoit à Besmaux à se taire, voyant qu'une personne d'un si haut rang lui contredifoit ; & que d'ailleurs, il en fçavoit plus lui feul que toute la Gafcogne enfemble. Mais, comme les gens de ce Pays-là croyent tout fçavoir, & qu'ils ne fe rendent pas facilement, il lui répondit avec une hardieffe incroyable qu'il régloit apparemment les expéditions qui fe faifoient en Italie, comme celles qui fe faifoient au Pays d'où il venoit ; qu'il y avoit pourtant bien de la différence, puifqu'en Italie, on travailloit à la tranchée pendant toutes les vingt-quatre heures du jour, au-lieu qu'en Flandres, on n'y travailloit que depuis dix heures du foir jufqu'à deux heures du matin : qu'ainfi, on en faifoit tout autant en Italie dans un jour qu'on en faifoit en fix de l'autre côté ; & que par conféquent, il ne falloit pas s'étonner fi on y alloit fi vîte.

Le Duc d'Orléans & le Cardinal devant qui il raifonnoit de la forte, fe prirent à rire de bon cœur quand ils virent qu'il tâchoit de fe tirer d'affaire par-là ; ils dirent même au Duc d'Anguien qu'ils lui confeilloient de lui ceder, qu'il avoit la parole trop bien en main pour ofer difputer contre lui, &

que du moins c'eſt dequoi ils ne s'aviſeroient pas s'ils étoient à ſa place. Le Duc trouva qu'ils avoient raiſon, & ne lui dit plus rien comme ils le lui conſeilloient. Cependant, ſoit que Portolongonne ne fut pas auſſi fort qu'il le diſoit, ou qu'il y eut bien à dire qu'il le fut autant que le vouloit le Duc d'Anguien, il eſt conſtant que le Maréchal du Pleſſis ne mit pas beaucoup de temps pour le prendre. Le Cardinal choiſit pour commander dans ces deux Places deux de ſes créatures ſur qui il croyoit pouvoir compter; & faiſant paſſer tous les jours de l'argent à Rome, il eſpera qu'avec un ſi bon ſecours le Pape ne lui refuſeroit pas l'inveſtiture de ces deux Fiefs, principalement s'il pouvoit jamais obliger la Reine mere à les lui donner pour récompenſe des ſervices qu'il prétendoit déja avoir rendus à la Couronne. Ses eſpérances du côté du Pape paroiſſoient néanmoins aſſez mal fondées, puiſque c'étoit plûtôt à l'Empereur qu'à Sa Sainteté à qui il devoit demander cette inveſtiture, lui qui prétend que tous les Fiefs d'Italie relevent de lui; mais comme il étoit revêtu de la Pourpre il ne vouloit point avoir d'autre protecteur que la Thiarre à qui il étoit déja redevable de son élévation. Il y en eut cependant beaucoup qui crurent que quand ce viendroit à fondre la glace, il ne seroit peut-être pas si soigneux que l'on diroit bien de demander le consentement de la Cour pour se rendre ainsi Souverain. Quoiqu'il en soit, comme une si haute entreprise demandoit qu'il eut de l'argent comptant, il en amassa toûjours le plus qu'il lui fut possible & continua de le faire passer en ce Pays-là.

Il le fit tout le plus secrettement qu'il lui fut possible, parce qu'ayant autant d'ennemis qu'il en avoit dans le Royaume, il étoit impossible, si par hazard on venoit à le sçavoir, qu'on ne prît de-là sujet de le déchirer encore plus cruellement que l'on ne faisoit : mais comme il n'y a rien de si caché qu'il ne se découvre à la fin, je ne sçai comment ses ennemis en eurent le vent, ce qui lui attira justement ce qu'il apprehendoit. Il nia toûjours la chose comme si ce n'eut été qu'une imposture, parce qu'il sçavoit bien que s'il en tomboit d'accord ce seroit encore pis pour lui.

Les Peuples qu'il fucçoit toûjours de plus en plus, n'apprirent pas plûtôt ces nouvelles qu'ils n'y furent pas indifférens, ils rencherirent par deſſus tout ce qui ſe diſoit de lui; deſorte qu'il ne tint pas à eux qu'on en eut bien méchante opinion: quoiqu'ils euſſent tort de ſe montrer ſi paſſionnés il ne l'avoient pas tant, pour en dire la verité, dans de certaines choſes qu'ils pallioient à ſon déſavantage. Le deſordre ne pouvoit être plus grand qu'il l'étoit dans les Finances, quoique pour contenter les gens d'affaires on eut mis à la fin d'Emeri à la place du Préſident de Bailleul. Ce n'eſt pas que ce fut la faute de ce nouveau Sur-Intendant. Je n'ai pas dit encore grand choſe pour le faire connoître, mais le peu que j'en ai dit ci-devant étant néanmoins plus que ſuffiſant pour rendre témoignage de ſa capacité, il s'enſuit que c'étoit ailleurs que chez lui qu'il falloit chercher la ſource de tous les abus qui ſe commettoient. Auſſi quoiqu'il en fut très capable, & même qu'il le fût tant qu'il n'y avoit dans le Conſeil du Roi perſonne qui le fut plus que lui, comme, à proprement parler, il n'y étoit qu'un zéro en chiffre en comparaiſon de M. le Cardinal, il y étoit tondu tout aussi-tot que son sentiment ne se rapportoit pas au sien. D'ailleurs quand son Eminence lui demandoit de l'argent, comme il avoit ordre de la Reine mere de lui donner tout ce qu'elle lui demanderoit, il n'osoit s'informer à quoi elle le vouloit employer. Il sçavoit même souvent qu'elle en vouloit faire un méchant usage par rapport à celui qui en devoit être fait pour le bien du Royaume; mais il n'osoit rien dire se contentant de se faire donner des décharges de ce qu'il remettoit ou entre ses mains ou entre celles de son Trésorier. Cela le justifioit bien auprès de la Reine, qui comme je viens de dire lui avoit commandé de ne lui rien refuser; mais comme cela ne le justifioit point auprès du peuple qui en dépit que l'on en ait se rend toûjours le Juge des actions des Grands & même un Juge trèsfevere; il encourut peu-à-peu son inimitié, dont il se ressentit beaucoup par la suite comme je le dirai en son lieu. Cependant il y a bien souvent plus de passion que de justice dans le jugement qu'il fait ainsi; & en effet il est fort rare qu'il entre en discussion

cuſſion des choſes, comme il lui arriva ſans doute en cette occaſion. Il lui ſuffit que d'Emeri fut Surintendant des Finances pour l'accuſer de mettre la main dans les Tréſors dont il étoit chargé de l'adminiſtration ; il ne prit pas garde qu'il en rendoit compte à un autre, & que du moins s'il étoit voleur il n'étoit pas le plus grand des deux.

Il n'y a rien de ſi dangereux à un homme qui a le maniement des deniers publics que d'avoir une fois cette réputation ; elle ne tarde guéres à voler bien loin ; & c'eſt juſtement ce qui arriva au pauvre d'Emeri, il n'y eut plus perſonne qui ne le regardât comme s'il ſe fut approprié une partie des levées qui ſe faiſoient à Paris, & dans les Provinces. Les grandes richeſſes qu'il avoit amaſſées depuis qu'il étoit dans les emplois, ſervoient encore de pierre d'achopement pour tous ceux qui jettoient les yeux ſur lui. On ne conſideroit nullement qu'il y avoit long-temps qu'il travailloit, & qu'ayant été de tout temps bon ménagé, il ne falloit pas tant s'étonner s'il avoit amaſſé beaucoup de bien. Enfin, pour tout dire en un mot, il n'y avoit perſonne qui ne le crut coupable, parce qu'il avoit acquis de belles Terres, & fait bâtir à Paris un Hôtel magnifique. Le Cardinal n'étoit point du tout fâché de le voir ainsi devenir l'objet de la haine publique, il se flatoit que l'accusation qu'on formoit contre le Sur-Intendant étoit comme une décharge pour lui; mais il se trompoit fort. D'Emeri n'étoit haï que parce qu'il manioit les Finances, & qu'il est bien difficile quand on a un tel emploi de n'être pas soupçonné : à son égard, il l'étoit d'une autre maniere; parce que, quoiqu'on sçut bien qu'il n'en avoit pas l'administration, on sçavoit bien aussi qu'il y puisoit tout autant & tout aussi souvent que bon lui sembloit. Cependant, quoique le Sur-Intendant ne fut pas le plus coupable, tout Paris ne laissoit pas de demander sa destitution avec autant d'empressement que les gens d'affaires avoient eu de chaleur à souhaiter qu'on le mit au poste où il étoit.

La paix eut pû remédier à tous ces desordres, si le Cardinal eut voulu lever les difficultés qu'il y apportoit lui-même. Les peuples étant déchargés des impôts extraordinaires dont il les accabloit tous les jours, n'eussent plus rien dit, parce qu'on ne leur eut plus rien demandé. Mais son intérêt particulier ou pour mieux dire son extrême avarice, l'obligeant à continuer la guerre, bien que toutes les Puissances qui y étoient entrées en fussent aussi lasses les unes que les autres ; il s'appliqua uniquement à procurer quelques avantages aux armes du Roi, afin que ses Sujets n'eussent pas tant de regret à l'argent qu'il avoit encore envie de leur demander. Il la continua cependant en Allemagne & en Catalogne, avec plus de politique que de vigueur. Il ne voulut pas, quoique nous y fussions supérieurs aux Ennemis, que nous y remportassions de si grands avantages que l'Empereur & le Roi d'Espagne se vissent dans une espece d'obligation de nous offrir la carte blanche. Ainsi, apprenant que M. de Turenne après avoir joint les Suedois qui étoient retournés du côté du Rhin dès que la paix du Nord avoit été faite, étoit entré avec eux dans la Baviere, où peu s'en falloit qu'il n'eut surpris le Duc de ce nom dans une de ses maisons de Cam-

H 2

pagne, il lui fit mander par un de ses amis qui étoit dans ses intérêts, qu'il n'entendoit guéres bien son métier que de vouloir finir la guerre si-tôt ; qu'il fit sérieusement réfléxion à ce qu'il feroit quand la paix seroit faite, lui qui n'étoit pas trop propre à être Courtisan ; s'il prendroit le parti de se retirer à la Ferté, ou de se voir à la Cour semblable à beaucoup d'autres, lui qui à la guerre étoit le premier homme de son siécle. La Ferté étoit une des Maisons de ce Général laquelle étant assez près de Paris, il la lui citoit plûtôt qu'une autre, parce qu'il y alloit plus souvent. Le Vicomte de Turenne alla toûjours son chemin, malgré tout ce que lui avoit pû mander son ami, ce qui déplaisant à ce Ministre, il lui envoya ordre de ne pas pousser les choses plus avant, & qu'il donnât le temps au Duc de Baviere de se reconnoître. Il est vrai qu'il prit pour prétexte qu'il vouloit se raccommoder avec la Cour ; parce que sans cela il eut appréhendé que ce Général ne lui eut demandé à quoi il pensoit de vouloir le ménager. Le Cardinal fit plus, il écrivit lui-même au Duc avec qui il avoit toûjours entretenu une espece de correspondance, quoiqu'ils fussent dans des intérêts si contraires, que s'il faisoit bien, il s'adresseroit lui-même au Vicomte de Turenne pour avoir quelque relâche dans ses malheurs; qu'il en useroit bien avec lui, & que l'ordre lui en seroit envoyé de la Cour.

Le Duc de Baviere dont la politique avoit toûjours été, en prenant le parti de l'Empereur, de ne le pas rendre si puissant, qu'il pût quand il lui plairoit l'accabler ni lui ni les autres Princes d'Allemagne, entendit bien ce que cela vouloit dire; ainsi ne manquant pas de suivre le conseil de ce Ministre, il s'adressa à Mr. de Turenne dont il esperoit bon quartier après ce que le Cardinal lui avoit écrit. Mr. de Turenne qui ne voyoit pas quel avantage c'étoit pour le Roi, que d'entrer en négociation avec le Duc, & qui en trouvoit bien davantage à s'emparer tout-d'un-coup de son Pays, pour l'obliger à changer de parti, fit comme la sourde oreille à toutes les propositions que le Duc lui pouvoit faire. Néanmoins craignant que son Eminence ne le trouvât mauvais, il lui dépêcha Boisguiot, l'un de ses Gentilshommes pour lui remontrer le préjudice qu'il alloit faire aux affaires du Roi, s'il l'obligeoit à suivre les ordres qu'il lui avoit envoyés. Il lui écrivit même qu'il alloit par-là le rendre tellement suspect aux Suédois qu'ils n'auroient plus de confiance en lui. Qu'ils voyoient tout aussi bien que personne, eux qui étoient sur les lieux, qu'il n'y avoit rien à gagner de traiter avec le Duc, principalement s'il se falloit fier sur sa parole comme ce Prince le prétendoit, & comme son Eminence le prétendoit elle-même sur les propositions que le Duc lui en avoit faites. En effet, elle lui avoit mandé en propres termes qu'il n'éxigeât pas autre chose de lui que son serment, parceque ce Prince qui étoit homme de courage se cabreroit peut-être, s'il voyoit qu'on lui demandât des assurances par écrit avant qu'il eut cherché quelque prétexte honnête pour se dégager d'avec l'Empereur. Au-reste, le Vicomte de Turenne sans s'arrêter à ces paroles, lui fit réponse aussi en propres termes pour lui rendre le change, qu'à moins que le Duc ne donnât non-seulement un écrit, mais encore les meilleures de ses Places pour gage de sa foi, il ne voyoit pas qu'il eut aucun fond à faire sur ses promesses.

C'étoit justement prendre le Cardinal par un endroit qui n'étoit nullement de son goût. La raison pour laquelle il vouloit qu'on ne demandât pas tant de choses au Duc, étoit que cela eut fini la guerre tout-d'un-coup, & ce n'étoit pas là son intention. Quoiqu'il en soit, Mr. de Turenne pour toute réponse au Courier qu'il avoit envoyé à ce Ministre ayant reçu de seconds ordres conformes aux premiers, excepté qu'il pouvoit prendre un écrit, il arriva que le Duc de Baviere ne se fut pas plûtôt mis en sûreté par un Traité qui ne devoit durer qu'autant que dureroit le péril où il se trouvoit présentement, le rompit si-tôt qu'il vit qu'il pouvoit le faire sans peril. Son Eminence en agit à peu-près en Catalogne comme il venoit de faire en Baviere, parce que pour empecher qu'on ne reprit Lerida, il n'envoya pas la moitié des choses nécessaires au Comte de Harcourt à qui il avoit ordonné d'en faire le Siege.

Ce Prince qui étoit allé en ce Pays-là en qualité de Vice-Roi, à la place du Maréchal de la Motthe, fut d'autant plus fâché de cet affront qu'il avoit été chargé autrefois d'entreprises bien plus difficiles dont il étoit toûjours forti à son honneur. Cela lui fit demander à s'en revenir de cette Province : & comme il étoit homme à garder long-temps un pareil souvenir, cela ne contribua pas peu à le jetter dans la désobéïssance dont il sera parlé ci-après.

 Les plaintes de ce Général aussi bien que celles des Suedois, qui ne faisoient point de difficulté de dire qu'ils avoient été trahis, puisqu'il n'avoit tenu qu'au Cardinal de mettre fin, non-seulement tout-d'un-coup à la guerre, mais de faire encore la paix la plus glorieuse qui se fut faite depuis long-temps : les plaintes, dis-je, de ce Prince, & celles de ces peuples, étant parvenuës bien-tôt aux oreilles des Parisiens, il est impossible d'exprimer l'indignation qu'ils en conçurent contre ce Ministre. Ils crierent encore plus fortement contre lui qu'ils n'avoient jamais fait : tellement que les Hollandois qui étoient jaloux de la conquête que nous avions faite de Dunkerque, & de quelques autres Places qui étoient encore plus avancées dans le Pays, songerent à reprendre le Traité de Paix, que le Cardinal leur avoit fait interrompre sous l'espérance qu'il leur avoit faussement donné, qu'il ne songeoit à autre chose qu'à terminer les différends que Sa Majesté avoit avec la Maison d'Autriche. Si-tôt qu'ils eurent pris cette résolution, ils ne firent point de difficulté de la lui signifier ; ils lui firent même entendre sans se mettre beaucoup en peine d'user de paroles captieuses, que puisqu'il ne vouloit pas donner la paix à la Chrétienté, il n'étoit pas juste qu'ils se fiassent davantage à sa parole.

Le Prince de Condé vint à mourir sur ces entrefaites, & le Duc d'Anguien ayant quitté son nom pour prendre celui qu'il portoit, le Cardinal qui étoit bien aise de l'éloigner de la Cour, parce qu'il étoit plus vif que son pere, & qu'il craignoit qu'il ne lui fut plus difficile de manier son esprit, lui insinua adroitement que rien n'étoit plus capable de donner le dernier éclat à sa gloire, que d'aller faire en Catalogne ce que le Comte de Harcourt n'y avoit pû faire. Le Comte avoit effectivement fait de si grandes actions jusques-là, que ce n'étoit pas une petite chose que de faire esperer à un autre qu'il pourroit le surpasser. Le nouveau Prince de Condé mordit à cet hameçon, qui lui parut d'autant plus digne de lui, qu'il n'y avoit guéres de Général dans l'Europe dont la réputation fut plus brillante qu'étoit celle du Comte de Harcourt. Il partit donc pour ce Pays-là, accompagné du Maréchal de Grammont qui étoit son ami de longue main ; & comme il croyoit qu'après tant de grandes choses qu'il avoit éxécutées, sa réputation toute seule étoit capable de faire tomber devant lui les murailles des plus fortes Places, il s'attacha d'abord à celle de toute la Province qui avoit le plus de renommée ; c'étoit Lerida sans doute, puisque quand même elle n'eut jamais rien fait davantage que de ternir la gloire du Comte de Harcourt, cela étoit plus que suffisant pour lui donner une des premieres places dans l'Histoire. Quoi qu'il en soit, le Prince de Condé y ayant mis le Siége, crut que cette Ville ne tiendroit pas mieux devant lui qu'avoit fait Thionville, Fribourg, Dunkerque, & une infinité d'autres qu'il avoit prises depuis trois ou quatre Campagnes. Il sçavoit pourtant bien, s'il eut voulu s'en souvenir, que toutes les choses dont on est venu à bout dans un temps, ne sont pas toûjours un préjugé certain pour ce que l'on peut entreprendre à l'avenir: il pouvoit sçavoir d'ailleurs que cette Place n'étoit pas tant à méprifer qu'il pensoit, puisque depuis que le Roi d'Espagne l'avoit prise, il l'avoit fait si bien fortifier qu'il la regardoit comme le boulevart de toute l'Espagne. Il sçavoit encore qu'il y avoit dedans une bonne garnison, & par-dessus tout cela un Gouverneur d'une expérience consommée, ce qui n'étoit pas la moindre espérance des Espagnols. Cependant, comme si tout cela n'eut été rien pour lui, il monta la tranchée avec des violons ni plus ni moins que s'il y eut voulu donner le bal. Le Gouverneur pour répondre à sa serenade, lui fit faire un si grand feu de mousqueterie, que dès la premiere nuit, il y perdit six à sept cent hommes. Une sortie qu'il fit le lendemain lui en coûta encore plus de deux cent; les jours suivans ne lui furent de même guéres plus heureux; de sorte que ce Prince reconnoissant qu'il lui faudroit bien d'autres violons que les premiers pour faire danser ce Gouverneur dans les formes, commença dorénavant à marcher avec plus de précaution qu'il ne faisoit les premiers jours.

Ce Siége quoique de la derniere consequence pour la Couronne d'Espagne, qui n'a pas accoûtumé d'aimer qu'on l'approche de si près, n'étant rien néanmoins pour ses Alliés en comparaison de ce qui se passoit en Flandre, l'Empereur résolut d'y jetter des forces si considérables que le Siége de la guerre se trouvât-là à l'avenir bien plûtôt que par-tout ailleurs : la raison qu'il en eut, fut qu'il se flata que cela donneroit quelque relâche à l'Allemagne, & sur-tout au Duc de Baviere qui n'avoit pas encore rompu le Traité qu'il avoit fait avec nous ; mais qui n'attendoit qu'une occasion favorable pour le faire. Car, quoique nous agissions quelquefois, comme si nous eussions été d'intelligence avec lui, ainsi qu'il n'a pas été difficile de le voir dans l'occasion dont il vient d'être parlé, il est vrai pourtant qu'il tenoit à l'Empereur par des liens si forts qu'il ne pouvoit les rompre, sans se perdre entierement. Sa Majesté Impériale lui devoit onze millions, somme si considérable, & pour le débiteur, & pour celui à qui elle étoit duë, qu'il y a bien de l'apparence qu'ils n'étoient guéres moins embarrassés l'un que l'autre, comment ils pourroient jamais sortir de cette affaire. Or le Duc ne voyant pas d'autre moyen d'en être payé, qu'en soûtenant jusqu'au bout les intérêts de ce Prince, afin de se rendre par-là digne des promesses magnifiques qu'il lui avoit faites, lorsqu'il avoit embrassé son parti, il persistoit toûjours à le suivre; parce qu'il ne voyoit que cette porte pour se sauver.

Les grandes promesses que l'Empereur lui avoit faites étoient, que quand ce viendroit à faire la paix, il ne consentiroit jamais à aucun Traité qu'il ne fût déclaré premier Electeur de l'Empire à la place de l'Electeur Palatin. Celui-ci avoit été proscrit par l'Empereur & ensuite déclaré tel par tout l'Empire en général, ou du moins par la plus grande partie, pour y avoir voulu répandre la guerre, & y attirer des armes étrangeres pour y soûtenir son droit. Il s'étoit fait élire Roi de Bohême par la brigue des Protestans & même par le crédit du Roi d'Angleterre : mais il avoit succombé sous cette querelle ; ensorte qu'il avoit non-seulement été privé de sa Couronne, mais encore de son Electorat. Le Jugement qui étoit intervenu là-dessus étoit pourtant sujet à caution tant que l'on auroit les armes à la main, & que ses prétentions ne seroient pas reglées par quelques Traité fait entre les parties, ou du moins entre les principales Puissances qui s'en mêloient. Au reste cet Electeur avoit des biens en Baviere que le Duc de ce nom convoitoit bien autant que son Electorat : c'étoit sur eux particulierement qu'il prétendoit se venger des onze millions qui lui étoient dûs, & ils étoient si considerables qu'ils valoient bien le double de cette somme ; ainsi ce lui étoit un engagement où on ne pouvoit trouver à redire puisqu'il il y alloit entièrement de sa fortune.

L'Empereur étant prévenu des sentimens que je viens de dire ; sçavoir qu'il ne pouvoit mieux faire pour ses intérêts & pour ceux de son Allié que de chercher à faire diversion en Flandres, résolut d'y envoyer l'Archiduc Leopold. Le Roi d'Espagne l'en pria même jugeant par ce qui s'étoit passé pendant les dernieres Campagnes, que difficilement nous résisteroit-il s'il n'avoit quelque autre secours que celui de ses sujets. L'Archiduc n'avoit pas grande expérience à la Guerre ; mais comme Sa Majesté Impériale prétendoit y suppléer en lui donnant pour Lieutenants Généraux des gens d'un grand service, & d'une expérience consommée, cela ne fit nulle difficulté dans son esprit ; il crut au contraire que la présence de ce Prince étoit d'autant plus nécessaire dans ces Provinces qu'on y avoit ménagé quantité d'entreprises très-avantageuses pour le service de Sa Majesté Catholique par la jalousie que les Généraux avoient prise l'un contre l'autre, ce qui vrai-semblablement ne devoit plus arriver lorsqu'il y auroit un Général de la naissance de l'Archiduc.

Cependant comme il n'eut pas été glorieux pour ce Prince de venir en ce pays-là avec la seule qualité de Général des Armées du Roi d'Espagne, & que pour bien faire il falloit y joindre celle de Gouverneur des Pays-Bas, l'Empereur la demanda pour lui à Sa Majesté Catholique. Elle n'eut garde de lui refuser ; bien loin de là, comme Elle ne s'étoit guéres bien trouvée depuis long-temps des Gouverneurs qu'elle avoit envoyés en Flandres, Elle fut ravi que ce Prince voulut se charger du Gouvernement de ces Provinces : Elle lui en fit expédier les provisions dans la forme la plus autentique qu'il lui fût possible ; desorte que cette affaire étant faite l'Archiduc se disposa à y passer incessamment pour s'y signaler par quelqu'entreprise digne de son courage & de sa naissance. L'Empereur lui donna dix mille hommes de vieilles Troupes pour l'y accompagner ; & comme sa Majesté Catholique n'étoit pas destituée d'hommes & d'argent comme elle l'est aujourd'hui, & que la France de son côté n'étoit pas dans le lustre où elle est présentement, ce secours parut quelque chose aux Flamands par rapport à leurs nécestités présentes, & par rapport aussi aux troubles intestins dont on commençoit à reconnoître les semences dans notre Royaume. Ils reçurent ce Prince avec une magnificence extraordinaire, & qui témoignoit qu'ils n'étoient pas encore si bien ruïnés de la Guerre qu'ils soûtenoient depuis long-temps, qu'il ne leur restât encore dequoi paroître dans l'occasion. Au-reste, il n'eut pas plûtôt fait son entrée à Bruxelles que pour répondre à l'attente que ces Peuples concevoient de sa venuë, il se mit en campagne avec une Armée florissante. Armentieres fut la premiere Place qu'il jugea digne de la valeur de ses troupes, & s'en étant rendu le maître après une assez belle défense, il marcha contre Landrecies où il employa plus d'argent que de force pour la réduire sous son pouvoir. Le Marquis d'Heudicourt Pere du grand Louvetier de France d'aujourd'hui, qui commandoit dans cette Place, la lui rendit moyennant une bonne somme d'argent. Cependant quoiqu'il trouva moyen moitié par présens, moitié par amis, ou pour parler plus juste, par les révolutions qui arriverent bien-tôt dans l'Etat de se mettre à couvert de la punition que méritoit son crime, comme il est rare que les traîtres fassent jamais bonne fin, il se tua lui-même quelques années après par une raison qui ne faisant rien à mon sujet m'oblige à la passer sous silence. Quoiqu'il en soit, cette Place n'ayant tenu qu'autant de temps qu'il en falloit à ce Gouverneur pour se flater qu'on ne reconnoîtroit pas sa trahison, il eut bien-tôt porté la peine qu'il méritoit sans les raisons que je viens de dire : Et en effet outre la Guerre civile qui arriva bien-tôt après, & qui lui fut tout-à-fait favorable, il faut avouer qu'on étoit alors dans un temps où l'on se mettoit à couvert de tout pour de l'argent.

Monsieur le Prince étoit toûjours occupé au Siége de Lerida, où il trouvoit toûjours difficulté sur difficulté ; ainsi il n'apprit pas plûtôt la venuë de l'Archiduc dans les Pays-Bas qu'il eut bien voulu changer son commandement avec celui de l'armée de Flandres ; mais il n'en étoit plus temps, il s'étoit embarqué dans une méchante affaire, il devoit s'en tirer avant que de prétendre à autre chose ; il falloit malgré lui qu'il achevât de boire la honte que le Cardinal lui avoit préparée, & dont il eut pû néanmoins se parer pour peu qu'il y eut pensé auparavant: la refléxion qu'il y faisoit alors le désesperoit quelquefois; mais avec tout cela quelque chagrin qu'il en pût avoir, il n'étoit pas de longue durée. Il faisoit là souvent la débauche tout de même que s'il n'eut pas eu de si grandes affaires sur les bras; il fit là aussi un favori, sçavoir le Chevalier de Guitaut qui étoit de la frontiere de Languedoc & qui étoit venu en assez bel équipage à l'armée pour y servir en qualité de volontaire. Ce Chevalier donna d'abord beaucoup d'inquiétude à quantité de jeunesse de distinction que ce Prince avoit avec lui, & qui aspiroit à ses bonnes graces; mais ce fut encore toute autre chose dans la suite parce qu'il étoit mieux fait que pas un d'entr'eux, & qu'ils s'apperçurent toûjours de plus en plus que Mr. le Prince le prenoit en amitié: Et en effet, sa faveur auprès de lui dura plusieurs années, & même selon toutes les apparences elle eut duré tout autant que sa vie, si ce n'est que Mr. le Prince après lui avoir fait beaucoup de bien & même après l'avoir préferé pour le faire Cordon Bleu à beaucoup de personnes de qualité, lui qui n'en étoit pas plus que de raison, ne se fut apperçû que pour toute récompense, il en usoit à peu près avec lui comme le Marquis d'Heudicourt venoit de faire à l'égard de Sa Majesté, ayant révélé un secret que ce Prince lui avoit confié & qui étoit d'une extrême conséquence pour lui. Quand je dis qu'il le préféra à quantité de personnes de grande condition pour le faire Cordon Bleu, peut-être est-il bon de m'expliquer sur ce que cela veut dire, puisque prenant les choses à la lettre, ceux qui ne sçavent pas la Cour, penseroient que je me suis trompé puisqu'il n'appartient pas à M. Le Prince de faire un Cordon Bleu ; mais il faut qu'ils sçachent qu'entre les prérogatives qu'a le premier Prince du Sang, cela en est une qui est très considérable ; il nomme au Roi un sujet pour être Cordon Bleu, & cela à chaque promotion que Sa Majesté fait.

Pendant que le Prince de Condé étoit à un Siége qui avoit lieu de le désespérer, le Maréchal de Gassion avoit été envoyé en Flandres pour s'opposer aux progrès de l'Archiduc ; il ne manquoit pas de courage non-plus que M. le Prince, & il en avoit déja donné assez de marques par tout où il s'étoit trouvé pour ne le pas mettre en doute ; ainsi si il ne lui eut fallu que cette qualité pour lui faire avoir le dessus sur les ennemis, il s'en fut acquitté tout aussibien qu'un autre ; mais les dix mille hommes que ce Prince avoit amené d'Allemagne le rendant superieur à lui, au lieu de lui offrir Bataille, il se contenta d'attaquer la Bassée. Rantsaw qui étoit alors Maréchal de France avoit eu ordre dès le commencement de la Campagne de se joindre à lui & d'agir tous deux de concert : Or ne croyant pas ni l'un ni l'autre qu'on eut besoin de tant de monde pour ne prendre qu'un trou comme étoit la Bassée, Rantsaw fut attaquer Dixmude & le prit. Gassion de son côté soumit la Place qu'il avoit attaquée, & marcha de-là du côté de Lens pendant que l'Archiduc croyant surprendre Rantsaw avant qu'il eut le temps de se retirer, s'achemina vers la Place qu'il venoit d'assiéger. Le Maréchal se prenoit souvent de vin, ce qui le fit bien augurer de sa marche. Il apprit même en chemin qu'il étoit en débauche ; & comme il demeuroit souvent vingt-quatre heures à table quand il étoit une fois en train, il se hâta de marcher afin de le surprendre au milieu de son festin. Rantsaw ayant eu avis que l'Archiduc venoit à lui monta promptement à cheval & se sauva sous le Canon de Dunkerque. L'Archiduc l'ayant ainsi manqué lorsqu'il croyoit le tenir, reprit Dixmude si facilement qu'il eut le temps de marcher contre Gassion qui avoit assiégé Lens. Rantsaw ne pouvoit plus le rejoindre parceque l'Archiduc s'étoit mis entre deux. Cela embarrassa Gassion, & comme il n'aimoit pas à lâcher pied devant l'ennemi, il se hâta de prendre la Place afin qu'à la faveur des remparts il pût tenir tête contre une Armée plus nombreuse que la sienne ; mais voyant que les affaires n'alloient pas aussi vîte qu'il auroit bien voulu, il se mit en devoir d'arracher lui-même une pallissade afin de donner exemple à ses Soldats. Ce n'étoit guéres là le métier d'un Général, aussi en fut-il puni à l'heure même ; il s'y fit blesser d'un coup de mousquet qui l'obligea de se faire porter à Arras, où il mourut le lendemain.

Sa perte qui étoit grande pour la France dont il étoit infiniment estimé pour sa valeur, donna beaucoup à penser au Cardinal. Il ne falloit aussi rien pour le perdre ; sur-tout en ce temps-là, où le Parlement à l'exemple de quantité de gens qui ne lui vouloient pas trop de bien venoit de se déclarer contre lui. Comme il ne gardoit ni bornes ni mesures pour contenter son avarice, il lui avoit envoyé de nouveaux Edits pour les vérifier : le prétexte qu'il en prenoit étoit toûjours chez lui le même ; il ne pouvoit pas disoit-il fournir aux frais immenses de la Guerre à moins que le peuple ne s'aidât lui-même à se saigner; mais le Parlement ayant refusé ces Edits, soit qu'il les trouvât trop à charge au public, ou qu'il fut bien aise de chagriner ce Ministre, il se trouva fort embarassé. Les Parisiens furent ravis de ce que le Parlement venoit de faire ; & comme ils haïssoient toûjours de plus en plus le Cardinal, ils prirent de là sujet de déclamer plus que jamais contre sa conduite, ils en dirent tout ce qu'ils en sçavoient & peut-être y augmenterent-ils encore considérablement, tant ils étoient passionnés contre lui, que ques membres du Parlement les y feconderent avec la même chaleur parce qu'en leur particulier ils étoient mécontens de lui. Il leur avoit fans doute refufé quelques graces; ce que l'on trouvoit fort mauvais en ce temps-là, où il n'y avoit point de fi petit faint dans cette compagnie, qui ne prétendît que le plus haut-huppé ne lui dût quelqu'offrande. Etrange effet de la Minorité d'un Prince pendant laquelle chacun veut faire le maître, quoiqu'il n'y en doive avoir qu'un dans un Etat. Quoi qu'il en foit le Parlement ayant comme montré par là le chemin à la défobeïffance, le Peuple s'affembla devant la porte du Palais, difant du Cardinal tout le mal qu'une Populace animée eft capable de dire dans fa paffion. Quelques uns s'en furent auffi devant la porte de d'Emeri, criant à pleine tête que le proverbe étoit bien véritable, qui difoit *tel maître tel valet*; que c'étoit fon Eminence & lui qui étoient les inventeurs de tous ces nouveaux impôts, qu'il falloit les mettre en pieces tous les deux parce qu'il ne falloit s'attendre qu'à une mifére infinie, tant qu'on les laifferoit en vie. D'Emeri en ufa fagement.

ment. Dès qu'il vît que cette populace s'amassoit devant sa maison, il sortit par une porte de derriere, & se retira au Palais Royal qui n'étoit pas beaucoup éloigné de-là : cependant, il fit auparavant bien barricader la porte de devant sa maison, ordonnant que quand il en seroit sorti on fit la même chose à celle de derriere : Au reste cela étant fait un de ses commis nommé Guerapin, parut sur le balcon, & dit à ces séditieux par ordre de son maître, qu'il étoit allé au Palais Royal pour prier M. le Cardinal de révoquer tous ces Edits, qu'il n'en reviendroit point qu'il n'en eut sa parole, qu'ils pouvoient aller le trouver là s'ils le jugeoient à propos, & qu'ils verroient qu'il leur disoit la verité. Ces paroles les appaiserent un peu, & s'étant dissipés les uns après les autres le Sur-Intendant rentra chez lui sur le soir.

La désobéïssance du Parlement & ce commencement de sédition n'auroient pas beaucoup étonné son Eminence, s'il eut été aussi ferme que le Cardinal de Richelieu ; mais y ayant tout à dire qu'il ne lui ressemblât, il dit à Besmaux qui étoit devenu Lieutenant de ses Gardes, d'avoir l'œil qu'il n'y en eut pas un qui ne fut à son poste, qu'il s'y tint lui même fort exactement parce qu'il n'y avoit rien à négliger dans ces sortes de rencontres. Il avoit une confiance toute particuliere en lui, parce qu'il sçavoit que dans le temps qu'il étoit soldat aux gardes, qualité qu'il avoit euë avant que d'être Mousquetaire, il avoit été regardé comme un mauvais garnement qui s'étoit fait craindre par tous les mauvais lieux de Paris. Quoiqu'il en soit, l'ordre que le Cardinal venoit de lui donner fit rire quantité de Courtisans, qui furent ravis de lui voir recevoir quelques mortifications. Cependant pour lui il ne trouva pas qu'il y eut sujet de rire, craignant qu'on ne vint lui faire quelque Algarade comme on en avoit fait une à d'Emeri; il mouroit même de peur qu'on ne poussât encore les choses plus loin par la haine qu'on lui portoit, & qu'il ne pouvoit ignorer.

Ce qui lui faisoit tant de peur c'est que la mort de Gassion avoit été précédée de la nouvelle de la levée du Siége de Lerida, qu'on accompagnoit de circonstances fâcheuses pour lui. On lui avoit dit que M. le Prince revenoit enragé de l'affront qu'il lui avoit fait recevoir devant cette Place : il est constant néanmoins, pour en dire la vérité, qu'il devoit s'en prendre aussi-tôt à lui même qu'à personne ; puisque le mauvais succès qu'il y avoit eu ne venoit principalement que du mépris qu'il avoit fait d'abord des ennemis. Quoiqu'il en soit, les Parisiens qui prenoient sujet de tout ce qu'ils pouvoient de faire des médisances de ce Ministre, se servirent encore de cette occasion pour se le rendre odieux les uns autres : ils disoient hautement que le feu Prince de Condé n'avoit pas eu plûtôt les yeux fermés qu'il avoit tâché de faire perdre à son Fils la haute réputation qu'il s'étoit acquise par ses grandes actions. Il n'étoit pas cependant vrai que M. le Prince lui voulût tant de mal : il avoit bien parlé de lui quelquefois comme s'il l'eut embarqué mal-à-propos dans cette affaire ; mais ce n'avoit jamais été avec l'aigreur que l'on prétendoit : il avoit bien autre chose à faire dans ce temps-là ; car quoi qu'il fut fort envieux de gloire, il étoit tellement enchanté de son nouveau favori que tous ses courtisans en enrageoient de bon cœur : comme il ne lui étoit rien arrivé que ce qui étoit arrivé l'année précedente au Comte de Harcourt, cela lui servoit non-seulement de consolation; mais faisoit encore qu'il n'y prenoit pas garde de si près.

Le Cardinal qui avoit plus d'interêt à remédier aux affaires de Flandres qu'à pas une autre, parce que le voisinage que ces Provinces ont avec Paris étoit capable de mettre encore bien des paroles à la bouche des Parisiens, s'ils voyoient qu'elles tournassent mal : le Cardinal, dis-je, devant, pour son intérêt aussi-bien que pour celui du Royaume, remédier principalement à ce qui pouvoit arriver de ce côté là, envoya ordre au Vicomte de Turenne qui venoit de gagner en Allemagne une grande Bataille où le Général Melander avoit été tué, de s'en venir le plus diligamment qu'il pourroit au secours de ces Provinces. Il crût qu'il appaiseroit par là le peuple, parce qu'en même tems il se flatoit qu'il arrêteroit les desseins de l'Archiduc; mais bien loin d'y réüssir, il ne fit au contraire qu'accroître leur audace par le mauvais succès qu'eut ce dessein. Le Vicomte de Turenne n'eut pas plûtôt annoncé à son Armée, qu'il falloit aller au secours de la Flandres, que le Colonel Rose en fit révolter une partie. Il lui dit fièrement qu'il ne passeroit point le Rhin, ni lui ni tous ceux sur qui il avoit quelque commandement, parce qu'étant tous Suedois de Nation, ils ne s'étoient obligés de servir le Roi qu'en Allemagne & non pas dans les Pays-Bas. Le Vicomte de Turenne prit son temps pour le faire arrêter, croyant que quand cela seroit fait tous ses compagnons de révolte ne songeroient plus à lui désobéïr; mais ceux-ci s'étant encore roidis davantage se retirerent de son Armée, & lui députerent un d'entr'eux pour lui dire que ce n'étoit point pour entreprendre la cause de Rose qu'ils se séparoient ainsi de lui; mais pour être fideles à leur Reine. Que ses intérêts ne leur permettoient pas de passer en Flandres, & qu'ils les appelloient bien plûtôt auprès de Konisgmark, qui commandoit une de ses Armées dans la Bohême. Ce Général ayant eu vent de ce qui se passoit, & sçachant que ces gens n'étoient pas les moindres de l'Armée du Vicomte de Turenne, il leur avoit fait dire de le venir trouver & qu'il leur feroit un bon parti.

Le Vicomte de Turenne se trouva fort embarrassé : voyant leur dessein il tâcha de leur faire entendre raison & leur envoya de ses amis & des leurs ; afin que ce qu'ils avoient à leur dire de sa part fit plus d'impression sur leur esprit. Les Suédois leur donnerent toute l'Audiance qu'ils voulurent ; mais sans se laisser persuader ; tellement que M. de Turenne voyant qu'il n'en pouvoit venir à bout par la douceur, leur envoya dire que puisqu'ils se vouloient perdre eux-mêmes, il ne pouvoit plus s'y opposer ; qu'il leur envoyoit dire pour la derniere fois qu'ils eussent à revenir joindre son Armée & à lui obéir, sinon qu'il les chargeroit sans miséricorde. Ces menaces ne les toucherent non-plus que tout ce qu'on avoit pû leur dire. D'ailleurs, ils lui firent réponse qu'ils le croyoient trop juste & trop judicieux pour en vouloir venir à cette extrémité ; mais que s'il le faisoit, ils mourroient en braves gens sans se dèshonorer ni par une défobéïssance honteuse ni par une lâche complaisance. Cette réponse chagrina ce Général à un tel point que tout sage qu'il étoit il en perdit patience ; il marcha à eux comme il eût fait à des ennemis, & étant arrivé en leur préfence, il les envoya fommer encore de n'être pas caufe eux-mêmes de leur malheur. Mais n'ayant non plus eu d'égard cette fois là que les autres à tout ce qu'il leur pouvoit reprefenter, il les fit charger à la fin ni plus ni moins que fi ç'eût été des Efpagnols ou des Bavarrois. Le nombre étoit fi inégal qu'il ne lui fut point difficile de les réduire à la raifon. Il y en eut je ne fçai combien de tués, & les autres ayant été pris, il réfolut d'en faire une juftice fi exemplaire qu'elle eut de quoi rendre fages ceux qui pourroient leur reffembler. Il leur fit donc dire qu'ils euffent à fe préparer à la mort, & qu'ils feroient bienheureux s'il fe contentoit de les faire décimer. Il tint lui-même ce langage à un vieillard qui avoit les cheveux tout blancs & qui à fa mine paroiffoit bien être feptuagenaire. Le vieillard fans s'étonner lui répondit qu'il ne lui falloit pas bien du temps pour faire ce qu'il difoit ; qu'il y avoit cinquante ans tout entiers qu'il fe préparoit à la mort, & que quand on avoit vu tuer à fes côtés plus de cent mille hommes, il n'y avoit guéres d'apparence qu'on s'amufât à trembler à une menace comme la sienne; puis découvrant son estomac qui étoit tout couvert de cicatrices, marque indubitable qu'il n'avoit pas fui quand il avoit été dans le combat: juges, lui dit-il avec une résolution digne d'un homme de son métier, à ces marques que tu peux voir de tes propres yeux, si j'aurai plus de peur de la mort que tu m'annonces aujourd'hui, que j'en ai eu de tant de gens qui se sont efforcés inutilement de me ravir la vie: J'ai reçu toutes ces blessures sans que pas une m'ait fait tourner le dos: J'ai appris dans ces occasions comment il falloit être ferme quand on avoit la mort devant les yeux, peut-être n'oublierai-je pas encore pour une parole de ta bouche des leçons que j'ai pratiquées pendant cinquante ans tout entiers; ainsi fais tout ce qu'il te plaira, je ne crois pas que tu me voyes changer de couleur. Voilà donc, ajoûtât-il, la récompense que tu prétens me donner après tant d'années de service. Et parce que je ne veux pas combattre pour d'autres intérêts que pour ceux de ma Souveraine, mon Général me condamne lui-même à la mort! Mêne nous par tout ou tu voudras, pourvû qu'il y aille de son service nous passerons les mers avec toi, nous passerons encore s'il le faut les déserts les plus affreux, & peut-être ne te serons nous pas inutiles à cueillir des Laurier, si tu nous employe pour en partager la gloire avec toi : Je te réponds enfin non-seulement pour moi, mais encore pour mes compagnons que nous te suivrons jusqu'au bout du monde, pourvû que nous le fassions pour le service de ton Prince. S'il ne prétend ici nous regarder que comme des mercenaires ; c'est ce que nous ne souffrirons jamais ni eux ni moi. Tu dis que nous sommes à ses gages & que par consequent nous sommes obligés de lui obéïr : regardes notre Traité, tu verras qu'il est tout autre que tu ne le prétends. Si nous avons pris de son argent ne l'avons-nous pas bien servi en récompense ? A combien de Batailles ne nous as-tu point mené toi-même pour l'amour de lui ; quel salaire en avons-nous jamais eu au-delà de nos gages ? Tu sçais bien toi-même que nous n'en avons jamais reçu aucune gratification, tu le peux mieux dire que personne toi qui nous commande depuis trois ou quatre ans,

I 5

Je ne croyois pas cependant qu'une mort infâme fut la récompense que tu préparois à ceux qui t'ont aidé à gagner des batailles : mais n'importe de quelle maniere qu'elle oſe ſe préſenter à un homme de courage, puiſqu'il n'y a point d'infamie à acquerir pour lui quand elle ne lui eſt point donnée pour ſes crimes.

Le Vicomte de Turenne fut ſi touché de ces paroles que, bien loin de ſonger davantage à faire perdre la vie à ce Vieillard, il eut donné la ſienne volontiers pour l'obliger lui & ſes compagnons à rentrer dans leur devoir; mais étant inutile après tout ce qui s'étoit paſſé de le leur propoſer davantage, il leur accorda en même temps, & leur pardon & leur congé. Il repaſſa le Rhin après cela en moins bonne compagnie qu'il n'eſperoit. La Cour, pour y ſuppléer lui envoya quelques troupes qu'elle tira des garniſons des Places qu'elle avoit ſur la Meuſe pour leſquelles elle ne croyoit pas avoir lieu de rien appréhender. La venuë de cette Armée embarraſſa l'Archiduc : il fut obligé de faire un détachement de la ſienne, de-peur qu'elle n'entreprît quelque chose du côté de Luxembourg dont elle prenoit le chemin. Ce détachement fut cause que ce Prince ne put faire ce qu'il s'étoit proposé auparavant. Cependant, devant que la Campagne finit, le Parlement & les Parisiens ayant continué l'un d'un côté à refuser les Edits qu'on lui présentoit, & les autres à persister dans leur esprit de révolte & de sédition; le Cardinal à qui il ne falloit que montrer les dents pour l'obliger, pour ainsi dire, à se cacher dans un trou, se résolut d'ôter les Finances à d'Emeri. Il crut qu'il leveroit par-là aux uns & aux autres tout sujet de plainte, & qu'il valloit encore mieux sacrifier un homme, tout innocent qu'il pût être, que d'hazarder le salut de l'Etat en le voulant protéger. Cela eut été bon si ce peuple eut cru le Sur-Intendant coupable tout seul des desordres qui se commettoient dans l'Etat; mais comme son Eminence ne l'étoit pas moins que lui dans son esprit & même qu'il l'étoit encore davantage, il ne devoit pas attendre grand'chose de ce remede, qui même étoit un peu trop tardif. Quoiqu'il en soit, en ayant parlé elle-même à Beautru qui avoit eu l'esprit de se mettre bien auprès du Cardinal de Richelieu, & qui n'étoit pas mal encore auprès d'elle, celui-ci lui répondit qu'elle étoit bonne & sage pour faire tout ce qu'il lui plairoit, mais que si elle faisoit jamais ce coup-là, elle devoit s'attendre que le Parlement & les peuples ne lui parleroient plus que le bâton à la main ; que quand un Ministre se mettoit une fois sur le pied de plier, il ne sçavoit peut-être pas qu'il vaudroit autant pour lui qu'il attachât une meule de moulin à son col, & qu'il se fut jetter dans la riviere ; que pour lui s'il vouloit qu'il lui en dît sa pensée, il ne faisoit guéres de différence entre l'un & l'autre, parce qu'il en prévoyoit presque les mêmes inconvéniens.

Cette réponse fit peur au Cardinal, parce qu'il le sçavoit habile homme & bien capable de juger de l'avenir. Néanmoins, comme il n'y avoit rien chez lui qui fit plus d'impression que le présent & qu'il se voyoit toûjours menacé de plus en plus du Parlement & du peuple, il ne lui voulut rien répondre, parce qu'il n'avoit pas envie de le croire. Beaucru qui étoit des amis de d'Emeri lui en fit donner avis sous-main n'osant lui en parler lui-même, de-peur que son Eminence ne l'accusât, si elle venoit par hazard à le sçavoir, d'avoir abusé de la confiance qu'elle avoit eu en lui. D'Emeri qui n'étoit pas comme ces gens qui ont du mérite, & qui ont si méchante opinion d'eux-mêmes ou du moins qui sont si humbles qu'ils n'en veulent jamais convenir, d'Emeri, dis-je, qui bien-loin de leur ressembler, sçavoit bien ce qu'il valloit, répondit à celui qui lui fit ce compliment de sa part, qu'il ne sçavoit pas qui lui avoit donné cet avis ; mais que, quiconque ce pouvoit être, il lui pouvoit dire qu'il ne sçavoit guéres la carte, qu'il lui pouvoit même assurer que son Eminence avoit plus affaire de lui, qu'il n'avoit affaire de son Eminence ; c'est pourquoi, elle ne seroit jamais si mal conseillée que de faire un coup comme celui-là.

Il se trompoit pourtant fort ; car outre que ce Ministre étoit bien aise de le sacrifier de-peur d'être sacrifié lui-même, il avoit encore en vûe en le destituant de faire un coup digne de lui. Le Roi devoit à plusieurs particuliers des sommes immenses qui avoient servi aux dépenses de l'Etat, & à assouvir son avarice : Or comme c'étoit le Sur-Intendant qui en avoit répondu, il prétendoit, d'abord qu'il ne seroit plus en place, leur dire de l'aller chercher. Il en parla au Maréchal de la Meilleraie à qui il avoit envie de faire avoir sa place, non pas toutefois comme d'une banqueroute qu'il avoit dessein de faire; mais comme d'une chose juste, parce que le Roi leur avoit déja payé, disoit-il, de si gros intérêts qu'ils étoient plus que remboursés de leur capital. Le Maréchal qui entendoit mieux à manier une épée qu'à manier les Finances, entra d'abord dans son sens sans se donner la peine d'approfondir si cela étoit vrai ou non : ainsi son Eminence étant toute assurée qu'il feroit tout ce qu'elle voudroit, ne balança plus à destituer le Surintendant.

Ce qui fut cause particulierement qu'il jetta les yeux sur ce Maréchal, pour lui donner cet Emploi, c'est que parmi un grand nombre de Créanciers qu'avoit Sa Majesté, il y avoit je ne sçai combien de Partisans qui lui avoient prêté les uns un million, les autres plus, les autres moins: or en mettant à la place de d'Emeri un homme qui n'avoit nulle relation avec eux, & qui fut assez riche de lui-même pour ne point songer à piller le peuple comme un autre eut pû faire, il comptoit qu'il ne leur feroit ni grace ni miséricorde. Quoiqu'il en soit, d'Emeri toûjours tout aussi rempli de bonne opinion de lui-même, comme il l'avoit témoigné à l'ami de Beautru, fut au Conseil tout comme il avoit de coûtume, c'est-à-dire, sans se douter encore de rien. Le Cardinal qui en arrivant de son Pays étoit fourbe comme un diable, & qui l'étoit encore devenu davantage ce sembloit depuis son arrivée en France, bien-loin de le préparer à sa disgrace, comme il devoit faire sans doute, puisqu'il n'étoit coupable de rien, lui dit encore mille choses obligeantes comme s'il n'eut songé qu'à lui procurer tout le bien qui étoit en son pouvoir. Le Conseil étant fini, d'Emeri trouva le Marquis de Senneterre pere du Maréchal de Senneterre qui lui faisoit sa cour ordinairement à cause de quelques Ordonnances qu'il tiroit de temps en temps de son Eminence, dont il lui procuroit une prompte expédition, il fut pour l'aborder croyant lui faire plaisir ; mais comme il avoit quelque vent de son malheur, il l'évita sous prétexte d'aller parler au Duc d'Uzès.

Le Duc d'Uzès, tout premier Duc & Pair qu'il fut, n'étoit pas homme à être préféré à un Sur-Intendant ; bien-loin de-là, si l'on eut été avec lui & qu'on eut vû passer le moindre de ses Commis à qui l'on eut eu affaire, on l'eut quitté tout aussi-tôt pour l'aller entretenir : aussi d'Emeri ne vit pas plûtôt la manœuvre de ce Courtisan qu'il se ressouvint en même temps de celui qui étoit venu lui annoncer son malheur. Il s'en retourna pourtant chez lui comme si de rien n'eut été, c'est-à-dire, faisant toûjours bonne mine à ceux qu'il trouva dans la Salle des Gardes & sur l'escalier : il dit même au Maréchal de Schomberg qu'il rencontra à trois pas de-là, comme il descendoit de son carosse, qu'il le prioit de venir dîner chez lui le lendemain, & qu'il avoit quelque chose à lui dire : le Maréchal lui répondit qu'il ne pouvoit le lui promettre parce qu'il s'étoit engagé ailleurs. Cependant étant curieux de sçavoir d'avance dequoi il avoit à l'entretenir, le Sur-Intendant s'amusa à badiner comme pour lui faire entendre que s'il lui avoit tenu ce discours ce n'avoit été que pour l'engager plus fortement à ne pas manquer au rendez-vous qu'il lui donnoit. Il monta en carosse après cela pour s'en retourner & étant arrivé chez lui, il en ôta tout ce qu'il avoit de plus beau & de meilleur. Il attendit ensuite que ce coup de foudre dont il étoit menacé vint fondre sur sa tête. Il vint effectivement, mais non pas le jour même, comme il s'y attendoit après ce qu'il avoit vû : ce ne fut que le lendemain comme il étoit à table, & que peu s'en falloit qu'il ne crut déja être trompé, parce qu'il avoit tardé vingt-quatre heures à venir plus qu'il ne pensoit, qu'on lui apporta une Lettre de Cachet, par laquelle il lui étoit ordonné de se retirer à Châteauneuf l'une de ses Maisons. Cette terre qui est sur la Riviere de Loire est la même dont le pere de Mr. le Marquis de la Vrilliere actuellement Secrétaire d'Etat portoit le nom. La retraite n'eut pas été laide pour un Gentilhomme qui eut été mécontent de la Cour, mais pour un Sur-Intendant des Finances qui, pour ainsi dire, y donnoit la Loi, ce fut un morceau de si dure digestion pour lui qu'il ne s'y put jamais accoûtumer.

Fin du Livre Premier.

MEMOIRES
DE Mr. DE
BORDEAUX,
INTENDANT
DES
FINANCES.

LIVRE SECOND.

Anne Partisanne de d'Emeri. La Meilleraie mis à sa place fait faire une espece de Banqueroute au Roi. La Meilleraie mécontent du Cardinal dont il reconnoît l'avarice. Etrange Etat du Roi d'Angleterre. Pleure en voyant ses enfans. Fairfax suspect au Parlement. Cromwel estimé de l'Armée, avoit été sur le grand chemin de sa fortune. S'empare adroitement de la personne du Roi d'Angleterre. Le Parlement est obligé d'approuver son Procédé. Le Parlement de Paris séditieux. Membres arrêtés. Ces troubles font faire la paix aux Hollandois avec les Espagnols. Prise d'Ypres par Condé. Bataille de Lens. Victoire de Condé. La Cour se sert de cette conjoncture pour faire arrêter Brousse, &c. Barricades de Paris. Le Parlement député à la Reine pour avoir liberté des prisonniers. Résiste. Est obligée de la leur accorder. Chagrin du Coadjuteur de Paris. Nouvelles entreprises du Parlement. Suit l'éxemple en quelque façon de celui d'Angleterre. Cromwel Général de l'Armée du Parlement. Fait faire le Procès à son Roi. La Reine Mere met en gage les diamans de la Couronne. Maisons & son frere fort intéressés. Le Parlement demande la révocation des Intendans. La suppression des Lettres de Cachet, &c. Perte de plusieurs Places conquises. Les Espagnols traversent le Traité de Munster. Bataille de Sommerhausen où Melander est tué. Konigsmark surprend Prague. Suspension d'armes en Allemagne. Paix de Munster.

D'EMERI ayant été chassé de la Cour de la maniere qui a été rapportée ci-devant, il ne fut pas plûtôt dans sa Maison qu'il s'y ennuya à mourir ; de sorte que regardant souvent sur la riviere qui coule devant les fenêtres de ce Château, il y vit un jour un bâteau de Sel qui s'entr'ouvrit justement en sa présence. On lui vint dire aussi en même temps qu'un de ses Laquais après être monté sur un arbre s'en étoit laissé tomber malheureusement, & qu'il s'étoit cassé la cuisse. Il y avoit, ce me semble, dans deux occasions, comme celles-là, à prendre parti bien plûtôt pour l'une que pour l'autre ; mais comme il avoit l'ame plus Partisanne que pitoyable, il ne put s'empêcher de faire mille regrets sur la perte de ce Sel, pendant qu'il ne fit nulle attention sur la cuisse cassée de son Laquais. Son Maître-d'Hôtel étoit-là présent ; de sorte qu'étant tout scandalisé, de préférence qu'il faisoit de l'un à l'autre : par ma foi, lui dit-il d'un ton de Picard, (Province dont il étoit originaire) si j'étois à votre place j'aimerois bien mieux songer au pauvre Parisien, (c'étoit-là le nom de son Laquais) que de me mettre ainsi en peine des affaires d'autrui : il faudra peut-être couper la cuisse à ce pauvre misérable devant qu'il soit deux fois vingt-quatre heures ; peut-être même mourra-t-il dans l'opération ; cependant vous le laissez-là comme un pauvre chien, pendant que vous vous amusez à faire mille regrets sur un malheureux bâteau de Sel. Je vous ai déjà dit, continua le Maître-d'Hôtel, que ce n'étoit pas-là vos affaires ; & encore une fois, que si j'étois à votre place, je ne me mettrois guéres en peine de celles d'autrui, puisqu'il n'y a plus personne présentement qui se mette en peine des vôtres. D'Emeri continuant toûjours de ne songer non-plus au pauvre blessé que s'il n'eut pas été à lui, s'arrêta seulement à peser les dernieres paroles du Maître-d'Hôtel ; ainsi, faisant toute l'impression imaginable sur son esprit, quoiqu'il pût croire que suivant le génie ordinaire de sa Nation qui ne prend pas trop garde souvent à ce qu'elle dit, il les eut peut-être lâché à tout hazard, & sans y entendre finesse : Ainsi, dis-je, ces dernieres paroles lui faisant de la peine, il lui demanda comment il avoit appris que personne ne s'intéressoit plus pour lui, puisqu'apparemment, il ne lui eut pas fait un tel discours, s'il n'en sçavoit quelque chose ou par ses amis de bouteille, ou par sa femme qu'il avoit laissée à Paris : Que comme il n'avoit jamais fait de mal à personne, il croyoit aussi que personne ne lui en vouloit : qu'il avoit appris apparemment le contraire ; & que c'étoit ce qu'il vouloit sçavoir de lui tout présentement. Le Maître-d'Hôtel, qui selon son génie ordinaire y alloit toûjours tout à la bonne foi, lui répondit qu'il ne falloit point qu'il se flatât mal-à-propos, comme il faisoit ; qu'il s'étonnoit comment étant aussi habile & aussi expérimenté qu'il l'étoit, il pouvoit se mettre en tête qu'il lui restât encore des amis après être tombé en disgrace ; qu'il sçavoit bien ce qu'il disoit, & que s'il vouloit qu'il lui en donnât des preuves, cela ne lui seroit pas difficile : il lui tira en même temps de sa poche une *Kirielle* d'injures qu'on avoit imprimées contre lui à Paris, & qu'on lui mandoit de lui faire voir, afin qu'il y fit réponse promptement, s'il le jugeoit à propos. D'Emeri les lût tranquillement, comme s'il n'y eut pris aucun intérêt; puis les lui rendant avec le même sang-froid qu'il les avoit luës; tiens mon ami, lui dit-il, cela ne vient que du menu peuple de Paris; mais, comme je le connois mieux que toi, je veux qu'avant qu'il soit peu tu montre quelqu'autre écrit où ils me donneront autant de louanges qu'ils me chantent d'injures dans celui-ci. il eut soin ensuite de son Laquais, & ne parla plus du tout du bâteau de Sel.

Il se montra assez bon Prophéte en disant ce qu'il venoit de dire; dumoins il ne devina pas trop mal. La premiere chose que fit le Maréchal de la Meilleraie pour signaler son entrée dans la charge qu'on venoit de lui donner, fut de révoquer toutes les Assignations qui avoient été délivrées à divers Particuliers pour les rembourser des sommes qu'ils avoient avancées au Roi, ou pour mieux dire au Cardinal; car la plus grande partie de cet argent étoit
entré

entré dans ses coffres, & il avoit fait telle part qu'il avoit voulu à Sa Majesté. Guitaut, Capitaine des Gardes de la Reine & Cemminges, son neveu, en avoient seulement pour quarante mille louis d'or qu'ils avoient remis en especes entre les mains de Son Eminence, ou du moins entre les mains de la personne qu'elle leur avoit nommée elle-même pour les toucher. Ils n'avoient jamais rien gagné avec Sa Majesté dans les Partis dont ils ne s'étoient jamais mêlés directement ni indirectement, comme plusieurs personnes de qualité faisoient en ce temps-là : ainsi, il sembloit qu'ils devoient être traités autrement que les autres à qui l'on vouloit, sans néanmoins faire aucun compte avec eux, faire une espece de compensation de ce qui leur étoit dû avec ce qu'ils avoient profité dans les affaires, & les payer tout-d'un-coup par-là sans bourse délier. Or si cela étoit juste en quelque façon avec quelques-uns, dont néanmoins ils n'avoient garde de tomber d'accord, il n'en étoit pas de même de Guitaut & de Comminges, lesquel ne laisserent pas d'être confondus dans la foule. Le Cardinal qui vouloit faire faire une honnête Banqueroute au Surintendant, lui ordonna de n'avoir non-plus d'égard à eux qu'aux autres ; ce qui est cause aussi que les enfans de Comminges sont gueux aujourd'hui, si-bien que si le Roi n'eut pas conservé après sa mort le gouvernement de Saumur à son fils aîné, l'on peut dire en quelque façon qu'ils eussent été obligés d'aller demander leur pain.

Le Marquis de Senneterre dont il n'y a pas long-temps que j'ai parlé, tout fin Courtisan qu'il étoit, y perdit aussi une somme qu'il avoit prêté de même par l'ordre de Son Eminence. D'Emeri n'en fut pas trop fâché après ce qu'il lui avoit fait, trouvant même que quand il lui seroit encore arrivé pis, il n'eut eu que ce qu'il méritoit. Cependant dès le lendemain que le Maréchal fut installé dans sa charge, le Cardinal lui envoya dire que le Roi avoit besoin de quatre millions : qu'il ne perdît point de temps à les lui trouver, parce que l'affaire pour laquelle il les lui demandoit ne pouvoit pas être plus pressante. Cette maniere de demander dans un temps où il venoit de le faire rompre avec les Partisans par la Banqueroute qu'il leur avoit faite lui parut toute nouvelle. En effet, après le sujet qu'ils avoient de s'en plaindre, bien-loin d'être dans le dessein de lui prêter une si grosse somme, ils l'eussent vû lui & tout l'Etat dans la derniere nécessité devant que de lui vouloir prêter un sol : ainsi sans qu'il lui fut besoin d'attendre plus long-temps à se repentir d'avoir pris cet emploi, il commença à le faire dès ce jour-là. Mais ce qui le désola encore plus que tout le reste, c'est que Son Eminence après avoir traité sous main d'une partie des Assignations qui venoient d'être révoquées, lui dit qu'il n'y avoit point de régle si générale qui n'eut son exception : qu'il falloit les payer à ceux qu'il lui diroit : si bien que quand il eut pris celles dont je viens de parler, il ne lui donna point de relâche qu'il ne les eut payées jusques au dernier sol. Il les avoit prises sous des noms empruntés ; mais bien que ceux qui en étoient porteurs n'eussent aucune recommandation d'eux-mêmes ; c'est assez qu'ils eussent la sienne pour avoir de l'argent comptant :

il les avoit eus cependant à si bon marché, qu'à peine en avoit-il donné la huitiéme partie. Il avoit accordé, du temps de Mr. d'Emeri, de ces Assignations à Madame la Duchesse d'Aiguillon, pour quelqu'argent qu'elle avoit prêté comme les autres, pendant que Son Eminence ne sçavoit où en trouver. Le Maréchal qui avoit tiré de bons services de cette Dame pendant que le Cardinal de Richelieu vivoit, & qui en conservoit le souvenir, ne se vit pas plûtôt en place, qu'il crut que s'il avoit quelque service à rendre à quelqu'un, ce devoit être à la Duchesse préférablement à beaucoup d'autres : ainsi ayant ordonné d'abord de la payer, le Cardinal ne le sçut pas plûtôt qu'il lui en fit une mercuriale. Il lui dit en propres termes qu'il sçavoit le besoin où le Roi & l'Etat étoient présentement : qu'ainsi, il étoit bien étonné qu'au préjudice des mesures qu'ils avoient prises ensemble, il se fut amusé à faire donner de l'argent à une Dame qui n'attendoit pas à vivre après celui-là : que s'il le disoit au Roi Sa Majesté lui en sçauroit mauvais gré ; mais qu'il se garderoit bien de le faire.

parce qu'étant de ses amis tout autant qu'il en étoit, il auroit peur de le perdre dans son esprit.

Le Maréchal qui n'étoit pas endurant, & qui, outre qu'il ne se soucioit guéres de ce Ministre, parce que sa fortune étoit déja faite, le méprisoit encore comme faisoient la plûpart des grands Seigneurs de la Cour : le Maréchal, dis-je, outré du reproche qu'il venoit de lui faire, lui répondit siérement, que quand il avoit fait payer Madame d'Aiguillon, il n'avoit pas cru qu'il y trouveroit à redire comme il faisoit ; qu'il s'en étonnoit d'autant plus qu'il n'avoit rien fait en cela, que ce qu'un autre eut fait s'il se fut trouvé à sa place ; qu'au sur-plus ce qui avoit encore plus lieu de le surprendre que tout le reste, c'est que lui-même, sans se souvenir de la parole qu'ils s'étoient donnée tous deux, faisoit payer tous les jours des personnes qu'il ne connoissoit point, & qui n'avoient par conséquent pour tout sauf-conduit que la recommandation qu'il vouloit bien faire en leur faveur, sans pouvoir deviner par quel endroit ce pouvoit être. En effet, c'étoit, comme j'ai dit, sous des noms empruntés que ce Ministre avoit traité de ces Assignations ; mais quoique le Maréchal s'en doutât bien, il faisoit semblant de n'en rien sçavoir pour lui épargner la confusion qu'il eut euë, s'il lui eut témoigné son soupçon.

Le Cardinal voyant qu'il se mettoit sur le pied de lui tenir tête, me demanda un jour dans son cabinet, où il m'avoit fait venir pour éxaminer ce qu'étoient devenus douze cent mille francs qui m'avoient passé par les mains, ce que je pensois du nouveau Sur-Intendant. Je lui répondis que je n'en pensois rien que de bon ; mais que je croyois pourtant que le Roi n'eut pas trop mal fait de lui donner cette Charge, ou un peu plûtôt ou un peu plûtard. Je lui faisois cette réponse, parce que je croyois avoir reconnu à sa demande qu'il n'en étoit pas trop content. Quoiqu'il en soit, n'ayant rien compris à ce que je lui voulois dire par-là, comme en effet, cela n'étoit pas trop aisé à comprendre ; il m'en demanda l'explication. Je lui dis que quand je parlois de la sorte, c'est que je pensois que si Sa Majesté eut donné cette charge plûtôt au Maréchal, il eut empêché l'abus qui s'étoit fait dans les prêts dont l'Etat s'étoit trouvé si fort endetté que ce Ministre avoit été obligé de faire Banqueroute pour payer ses dettes tout-d'un-coup: de même, que si elle le lui eut donné plus-tard, c'est-à-dire, quand la paix auroit été faite, il n'y eut pas eu tant de danger qu'il y en avoit préfentement: que j'avois bien peur que cela n'eut fait perdre le crédit à Sa Majesté, puisque ce nouveau Sur-Intendant n'avoit pas été plûtôt en place qu'il avoit supprimé les Assignations qui avoient été données aux gens d'affaires, & à quelques autres particuliers, pour le remboursement de ce qu'ils avoient prêté à l'Etat. Au-reste, je voulois bien feindre d'ignorer que c'étoit lui qui en étoit l'Auteur, ce que je sçavois cependant tout aussi-bien que personne. Mr. le Cardinal me répondit que j'avois raison, & continuant de me parler de ce Maréchal, il me dit que quand il avoit jetté les yeux sur lui pour lui faire donner cette charge, il avoit cru qu'étant gendre d'un Sur-Intendant; car il avoit alors épousé la fille du Maréchal d'Effiat qui l'avoit été, & il épousa depuis Mademoiselle de Brissac, sœur du Duc de Brissac, dernier mort, laquelle vit encore aujourd'hui : il avoit cru, dis-je, qu'étant gendre d'un homme qui, s'étant assez bien acquitté de son emploi, lui auroit appris sans doute à s'en acquitter de même en cas qu'il en fut jamais pourvû; que cependant comme il s'étoit grandement trompé, il doutoit fort qu'ils pussent s'accorder long-temps ensemble; qu'en effet, il étoit si entêté de ses sentimens qu'on pouvoit dire qu'il étoit têtu comme une mule; qu'ainsi, il falloit de toute nécessité ou qu'il réformât sa conduite, ou que lui, qui lui parloit, changeât beaucoup d'humeur, s'il se pouvoit accoûtumer jamais à quantité de choses qu'il s'ingéroit de faire de son chef. Je connus bien à ce discours qu'il y avoit quelque chose sur le tapis qui ne plaisoit nullement à son Eminence; mais comme je ne sçavois point ce qui s'étoit passé entr'eux, tout ce que je pus faire fut d'attendre que je fusse instruit de ce que ce pouvoit être, devant que de juger ce qui en pourroit arriver.

La Banqueroute du Sur-Intendant ne manqua pas de produire l'effet que j'avois annoncé à Mr. le Cardinal: toutes les bourses lui manquerent tout-d'un-coup; parce qu'on ne trouvoit plus que l'on put se confier dans les paroles que l'on donneroit. Cependant, quoique cela jettât notre Etat dans d'étranges extrémités, ce ne fut rien néanmoins en comparaison de ce qui se passoit en Angleterre. D'abord que le traitre Hamilton eut livré son Roi entre les mains des Anglois, ils le conduiserent dans le Château de *Tholmbi*, d'où ils l'amenerent ensuite à Neumarket, & de-là à Hamptoncour, parce que c'étoit plus près de Londres où le Parlement étoit assemblé. Ainsi, sa Maison de Plaisance, & où il avoit accoûtumé de s'aller divertir, lui servoit maintenant de prison: tant-il est vrai que les choses du monde sont sujettes à d'étranges révolutions. Le Parlement étoit bien-aise d'avoir ce Prince auprès de lui, afin non-seulement de pouvoir répondre de sa personne; mais encore pour lui renouveller de moment à autre les propositions qui lui avoient déja été faites, & qu'il avoit rejettées comme injurieuses à sa gloire & à la dignité de sa Couronne. Il prétendoit qu'il seroit obligé à la fin d'y souscrire, & qu'il établiroit si bien son autorité par-là, que s'il restoit encore quelque chose à ce Prince de l'élévation où il avoit plu à Dieu de le faire naître, ce ne seroit plus que le seul nom de Roi. Il lui laissa d'abord la liberté de voir les Ducs d'York & de Glocester qui étoient deux de ses enfans. Ils avoient été pris dans Oxford qui n'avoit guéres tardé à se rendre après que Charles s'en étoit éloigné. On les avoit amenés de-là dans le Palais St. James, ou le Parlement les faisoit garder pour obliger Sa Majesté Britannique à lui accorder un Traité plus avantageux en cas que la guerre qu'il avoit résolu en ce temps-là de continuer par le moyen des Ecossois, vint à lui être favorable comme il prétendoit. On lui accorda aussi de voir l'Ambassadeur de France à la requisition qu'en fit lui même cet Ambassadeur de la part de Sa Majesté. Le Roi d'Angleterre se mit à pleurer à la vuë de ses enfans, ce que l'on trouva moins digne d'un Roi que d'un pere. Mais quel moyen, dans quelque poste que l'on soit, de ne pas laisser agir la nature, & il faudroit être bien sur ses gardes pour ne se pas laisser surprendre quelquefois. L'Ambassadeur de France lui rendit quelques lettres de la Reine sa femme, dont il parut aussi touché qu'il l'avoit été à la vuë de ses enfans. Cependant quelques propositions que lui pût faire le Parlement, il lui déclara qu'il refuseroit absolument de les écouter à moins qu'elles ne fussent plus conformes au respect & à l'obéïssance qu'on lui devoit.

Fairfax cependant s'étant rendu à Londres, comme il y avoit été mandé, prit séance dans la Chambre des Seigneurs quoiqu'il ne fut pas Pair du Royaume ausquels appartient seulement cette prérogative à l'exclusion de tout ce qu'il y a de Gentilhommes qui ne le sont pas ; mais comme il étoit Général de l'Armée du Parlement, & que cet honneur est dû aux Généraux d'Armée aussi-bien qu'à eux, il lui fut fait part de toutes les délibérations qui avoient déja été prises, & il lui fut dit même, afin de le gagner, qu'on les avoit tenu secrètes jusques-là, parce-

K 6

que s'il y trouvoit quelque chose à redire, on étoit tout prêt de déliberer tout de nouveau sur les mêmes matieres dont il étoit question. Il n'y avoit rien de plus capable de gagner un homme vain qu'un compliment si politique. Cependant, comme il ne put méconnoître qu'ils avoient d'étranges desseins contre la personne de Sa Majesté Britannique, il résolut de ne plus assister à cette assemblée, qui lui faisoit de la peine quoiqu'il fut né avec tous les sentimens d'un bon Anglois, c'est-à-dire, qu'il préférât les priviléges de sa Nation à tout ce qu'il croyoit devoir à son Roi. Il s'en excusa, tantôt sous un prétexte, tantôt sous un autre ; ce qui ayant fait connoître ses sentimens au Parlement, il ne tarda guéres à le destituer de son emploi ; principalement quand il vit que toute l'Armée, comme je le dirai bien-tôt, se déclaroit en faveur d'un autre, & qu'il pouvoit le lui ôter en toute sûreté. Néanmoins en attendant que l'occasion s'en présentât, il le fit observer avec grand soin, de-peur qu'il ne la fit déclarer contre lui ; & le faisant pressentir en même temps par un homme, que Fairfax croyoit de ses amis, pour sçavoir ce qu'il pensoit sur les conjonctures présentes, il répondit à ce faux ami, que quoi qu'il fut attaché aux intérêts du Parlement préférablement à toutes choses, il ne pouvoit se résoudre à concourir avec lui criminellement contre son Roi : car, c'étoit-là le dessein des deux Chambres, & même elles l'avoient fait dire à ce malheureux Prince, tant elles prenoient peu de soin de cacher leur abominable résolution.

Fairfax avoit pour Lieutenant-Général de son Armée Olivier Cromwel qui joua bien-tôt un rôle si extraordinaire sur le Théâtre d'Angleterre, qu'à peine le pourroit-on croire, si ce n'est que cela est de la connoissance de tout le monde. Il n'y avoit guéres pourtant qu'il avoit commencé à s'y faire connoître, puisque jusques à un âge assez avancé, il avoit toûjours demeuré comme enseveli dans une honteuse obscurité. Il étoit né dans une si grande misere que quoi qu'il fut Gentilhomme, il avoit été obligé de faire un étrange métier : je m'étonne que les *Raguenet* & les *Léri* n'en ayent rien dit, eux qui en écrivant son Histoire se sont vantés de sçavoir tout; il y a pourtant à dire plus de la moitié; & puisqu'ils ont ignoré une circonstance, comme celle que je vais vous dire, laquelle a été publique, puisqu'elle a été écrite dans un Greffe, il y a bien de l'apparence qu'ils en ont ignoré beaucoup d'autres qui ont été plus secrettes; mais je remedierai à cela avant qu'il soit peu, dumoins si Dieu me donne des jours pour mettre ma pensée à éxécution: Je veux dire que je ferai voir bientôt par une véritable Histoire qui parlera à fonds des troubles d'Angleterre que celle qu'ils nous ont donnée ne contient aucune vérité: je ferai voir, dis-je, que s'ils ont dit quelque chose de vrai, ce n'est tout au plus que ce qu'ils en ont trouvé parmi les nouvelles publiques; du reste, ils n'en sçavent pas un seul mot; & c'est ce que je ne feins point de dire, puisque, je crois en être instruit aussi-bien que personne. Ce que je veux dire ici qui a été écrit dans un Greffe; c'est qu'Olivier Cromwel avoit été voleur de grand chemin, ses camarades en furent pendus à Salisburi; & si ce n'est que j'en parlerai à fonds dans l'Histoire que je médite de donner au public, je le pourrois faire ici sans craindre que l'on m'accusât d'imposer. En attendant si l'on doute que je dise la vérité, on s'en peut informer des Messieurs de la Justice de cette Ville, & même de tous les autres Habitans qui étoient de ce temps-là. Ce vol même fut cause que Cromwel prit le parti des armes auquel il n'avoit jamais songé auparavant ; bien loin de-là, il avoit étudié pour être Ministre, ce qui fut cause que quand il se mit sur le pied, comme chacun sçait de prêcher les Soldats, il y reussit si bien que cela lui servit plus que tout le reste pour s'élever aux dignités qu'on lui vit remplir bientôt après.

Peu de temps après s'être mis dans les armes, il épousa la Veuve d'un Brasseur qui avoit plus de bien qu'il n'en pouvoit espérer vrai semblablement par rapport encore à son emploi ; car il n'étoit alors qu'Enseigne : Qualité si petite parmi les troupes, du moins si l'on en doit croire ce qu'en disoit le feu Marquis de Montpesat, Gouverneur d'Arras, & Lieutenant-Général des Armées du Roi, qu'il vouloit qu'il n'y en eut pas de moindre dans le Royaume. Il est vrai que c'étoit à un Sous-Lieutenant qu'il parloit ainsi ; mais, comme Sous-Lieutenant ou Enseigne n'est pas plus l'un que l'autre, j'ai cru que je pouvois les confondre ensemble sans que personne s'avisât d'y trouver à redire. Quoi qu'il en soit, Cronwel après s'être marié acheta une Compagnie d'une partie de l'argent comptant que lui avoit apporté sa femme : depuis cela, il fut fait en moins de rien Lieutenant-Colonel, & ensuite Colonel par des endroits qui sont encore inconnus aux *Raguenet* & aux *Leti*, & qui eussent fait néanmoins un des plus beaux traits de leur Histoire. Enfin, il parvint bien-tôt à avoir le premier commandement des troupes ; & c'étoit-là justement le poste qu'il occupoit lorsque tout ce que je viens de dire arriva.

Cromwel étoit d'une si grande ambition que n'étant pas encore content de son poste, il ne vit pas plûtôt que Fairfax improuvoit le procédé du Parlement, qu'il songea à le chasser de sa place. Pour cet effet, ayant pratiqué un

Colonel de ses amis, nommé Hammont qui lui étoit tout dévoué, il l'envoya à Hamptoncour pour se rendre maître par adresse de la personne du Roi d'Angleterre; il sçavoit que s'il pouvoit une fois l'avoir en sa possession le Parlement seroit obligé de faire la plus grande partie de ce qu'il voudroit. Hammont s'étant introduit auprès de ce Prince en suivant les voyes que Cromwel lui avoit indiquées, lui dit de sa part, & comme sous le sceau du secret, que le Parlement ayant de méchans desseins contre sa personne, il l'avoit envoyé lui offrir ses services contre lui, & que s'il vouloit il le tireroit de ses mains; que cependant, après l'en avoir tiré, il le feroit passer sûrement dans l'Isle de With, d'où il le conduiroit ensuite en France pourvû que ce fut sa volonté; que le trajet en étoit facile, puisqu'il ne falloit, pour ainsi dire, qu'un moment pour le faire. La proposition plût à Sa Majesté Britannique, quoiqu'elle dût penser à deux fois avant que de se résoudre à sortir de son Royaume; mais comme elle étoit prisonniere, & qu'elle ne trouvoit point de pire condition que celle-là, elle passa bien-tôt par-dessus toutes les considérations qui la pouvoient arrêter. Ainsi ayant consenti que Hammont fit ce qu'il lui proposoit, Hammont l'enleva de-là, & le conduisit dans cette Isle; mais au lieu de faire le reste de ce qu'il lui avoit promis, il l'enferma là dans une étroite prison & devint son Concierge; au-lieu d'être son Libérateur, comme il l'avoit fait espérer à ce Prince infortuné.

Cromwel pour se faire honneur envers le Parlement d'une action si hardie, lui insinua adroitement, ou du moins tâcha de lui insinuer qu'il avoit été obligé de le faire pour prévenir le dessein que Fairfax avoit lui-même de le faire enlever. Son absence du Parlement & la réponse qu'il avoit faite à celui qui lui avoit parlé sous main de sa part, firent croire à la plûpart des Membres des deux Chambres qu'il en pouvoit bien être quelque chose. Ainsi bien loin de reprendre Cromwel de ce qu'il avoit fait, on eut sans doute arrêté Fairfax, si des amis qu'il avoit dans le Parlement n'eussent parlé en faveur de son innocence & n'eussent même offert de le cautionner, corps pour corps. Quoiqu'il en soit, sans trop approfondir s'il étoit innocent ou coupable, le Parlement crut à propos de prendre d'étroites liaisons avec Cromwel, puisqu'il s'étoit rendu maître ainsi de la personne de Sa Majesté Britannique. Cependant, comme l'Isle de With étoit bien proche de la France, la crainte que le Parlement eut qu'elle ne lui enlevât son prisonnier fit qu'il proposa à Cromwel de le tirer de-là pour le transporter dans le Château de Karisbwok, il y consentit, & ce fut-là où l'on commença à le traiter avec plus de rigueur que l'on n'avoit encore fait. Il y fut gardé à vuë sans qu'on permit à personne de lui parler sans ordre du Parlement ou dumoins sans que Cromwel l'eut ainsi ordonné; car, il commençoit déja à se mettre au-dessus de lui sans se trop soucier de ce qu'il en pourroit dire.

Le Parlement de Paris qui étoit le premier à désapprouver ce procédé, comme sans doute il avoit raison ; & qui vouloit qu'on rendît plus de soumission & de respect à son Souverain, comme il étoit aussi de justice, ne laissa pas néanmoins de suivre en quelque façon son exemple. Il commençoit même déja beaucoup à l'imiter non seulement en continuant toûjours de refuser de vérifier les Edits que le Roi lui envoyoit; mais encore en trouvant à redire à bien de choses que la Cour pouvoit faire de sa propre autorité. Ce refus fit que l'argent commença à manquer au Cardinal, ou du moins qu'il fit semblant qu'il lui manquoit: Ainsi n'ayant pu donner en leur entier les ordres qui étoient nécessaires pour résister aux ennemis de l'Etat, le Royaume se vit attaqué si vigoureusement de tous côtés qu'il perdit en peu de temps ce qui lui avoit coûté plusieurs années à conquerir. Le Prince de Condé après être revenu de Catalogne assez mécontent de ce Ministre, s'étoit enfin raccommodé avec lui par quelques bienfaits qui avoient tout-à-fait adouci son chagrin. Comme il aimoit dans ce commencement de jeunesse à faire beaucoup de dépense, quoique, dans le fonds, il eut beaucoup de disposition à devenir aussi ménager que son pere, tout ce qui avoit le nom de présent ne lui étoit nullement désagréable; le Cardinal lui promit outre cela le commandement de l'Armée de Flandres qui étoit un autre charme pour lui; il lui promit même qu'il ne le laisseroit-là manquer de rien, ce qui néanmoins étoit une grande promesse en l'état où étoit le Royaume. Quoiqu'il en soit, ayant fait si bien en sorte par sa diligence & par son adresse que de le mettre en passe de pouvoir assiéger une Place devant que l'Archiduc fut en état de traverser ses desseins, ce Général ne balança point sur celle qu'il devoit attaquer. Comme la Ville d'Ypres étoit propre à couvrir Dunkerque, que les Ennemis avoient en vuë de reprendre d'abord qu'ils en trouveroient l'occasion, ce fut sur celle-là qu'il se jetta.

L'Archiduc ne sçut pas plûtôt cette nouvelle qu'il se mit en Campagne, pour ne pas laisser prendre une si bonne Place sans coup férir; mais y trouvant trop de difficulté pour s'en promettre un heureux succès, il abandonna cette entreprise pour en faire une autre qui lui parut plus facile. Il assiégea Courtrai, & se consola par la conquête qu'il en fit de la perte qu'il faisoit de l'autre ville. Ce qui l'empêcha de donner combat pour secourir Ypres fut qu'il y avoit jetté une si grosse garnison que cela avoit extrêmement affoibli son armée ; mais outre, comme je viens de dire, qu'il répara cette perte par la prise de Courtrai, il battit encore, non pas à la vérité en personne, mais du moins par un de ses Lieutenant-Généraux, le Maréchal Rantzaw qui rodoit avec un Camp volant du côté de la Mer pour empêcher que les Ennemis n'entreprissent quelque chose de ce côté-là. Le Maréchal fut même fait prisonnier dans ce combat, ce qui ayant causé un peu de desordre parmi ses troupes, elles ne purent s'opposer au dessein qu'avoit le Marquis de Sfondate, qui étoit celui qui venoit de remporter cette victoire, d'en recueillir le fruit par la prise de quelque Place. Il attaqua Furnes, & la prit par composition sans que le Prince de Condé put s'y opposer, parce qu'il avoit non-seulement perdu quelque monde devant Ypres, mais qu'il avoit encore été obligé d'y mettre garnison : d'ailleurs, ce n'eut pas été à Sfondate tout seul qu'il eut eu affaire, s'il eut été l'attaquer ; il eut fallu auparavant qu'il eut passé sur le ventre à l'Archiduc qui s'étoit posté entre deux, & qui l'attendoit dans un Camp qu'il avoit fortifié à merveilles.

Comme le Prince de Condé n'étoit pas homme à lâcher le pied devant l'Ennemi; & que néanmoins, il lui falloit bien le faire présentement qu'il étoit le plus foible, il envoya Couriers sur Couriers à la Cour, pour avoir du secours. Il n'en étoit pas trop content, du moins du Cardinal, quoiqu'il lui eut fait de si belles promesses. Après avoir pris Ypres, il en avoit demandé le gouvernement pour le Duc de Châtillon son parent & son ami. Mais Son Eminence n'avoit pas voulu le lui donner : elle s'en étoit excusée sur ce que la Reine mere en avoit disposé dans elle-même, d'abord que la Place avoit été assiégée : chose qu'elle alléguoit très-souvent quand elle ne vouloit pas accorder ce qu'on lui demandoit. Ce Ministre avoit dans l'Armée du Prince, & même auprès de sa personne, des gens qui lui donnoient avis de tout ce qui s'y passoit; & lui ayant mandé qu'il n'étoit pas trop content de lui, il crut qu'il devoit faire une chose à laquelle il s'étoit toujours opposé jusques-là. L'on a vû, par ce que j'ai dit ci-devant, les ordres qu'il avoit donnés à Servien : il jugea à propos de les lever maintenant que les Espagnols avoient trouvé moyen d'arrêter nos conquêtes en Flandres ; & que d'ailleurs, il voyoit le Parlement plus irrité que jamais contre lui ; Mr. le Prince mécontent & tous les grands du Royaume, ou peu s'en falloit, dans une même disposition que celle où il étoit. Servien en vertu de cet ordre commença à tenir une autre conduite qu'il n'avoit tenuë jusques-là. Il applanit toutes les difficultés qu'il y avoit à la paix générale, ce qui lui étoit plus facile qu'à un autre ; puisque c'étoit lui même qui les avoit formées. Il y en avoit de plusieurs sortes & à l'égard des Allemands & à l'égard des Espagnols : celles qui regardoient les Allemands paroissoient les plus considérables, parce qu'il falloit régler ce que les Suedois rendroient de leurs conquêtes, & ce que nous rendrions nous-mêmes des nôtres ; mais l'Empereur & les Suedois n'ayant guéres moins d'envie que nous de faire la paix toutes ces difficultés se trouverent bientôt

tôt levées; de sorte que l'on convint de part & d'autre de tout ce qu'il falloit pour rétablir la bonne intelligence qui avoit été autrefois entre l'Empereur, les Suedois & nous. Tout alloit donc se conclure agréablement au gré & à l'avantage de l'Europe, si les Espagnols eussent voulu faire comme les autres; mais, s'étant flatés que les divisions qui régnoient dans notre Etat auroient plus de suite que les gens de de bien ne desiroient; & que par consequent, ils auroient plus de profit à continuer la guerre qu'à faire une paix qui, en l'état qu'étoient les choses, ne pouvoit pas être trop avantageuse pour eux, ils refuserent toutes les conditions qu'on leur pouvoit offrir.

Comme ces espérances leur paroissoient bien fondés, il n'y eut jamais moyen de leur faire changer de sentiment, quoique l'Empereur s'y employât lui-même étant bien aise, s'il se pouvoit, de ne point faire la paix sans eux. Les bonnes dispositions où étoit Sa Majesté Impériale dont les troupes avoient encore perdu une Bataille auprès de Sommerhausen donna lieu à Son Eminence de faire venir d'Alsace en Flandres le Marquis d'Herlac, Suisse de Nation, qui étoit au service de la Couronne, & à qui même on avoit tant de confiance, que la Cour lui avoit donné le commandement de Brisac. Il y amena avec lui toutes les troupes qu'il put tirer de cette Province, & ayant joint Mr. le Prince, son Armée se trouva alors presqu'aussi forte que celle de l'Archiduc. Ce secours lui haussa le courage, de sorte qu'il ne fit plus de difficulté de l'aller chercher pour le combattre : c'étoit bien une nécessité pour lui, à moins que de vouloir perdre l'honneur de la France; car l'Archiduc après avoir encore pris, Ettere avoit été mettre le Siége devant Lens, Place qui étoit forte en ce temps-là, & dont on ne voit plus aujourd'hui que les ruïnes. Mr. le Prince qui avoit de ses nouvelles de moment à autre, & qui apprenoit par tous les Espions que cette Ville étoit fort pressée, hâta sa marche tout autant qu'il lui fut possible pour y arriver avant qu'il s'en fut rendu maître ; mais quelque diligence qu'il put faire, on lui rapporta en arrivant à deux lieuës de-là qu'elle avoit déja capitulé. Un autre eut peut-être perdu courage à cette nouvelle; mais comme son caractére étoit de s'animer plûtôt par les difficultés qui survenoient à ses desseins que de s'en laisser abbattre, il continua sa marche résolu, s'il ne vouloit pas accepter le combat qu'il alloit lui offrir, de reprendre cette Ville à sa barbe.

L'Archiduc après s'être emparé de cette Ville songeoit à en réparer les brêches pour mettre en sûreté la garnison qu'il y avoit fait entrer; mais ayant avis que ce Prince marchoit à lui, il se campa si avantageusement sous le canon de cette Place, que le Prince de Condé, après avoir reconnu son Camp, n'osa entreprendre de l'y forcer. Les deux Armées demeurerent donc là en présence pendant quelques jours sans rien entreprendre l'une contre l'autre. Mr. le Prince voyant la difficulté qu'il y avoit à le combattre tant qu'il demeureroit dans un poste comme celui-là, ne parut plus avoir d'autre dessein que de l'affamer peu-à-peu. L'Archiduc de son côté faisoit mine que s'il demeuroit-là ce n'étoit que pour assurer les travaux qu'il faisoit faire à cette Place pendant toutefois qu'il ne songeoit qu'à s'en tirer par quelques ruses. Mr. le Prince avoit raison dans le fonds en faisant ce qu'il faisoit, puisqu'il étoit évident que l'Archiduc ne pourroit pas demeurer-là long-temps sans consumer tous les Vivres qu'il avoit fait entrer dans la Place pour la subsistance de la garnison. Aussi ayant résolu de ne pas partir de-là jusqu'à ce qu'il vit ce que deviendroit l'Archiduc, il l'embarrassa tellement par-là qu'il fut obligé à la fin de décamper. Il craignoit effectivement de tomber dans l'inconvénient que le Prince de Condé prévoyoit ; ce qui étoit pour lui tout aussi fâcheux, ou peu s'en faut, que de perdre une Bataille. Quoiqu'il en soit, l'Archiduc prétendant faire sa retraite à la sourdine, se flatoit que Mr. le Prince ne prendroit pas seulement garde à lui ; mais ce Général qui étoit trop amateur de la gloire pour laisser ainsi échapper une si belle occasion, lui tomba sur les bras lorsqu'il s'y attendoit le moins & l'obligea par-là à lui faire tête.

Quoique l'Archiduc tâchât d'éviter le combat, il s'y étoit préparé néanmoins en cas de besoin : ainsi son Armée qui se retiroit en bataille, n'eut qu'à faire volte-face pour recevoir l'Ennemi. Il se donna donc un combat dans les formes, & même avec tant de courage de part & d'autre, que la fortune fut long-tems à se déterminer pour qui elle se déclareroit. En effet, pendant que le Prince de Condé qui commandoit l'aîle droite de son armée, fit plier l'aîle gauche de celle de l'Archiduc qui lui étoit opposée, l'Archiduc qui étoit au même poste que lui, fit plier pareillement l'aîle contre qui il avoit affaire. L'avantage étoit égale de cette façon entre ces deux Princes, quand n'en étant pas content ni l'un ni l'autre, parce qu'ils vouloient vaincre ou mourir, ils conduisirent chacun leur troupe victorieuse pour voir s'ils pourroient achever ce qu'ils avoient commencé avec tant de bonheur. Mais enfin, comme la victoire ne pouvoit pas les favoriser tous deux, & qu'après avoir été tous deux vainqueurs jusques-là, il falloit de toute nécessité que l'un ou l'autre fut vaincu, il arriva qu'elle se déclara pour Mr. le Prince; de sorte qu'après avoir passé sur le ventre des Espagnols l'Archiduc fut obligé de prendre la fuite.

Le Duc de Châtillon apporta cette nouvelle à la Cour où l'on étoit extrêmement en colere contre le Parlement, qui après avoir refusé, sous prétexte du bien public, de vérifier les Edits dont il a été parlé ci-devant, se portoit encore à d'autres extrémités dont les suites étoient extrêmement dangereuses. Le Cardinal pour lui donner lieu de rentrer en lui-même avoit fait publier un Edit par lequel les gages de toutes les Cours Supérieures que l'on nommoit en ce temps-là Cours Souveraines étoient retranchés, à son exception néanmoins, parce qu'on se contentoit encore de lui montrer les verges dont on le pouvoit frapper, sans vouloir pourtant les lui faire sentir qu'à la derniere extrémité. Cependant, quoiqu'il n'y eût pas encore d'intérêt, comme il se doutoit qu'on ne tarderoit guéres à lui faire là-même chose pour peu qu'il persistât dans ses entreprises, il donna un Arrêt, qui fut comme le boute-selle de la guerre civile. C'est cet Arrêt que les Historiens appellent le célébre Arrêt d'Union, si néanmoins on peut donner le nom de célébre à un Acte qui mit bien-tôt tout le Royaume en feu, &

qui lui fit perdre plus de Places que les Ennemis ne lui en eussent sçu prendre en trente ans. Cet Arrêt séditieux portoit que toutes les Cours supérieures s'uniroient ensemble pour le bien Public & pour le salut de l'Etat : entreprise qui avoit beaucoup de rapport avec ce qui se passoit en Angleterre ; puisque, si l'on eut demandé au Parlement de ce Pays-là ce qu'il pensoit faire en procédant criminellement contre son Roi, il n'eut pas manqué de répondre qu'il travailloit par-là à assurer la tranquillité publique & à faire fleurir le Royaume.

Quoiqu'il en soit, je n'ai pas eu tort de dire que cet Arrêt fut comme le boutefelle de la guerre civile, puisque dès ce jour-là toutes les Cours supérieures quitterent leurs fonctions ordinaires pour s'assembler à la Grand'Chambre. Ce fut-là qu'elles prirent des résolutions bien contraires à l'obéïssance qu'elles devoient à leur Souverain, & dont elles n'ont pas manqué aussi d'avoir lieu de se repentir dans la suite. Car, ce que les Rois ne peuvent pas faire dans un temps, ils le font dans un autre ; de sorte que tôt ou tard, ils sçavent par où s'y prendre pour corriger les mutins.

La Cour voyant que le Parlement & les autres Cours supérieures avoient perdu toute sorte de respect, dont ils n'avoient pas encore jusques-là osé s'éloigner tout-à-fait, sortit à son tour de sa modération ordinaire ; elle fit arrêter quatre Membres de ces Compagnies deux desquels furent conduits au Mont-Olimpe qui est sur le bord des Ardennes, la Meuse entre-deux, & les deux autres à Pont-à-Mousson sur la frontiere de Lorraine. Elle fit donner cependant un Arrêt du Conseil d'Etat par lequel on cassoit l'Arrêt d'Union qui avoit été donné, avec défense aux Cours supérieures de s'assembler sous peine de désobéïssance ; & d'être procédé contr'elles comme criminelles de Léze-Majesté.

Mais le temps n'étoit plus d'avoir du respect pour tout ce qui venoit de la part du Roi ou de ses Ministres. En effet, ces compagnies ne firent non-plus d'état de cet Arrêt que d'une chanson ; ainsi elles continuerent non-seulement de s'assembler, mais elles délibérerent encore entr'elles sur quantité de choses ausquelles elles n'eussent eu garde de songer auparavant : ce qui étoit une marque autentique de leur révolte : aussi trouverent-elles à redire sur tout ce que la Cour faisoit, comme si ç'eût été à elles à en prendre connoissance. Elles n'oublierent rien aussi de tout ce qui pouvoit contribuer à étendre leur autorité, sur tout le Parlement qui prétendit que Sa Majesté ni ses Ministres n'avoient pû établir des Intendans dans les Provinces sans vouloir fouler les peuples. Ainsi, il soûtenoit, avec une hardiesse incroyable, que ce n'avoit jamais été à autre dessein que pour y étendre son pouvoir au-delà des bornes prescrites par les Loix de l'Etat. Il disoit aussi que ces Intendans étant aux gages de Sa Majesté, y suivoient absolument ses volontés sans avoir jamais égard ni à la justice ni à la raison ; il les accusoit même d'être Pensionnaires des Partisans à qui ils vendoient leurs suffrages moyennant certaine rétribution : tellement que, quand il arrivoit quelque différend entre le peuple & eux, il ne falloit point attendre qu'ils prissent le parti de l'innocent contre le coupable ; que le Particulier avoit toûjours tort : de sorte que sans entrer en aucune discussion du fait, ils consideroient seulement que dans la balance qu'ils avoient en main pour peser le droit de chacun, il n'y avoit rien qui pût entrer en comparaison avec la pension qui leur étoit faite. Mais après s'être ainsi paré des raisons qu'il croyoit pouvoir mettre en avant au nom du peuple, il ne faisoit point de difficulté ensuite de se plaindre en son propre & privé nom. Il disoit qu'on avoit attribué à ces Officiers la connoissance de quantité de choses qui appartenoient légitimement aux Parlemens; que les particuliers s'y trouvoient encore tout aussi intéressés que dans tout le reste & même encore davantage, parce que, si on avoit envie de les faire périr, les Intendans étoient toûjours prêts de prononcer un Jugement conforme aux intentions de la Cour. Enfin, qu'il n'y avoit plus qu'eux qui eussent autorité sur les Tailles, ce qui étoit encore tout-à-fait opposé aux Loix du Royaume; puisque ç'avoit toûjours été les Trésoriers de France & les Elus qui s'en étoient mêlés ; qu'aussi ne comptoit-on cette innovation que depuis un certain temps ; c'est-à-dire, depuis qu'il avoit plu au Cardinal de Richelieu, qui le premier s'étoit avisé d'envoyer des Intendans dans les Provinces, d'assujettir par-là tous les Ordres du Royaume au pouvoir suprême de ces nouveaux Officiers.

Cette affaire étoit d'une extrême conséquence pour la Cour ; parceque effectivement, c'est par-là qu'elle tient les peuples dans le respect qu'ils doivent à leur Souverain & qu'elle sçait, à point nommé, tout ce qui se passe dans les Provinces. Au-reste, le Conseil y avoit encore le même intérêt, parceque, c'est de ce Corps qu'on a coûtume de tirer les Intendans. Ainsi, tout ce qu'il y avoit de gens considérables auprès du Roi étant tous disposés à soûtenir le droit de Sa Majesté, quand même ce n'eût été que par rapport à leurs propres intérêts, l'on se servit des armes ordinaires, non-seulement pour se défendre contre les entreprises du Parlement, mais encore pour l'écraser lui-même: l'on donna plusieurs Arrêts contre lui & contre les autres Cours Supérieures, nonobstant qu'ils soûtinssent tant les unes que les autres que le Conseil bien-loin d'avoir aucun droit sur elles, étoit au-contraire justiciable du Parlement, chacun du moins en son particulier, quand le cas y échoit.

Pendant que notre Royaume commençoit ainsi à se déchirer soi-même, par tant de desordres qui étoient tout autant d'avant-coureurs des malheurs qui nous alloient bien-tôt arriver, les Hollandois, qui avoient suspendu jusques-là leur Traité avec les Espagnols, résolurent de ne plus perdre de temps à le conclure. Comme ils sçavoient le respect que nous avons d'ordinaire pour nos Rois, & qu'un changement si subit avoit dequoi les étonner, ils jugerent fort prudemment que n'y ayant plus de fonds à faire pour eux sur le secours que nous leur avions toûjours donné jusques-là, soit en faisant diversion, soit d'une autre maniere, ils devoient se précautionner en sorte qu'ils n'eussent pas dequoi s'en repentir. Ils signerent donc leur Traité, ce qui acheva de donner beaucoup de chagrin à la Cour qui en avoit déja assez de ce qui se passoit parmi les Cours Supérieures. Cependant ce qui la consola en quelque façon, fut la bonne nouvelle que le Duc de Châtillon venoit de lui apporter. Il lui sembla que c'étoit-là une occasion favorable pour faire rentrer ces séditieux dans le devoir. Elle avoit encore remarqué à leur désavantage, que, comme ils avoient dessein de brouiller, au-lieu de se réjouïr de la victoire que Mr. le Prince venoit de remporter, ils en paroissoient comme étourdis. Au-reste, pour les consterner davantage, elle résolut de faire arrêter les Principaux d'entr'eux, c'est-à-dire, ceux qui frondoient le plus contre son autorité. Elle n'avoit osé leur toucher jusques-là, quoiqu'ils lui eussent toûjours paru les auteurs de tous ces troubles; mais enfin, croyant que le temps étoit venu, où jamais, de les en punir, elle se confirma de-plus-en-plus dans le dessein qu'elle en avoit.

Il y avoit entr'autres parmi eux un vieux Conseiller nommé Broussel qui, sous prétexte du bien public, quoiqu'il n'eut peut-être en vuë que son intérêt particulier, comme on a lieu de le croire par ce qui arriva ensuite, ne refusoit jamais aucune Requête qu'on pût lui donner contre les Partisans &

contre les autres personnes de qui la Cour étoit obligée de se servir, quelque séditieuses que pussent être ces Requêtes. Le Cardinal Mazarin lui en vouloit donc encore plus qu'aux autres : & par cette raison, qui étoit assez pertinente, & parce qu'il étoit toûjours le premier à ouvrir quelque opinion contre les abus qui, à ce qu'il prétendoit, s'étoient glissés dans l'Etat, principalement depuis qu'il avoit été élevé à la dignité de premier Ministre, Son Eminence avoit déja bien eu quelque dessein de se saisir de sa personne, & de l'envoyer tenir compagnie à ceux qui avoient été conduits ou au Mont-Olimpe ou à Pont-à-Mousson ; mais, elle n'avoit osé l'entreprendre, parceque toutes les fois qu'il venoit au Palais ou qu'il en sortoit, il y avoit toûjours une foule de peuple après lui, comme si c'eût été quelqu'Ambassadeur dont on fut curieux de voir l'entrée : les uns l'appelloient leur pere, les autres le pere de la Patrie, d'autres le Soûtien & le Conservateur de l'Etat. Enfin, il n'y en avoit pas un qui ne lui cherchât quelque titre magnifique pour lui témoigner le zéle & l'amour qu'ils avoient pour lui. Il eut donc fallu pour s'assurer facilement de sa personne commander du moins tout le Régiment des Gardes; encore ne sçais-je, si l'on en fut venu à bout. Quoiqu'il en soit, le Cardinal qui n'avoit garde de faire faire aucun mouvement qui pût donner le moindre soupçon, principalement si l'on eut vû quelques troupes prendre ou le chemin de son logis ou celui du Palais: quoiqu'il en soit, dis-je, le Cardinal étant trop habile pour prendre si mal ses mesures attendit que le Parlement, & les autres Cours s'assemblassent pour assister au *Te Deum* qui se devoit chanter en réjouïssance de la victoire qui avoit été remportée contre l'Archiduc, pour éxécuter le dessein qu'elle avoit conçu contre lui: le Régiment des Gardes devoit alors se mettre aux avenuës de l'Eglise de Notre-Dame, comme c'est la coûtume: Ainsi, il n'y avoit rien en cela qui pût être suspect; aussi ce Magistrat fût-il pris là sans avoir ni lui ni personne aucun soupçon de son malheur. Le Cardinal fit aussi arrêter avec Broussel un autre Membre du Parlement à qui il n'en vouloit guéres moins qu'à lui. Il y en eut aussi deux autres à qui l'on envoya en même temps des Lettres de Cachet, par lesquelles il leur étoit ordonné de sortir de Paris, & de se retirer, l'un à Mantes, l'autre à Pontoise.

Cette nouvelle ne tarda guéres à se répandre dans Paris, & ayant été portée au Pont St. Michel qui n'est qu'à une portée de mousquet de Notre-Dame, un tas de Fourbisseurs qui étoient logés sur ce Pont, comme il y en a encore aujourd'hui quantité, fermerent leurs Boutiques, tendirent les chaînes qui sont aux deux bouts de ce Pont, & commencerent à crier aux armes. Le Quai des Orphévres qui en est tout proche, suivit son éxemple en même temps non pas tant toute-fois dans le dessein de se révolter que d'enpêcher le pillage d'une infinité de richesses qu'il y a le long de ce Quai. Le Marché Neuf & le Pont au Change, qui sont dans le voisinage, firent la même chose avec tous les environs du Palais. Au-reste le bruit de cette sédition ayant volé dans un moment sur le Quai des Augustins, & dans la ruë de l'Arbresec, deux quartiers qui ne sont séparés l'un l'autre que par la riviere de Seine qui coule sous le Pont-Neuf, on ne se contenta pas seulement d'y tendre les chaînes comme on avoit fait ailleurs; mais on commença encore à y dresser des barricades aussi-bien que sur le Pont. La ruë Dauphine d'un côté, & la ruë Saint Honoré de l'autre, ne virent pas plûtôt que cela se passoit dans leur voisinage qu'elles jugerent à propos d'en faire tout autant. Les sentinelles qui étoient aux portes du Palais-Royal, où le Roi faisoit alors sa demeure, n'ayant pas manqué à l'heure même d'avertir leur corps de gardes de ce qui se passoit, leurs Officiers leur firent prendre les armes en diligence. fermerent la porte de derriere de ce Palais, & se mirent en Bataille sur la Place qui est vis-à-vis de la porte de devant. Leur contenance mit des bornes aux entreprises de ces séditieux, & fut cause qu'ils n'oserent pousser leurs barricades plus avant. Cependant, ils en dresserent jusqu'à la portée du mousquet de ces troupes sans qu'elle se missent en devoir de les en empêcher; parce que le Cardinal à qui les Officiers en étoient allés demander permission étoit si éperdu qu'à peine pouvoit-il parler. Tout Paris, en un mot, se trouva rempli dans un moment, & de gens armés, & de chaînes tenduës, & de barricades dreſſées ſans qu'on prît encore aucune réſolution au Palais-Royal ſur un accident ſi imprévû : il ſembloit même qu'il eût ôté la parole à tous les Courtiſans. Car, comme il n'y avoit perſonne qui ne ſçache que c'eſt une bête féroce qu'un peuple mutiné, & encore un peuple auſſi nombreux que celui-là, tous ceux qui étoient portés à le voir châtier de ſon inſolence en étoient retenus par la crainte qu'ils avoient que s'ils en donnoient le conſeil, on ne s'en prît à eux, ſi l'événement ne répondoit pas à leurs eſpérances. Les Bourgeois cependant choiſirent dans chaque quartier quelqu'un d'entr'eux pour les commander : ils pouſſerent enſuite des corps de garde devant eux, ſe pourvurent de poudre & de plomb, & firent tout ce qu'ils euſſent pu faire s'ils euſſent eu les Ennemis ſur les bras.

Le Parlement fort ſurpris de ce qui étoit arrivé à leurs Confréres, & encore plus de la ſédition qui s'étoit excitée dans un moment par toute la Ville, s'assembla au Palais le lendemain de grand matin pour voir ce qu'il y avoit à faire dans une conjoncture si délicate. La plûpart qui ne suivoient que leur passion & qui ne demandoient pas mieux pour leurs intérêts particuliers que de fomenter des troubles dans l'Etat, proposerent des moyens violens pour retirer leurs Confréres de captivité ; mais les plus sages ayant été d'avis de ne rien faire qu'on n'eut été demander leur liberté à la Reine, ils en furent crus ; de sorte qu'on élut des Députés de ce Corps pour se transporter au Palais-Royal : le choix tomba sur Mathieu Molé, premier Président de cette compagnie, homme vénérable par ses cheveux blancs, & dont les intentions étoient droites, quoiqu'il n'osât s'ouvrir ouvertement dans l'assemblée de ce Corps à cause de la quantité de mutins dont il étoit composé. On lui donna quelques Conseillers pour l'accompagner, & pour être témoins de ce qui se passeroit au Palais-Royal. Il en prit le chemin en leur compagnie, & y étant arrivé avec bien de la peine à cause de la quantité de barricades qu'il lui fallut traverser, il ne se fut pas plûtôt fait annoncer à la Reine mere qu'elle commanda qu'on le fit entrer. Elle étoit dans son grand cabinet avec le Duc d'Orléans, le Cardinal Mazarin & plusieurs personnes des plus considérables, tant de la Cour que du Conseil. La plûpart avoient la consternation peinte sur le visage, entr'autres le Cardinal Mazarin ; de sorte que pour en dire la vérité, il n'y avoit guéres que la Reine mere qui fit paroître de la résolution. Molé après avoir salué Sa Majesté avec tout le respect qui étoit dû à une si grande Princesse lui exposa le sujet de sa venuë, & lui dit, *que le Parlement étoit au désespoir du peu de respect que les Peuples avoient eu en cette rencontre ; qu'aussi, bien-loin d'entreprendre de les excuser d'avoir poussé les choses si loin, il étoit le premier à tomber d'accord qu'ils ne pouvoient être plus coupables ; que Sa Majesté n'étoit pas apparemment à sçavoir jusques où alloient leurs entreprises, puisqu'elle les pouvoit voir elle-même de dessus le balcon du Palais-Royal : qu'il n'avoit pas tenu à la compagnie qu'elle n'eût appaisé ce desordre, mais que dans* une sédition comme celle-là, la voix des Magistrats n'étoit plus écoutée; en sorte que ceux qui s'y étoient employés, bien-loin d'y pouvoir réussir n'en avoient reçu que des injures & des malédictions: qu'elle les avoit députés pour la supplier très-humblement de ne lui point imputer ce qui venoit d'arriver, puisque non-seulement elle en étoit tout-à-fait innocente, mais qu'elle en étoit encore au désespoir : que cependant elle eut la bonté de trouver bon qu'il lui dît qu'il n'y avoit point d'autre moyen de faire rentrer ces séditieux dans le devoir, qu'en faisant intervenir sa miséricorde bien plûtôt que sa justice : qu'ils avoient pris pour prétexte de leur révolte, l'emprisonnement qui avoit été fait du Président de Blanc-Menil & de Broussel. Blanc-Menil étoit le nom de celui qui avoit été arrêté conjointement avec Broussel, il étoit de même famille que l'Evêque de Beauvais & Président aux Enquêtes. Molé lui dit encore, *que ces Peuples ayant pris ce prétexte pour se révolter, il paroissoit absolument nécessaire, si on vouloit les désarmer, de leur accorder ce qu'ils demandoient: qu'ils crioient à haute voix qu'on leur rendît les deux prison-*

niers, & qu'ils mettroient les armes bas : que le Parlement joignoit ses prieres aux leurs pour obtenir leur liberté, d'autant plus que si Sa Majesté s'obstinoit à la refuser, il avoit bien peur que les séditieux ne poussassent encore leur révolte plus loin : que c'étoit-là le chemin le plus court pour faire rentrer chacun dans son devoir & pour rétablir la tranquillité publique.

La Reine après s'être retirée un moment avec le Duc d'Orléans, le Cardinal Mazarin & quelques personnes du Conseil pour délibérer sur la remontrance qui venoit de lui être faite, lui répondit plûtôt de son chef que du consentement du Cardinal qui trembloit toûjours de peur : *Que Dieu lui ayant remis l'autorité du Roi son fils entre les mains jusqu'à ce qu'étant devenu en âge de Majorité, il pût prendre lui-même en main le gouvernement de son Etat, elle n'avoit garde de la mettre en compromis en accordant à des séditieux ce qu'ils osoient lui demander les armes à la main : que le Parlement tâchoit inutilement de se disculper de cette révolte, puisque toute la France ne sçavoit que trop, à sa confusion, qu'il s'* avoit que lui seul qui y eut donné lieu par les entreprises qu'il avoit formées lui-même auparavant : qu'elle s'étonnoit comment il osoit faire tant de bruit pour la prison de deux Particuliers lui qui n'avoit pas dit un mot, lorsque l'on avoit arrêté le feu Prince de Condé : qu'il y avoit pourtant bien de la différence entre le premier Prince du Sang, & tout ce qu'ils étoient de Présidens & de Conseillers ; mais que tout cela ne venoit que d'un esprit de cabale & de sédition qui s'étoit formé dans leur Compagnie : que le Roi étoit encore trop jeune pour y donner ordre ; mais que si Dieu lui faisoit la grace de vivre jusques à âge d'homme, il viendroit un temps qu'il ne manqueroit pas de s'en ressouvenir.

Le premier Président tâcha par des paroles toutes remplies de soumissions & de respect, d'adoucir l'esprit de la Reine qui paroissoit extrêmement irritée. Mais Sa Majesté qui se faisoit un point d'honneur de demeurer ferme, quoique la prudence peut-être lui dût conseiller de prendre un autre parti ; bien-loin de lui donner quelque meilleure parole, continua de lui parler toûjours de même. Il fut ainsi obligé de s'en retourner sans rien faire. Cependant étant arrivé à la premiere barricade, comme ces séditieux lui eurent demandé quelle réponse on lui avoit fait au Palais-Royal, & qu'il leur eut appris, que bien-loin de leur être favorable la Reine mere étoit en grande colere contr'eux, ils commencerent à s'emporter extraordinairement & contre Sa Majesté, & même contre lui. Il leur voulut dire, pour les appaiser, que les Souverains étant jaloux comme de raison de leur autorité, il ne falloit pas qu'ils prétendissent arracher des graces à cette Princesse, en lui mettant le poignard sur la gorge : qu'ils avoient eu tort de prendre les armes comme ils avoient fait, & que s'ils les quittoient, il esperoit que Sa Majesté les voyant en posture de Supplians, leur accorderoit bien plûtôt leurs demandes. Mais, comme ces rémontrances n'étoient nullement de leur goût, à peine eût-il lâché la parole qu'il crut qu'ils lui alloient passer leurs épées au travers du corps, tant ils s'emporterent contre lui. Les uns le traiterent de traître & de faux-frére, comme si la Reine mere n'eût fait arrêter les prisonniers

sonniers, que par son conseil d'autres l'appellerent *Mazarin*, d'autres *Fourbe*. Et enfin, il se vit accablé de tant d'injures dans un moment qu'il douta fort qu'il pût jamais se tirer des mains de ces enragés sans qu'il lui en arrivât du malheur. Il y en eut effectivement qui furent si hardis que de lever la main sur lui; tout prêts à l'outrager sans respect de son âge ni de son caractère. Mais enfin, les plus sages s'étant mis entre-deux & les ayant blâmés de leur emportement, leur dirent que ce n'étoit pas en faisant ce qu'ils faisoient qu'on avançoit les affaires; qu'ainsi, au-lieu de se montrer si furieux, ils devoient bien plûtôt prier le Premier Président de s'en retourner au Palais-Royal: qu'ils pouvoient même lui dire de n'en point revenir qu'il ne leur apportât de bonnes nouvelles. Ceux-ci eurent le don de les persuader tellement que les autres commencerent à se servir de leur conseil. Cependant comme ils ne se pouvoient défaire de leur férocité, ils dirent à ce Magistrat qu'il pouvoit assurer de leur part à la Reine, que si elle ne leur rendoit la liberté des deux prisonniers, elle pouvoit compter qu'ils iroient poignarder le Cardinal Mazarin jusques dans son cabinet.

Le Premier Président qui sçavoit qu'il n'y avoit pas grande différence, entre la mutinerie d'un peuple & le débordement d'une riviere, en sorte qu'il n'y avoit pas moins de danger à s'opposer à l'un qu'à l'autre, retourna au Palais-Royal sans repliquer un seul mot à ces mutins. La Reine fut toute étonnée quand on lui annonça son retour : elle commanda de le faire entrer ; & ce Magistrat paroissant devant elle non-seulement comme un homme tout consterné, mais encore comme étant si affligé qu'il en avoit la larme à l'œil : *Madame*, lui dit-il, *je voudrois de bon cœur que le Ciel eut permis que j'eusse vêcu quelques années de moins que je n'ai fait, pour m'épargner aujourd'hui la peine que j'ai de voir que non-seulement on manque au respect qu'on doit à votre Majesté ; mais qu'on veut encore l'obliger à faire des choses contre sa volonté. Mais enfin, comme ce seroit la trahir que de lui dissimuler le péril où elle est avec toute la Cour, elle me permettra de lui dire que ce n'est plus le*

Parlement qui lui parle maintenant par ma bouche; mais une troupe de furieux qui sont encore moins à craindre par leur nombre, quoiqu'ils soient bien cent mille hommes ensemble, que par une audace digne du plus cruel châtiment: Je vous cacherois bien, Madame, ajoûta-t'il, si j'osois, ce qu'ils ne craignent point de dire, puisqu'il n'y a jamais d'honneur à un Magistrat d'apprendre à un Souverain que ses peuples lui manquent de respect. Comme nous ne sommes établis que pour punir les crimes & pour rendre justice à chacun, il semble effectivement que je devrois bien plûtôt m'exposer à toutes sortes de périls qu'à venir ici vous témoigner la véritable peine que j'ai de toutes leurs violences. Mais, comme je ne me pourrois taire dans une rencontre comme celle-ci, sans prévariquer à mon devoir, que Votre Majesté me permette présentement de lui dire qu'il n'y a plus à délibérer pour elle sur la liberté des personnes que je lui ai demandée il n'y a qu'un moment: tous ces furieux la veulent; & j'ose me servir ici de ce terme, parce que je n'en vois point d'autre par où je puisse exprimer comme il faut jusques où s'étend leur fureur; ils tonnent, ils menacent & même menacent si terriblement que j'ai horreur seulement à y penser. Enfin, que vous dirai-je, Madame, sinon que vous n'êtes pas en sûreté, ni vous ni personne, à moins que de plier sous leurs volontés : Je sçais bien qu'une grande Princesse comme vous êtes, & née avec encore plus de grandeur d'ame que de fortune, aura peine à goûter une proposition comme celle-là ; mais que Votre Majesté considére s'il lui plaît, que s'il y a quelquefois de la gloire à mépriser le péril, il y a aussi souvent de la prudence à céder au temps, principalement quand il se trouve aussi mauvais que celui où nous sommes aujourd'hui.

Ce discours fit trembler le Cardinal qui vit bien que c'étoit lui que les peuples menaçoient. En effet, quoique le Premier Président ne l'eût pas nommé, il en avoit dit assez pour le désigner préférablement à tout autre. La Reine toute émuë & toute outrée de ce qu'elle venoit d'entendre, dit à ce Magistrat de se retirer dans une chambre pendant qu'elle délibéreroit avec son Conseil sur la réponse qu'elle avoit à lui faire. Elle demanda après cela au Duc d'Orléans s'il falloit faire une telle bréche à l'autorité du Roi son fils que de permettre qu'une vile populace lui imposât la loi avec tant de hauteur & de mépris tout ensemble. Le Cardinal avoit si peur que sans attendre que ce Prince lui répondît, il prit lui-même la parole, & lui dit : *Que le Premier Président lui avoit assez fait connoître le conseil qu'elle devoit prendre, quand il lui avoit remontré que s'il y avoit des temps où il étoit glorieux de paroître ferme, il y en avoit d'autres où il étoit nécessaire de céder à la nécessité : qu'elle sçavoit ce qui avoit pensé arriver le matin au Chancelier qu'elle envoyoit au Palais pour déclarer au Parlement que le Roi son fils le rendroit responsable un jour de tout ce qui arriveroit de la fureur du peuple, parce que c'étoit lui qui étoit cause de sa révolte : qu'elle sçavoit, dis-je, qu'on l'avoit voulu assassiner à coups de pierres jusques dans son carosse, qu'ainsi, s'il ne s'étoit sauvé dans l'Hôtel de Luines, il auroit couru risque d'être lapidé : que c'étoit même en vain qu'elle avoit envoyé à son secours le Maréchal de la Meilleraye avec une Compagnie aux Gardes, qu'on avoit tiré sur lui sans* aucun respect de son rang ni de Sa Majesté de la part de qui l'on ne pouvoit ignorer qu'il ne vînt là : que tout cela lui étoit un avis qu'il ne falloit point se commettre davantage avec une populace irritée, parce qu'il n'y avoit jamais à recevoir qu'un affront : qu'il falloit lui céder présentement, puisque c'étoit une nécessité absoluë : que ce qui la devoit consoler, c'est qu'elle n'étoit pas la premiere à qui cela fut arrivé : que toutes les Histoires n'étoient remplies que de pareils événemens ; mais qu'elle auroit un jour sa revanche, ce qui lui devoit encore donner toute sorte de consolation.

Le Duc d'Orléans fut de son avis, & ayant porté la Reine à le suivre, elle y eut tant de répugnance qu'on vit bien que quoi qu'elle ne fut qu'une femme, elle avoit plus de fermeté que personne. Cependant n'ayant pas voulu persister dans son sentiment au préjudice du Conseil de ce Prince & de son Ministre, elle donna ses ordres pour faire relâcher les prisonniers qui avoient été envoyés à la Bastille. D'abord que Broussel parut à la premiere Barricade, chacun fit des cris de joie, comme s'il eut retrouvé son pere en lui, ou sa femme ou ses enfans. Ils le conduisirent comme en triomphe dans sa maison, les uns l'appellant leur Pere, les autres leur Protecteur, d'autres le Destructeur des Impôts & l'Epouvantail du Ministre. Il leur fit défoncer un muid de vin en arrivant chez lui, ce qu'on trouva fort mauvais à la Cour; puisque, c'étoit approuver par-là tout ce qu'avoit fait cette canaille, au-lieu de l'en blâmer. Voilà de quelle maniere commencerent & finirent ces fameuses Barricades, qui firent croire pendant vingt-quatre heures toutes entieres que tout le Royaume alloit se renverser de fond en comble, tant la mutinerie des Parisiens étoit effroyable. En effet, comme leur Ville a coûtume de donner le branle à toutes les autres, il étoit grandement à appréhender que les Provinces ne suivissent un si méchant exemple.

Cependant ce qui avoit donné l'audace au Parlement de faire tout ce qu'il avoit fait depuis quelque temps, c'est qu'il se sentoit appuyé de quelques Grands dont les uns n'étoient pas contens du Ministre, parce qu'ils trouvoient qu'il leur faisoit petite part des bienfaits du Roi qui ne couloient que par son canal; & les autres le haïssoient si fort qu'ils ne se seroient pas contentés de le faire chasser du Ministére, si sa destitution n'eût été accompagnée d'un ordre de sortir hors du Royaume. Le Coadjuteur de Paris, homme factieux s'il en fut jamais, étoit de ce dernier nombre; aussi étoit-il bien plus propre à porter une épée qu'une mitre, puisque toutes ses inclinations le portoient à l'ambition. Il étoit de la Maison de Gondi, Maison qui sortoit d'Italie où elle n'étoit pas si puissante à beaucoup près qu'elle l'étoit devenuë en France depuis qu'elle y étoit : Un de ses Ancêtres s'y étoit venu établir du temps de Catherine de Médicis dont il étoit premier Maître d'Hôtel. Comme elle le consideroit beaucoup, il avoit fait une grande fortune avec elle, ce qui avoit donné en France un assez bon commencement à sa maison. Cependant ses descendans l'avoient mis encore dans un plus grand lustre, soit par leurs alliances, soit par leurs intrigues; de sorte qu'il y avoit déja eu deux Cardinaux, outre un Duc & Pair, un Général des Galeres & un Maréchal de France.

Tant d'honneurs sembloient assez capables de satisfaire l'ambition du monde la plus vive & la plus brûlante, sur tout pour une famille dont l'extraction ne pouvoit pas entrer en ligne de compte, ni avec les Châtillon ni avec les Montmoranci, non-plus qu'avec quantité d'autres grandes maisons que nous avons en France. Mais, comme en ambition non-plus qu'en amour l'on n'est jamais content, quelque fortune que l'on puisse avoir, le Coadjuteur trouva que ce n'étoit pas assez pour lui que d'être assuré de succéder à son oncle qui étoit Archevêque de Paris, il voulut encore s'intriguer à la Cour; afin de se revêtir un jour non-seulement de la pourpre, mais pour y occuper encore s'il se pouvoit la place du Cardinal Mazarin. Ainsi après avoir fomenté sous main, à ce que l'on prétend, la rebellion dont on vient de parler, quoiqu'il eut été en même temps offrir ses services à la Reine mere, il persista toûjours dans de mauvais desseins; sur-tout, parceque Sa Majesté ne l'avoit pas reçu à ce qu'il croyoit comme le méritoit le compliment qu'il lui étoit venu faire.

Mais la Reine n'avoit eu garde de le recevoir autrement, parce qu'elle n'étoit pas perfuadée qu'il y eut beaucoup de fincérité dans les offres qu'il lui avoit faites ; & qu'au-contraire, elle étoit convaincue qu'il y avoit beaucoup de diffimulation. Enfin, foit qu'il eut toûjours eu de méchans deffeins ou qu'il fe fentit outré de cette réception, il ne fe mit plus en peine de diffimuler ce qu'il penfoit. Il entra en liaifon tout ouvertement avec ceux qui frondoient le plus contre le Miniftére, & il devint même dès ce moment un des Principaux Chefs de ceux qu'on commença à appeller Frondeurs : Belle qualité pour un Prélat qui étoit deftiné pour remplir le Siége de la Capitale de tout le Royaume. Le nom de Frondeur venoit de ce que dans une conteftation qui s'étoit émuë dans le Parlement, les uns avoient foûtenu qu'il ne falloit point obéïr aux ordres de la Cour, par lefquels il étoit défendu aux Cours fupérieures de s'affembler ; les autres qu'on le devoit faire aveuglément, parce qu'en qualité de fujets rien ne les pouvoit difpenfer de l'obéïffance. Or ceux-ci furent appellés *Mazarins*

& ceux-là *Frondeurs* ; & comme le Premier Président avoit été du second avis qui étoit d'obéïr, & que cela étoit connu de tout le peuple, c'étoit à cause de cela qu'à la premiere Barricade où il avoit été arrêté, comme j'ai dit tantôt, en revenant du Palais-Royal, on lui avoit donné le nom qu'on avoit coûtume de donner à tous ceux qui avoient été de son avis.

Quoique la sédition parût appaisée par la liberté de Broussel, il y avoit bien à dire néanmoins que l'on eût entierement guéri le mal par-là, il n'en étoit devenu au contraire que beaucoup plus dangereux ; parce que les mutins tout fiers d'avoir obligé la Reine à plier sous leurs volontés, au-lieu de rentrer dans leur devoir ne formoient plus que des desirs criminels, comme ne pouvant arriver que par-là à une autre fortune que celle dont ils jouissoient présentement. Car enfin chacun croyoit être arrivé dans un temps où il n'y avoit qu'à pêcher en eau trouble ; parce que, pour en dire la vérité, il y en avoit beaucoup qui ne faisoient leurs affaires que par des voies criminelles & que les gens de bien ne pou-

M. 6

voient approuver : ainsi ils crurent que plus ils s'éloigneroient de leur devoir, plus ils obligeroient la Cour d'avoir de considération pour eux. Ils se fortifièrent même d'autant plus dans cette pensée que le Cardinal leur donnoit à connoître à toute heure & à tout moment que la moindre chose le faisoit trembler. On avoit même cru pendant la nuit des Barricades qu'il avoit tout quitté ; & en effet, il étoit disparu pendant plus de deux heures sans qu'on sçut ce qu'il étoit devenu ; mais l'on apprit depuis qu'il étoit allé en habit de Cavalier, & avec une fausse barbe entendre ce que le peuple disoit de lui, afin de juger par-là s'il y avoit espérance d'adoucir son esprit, ou si tout étoit désespéré pour lui. Car s'il n'y avoit point d'espérance, il étoit resolu de se retirer en Italie où il avoit établi un assez gros revenus pour y vivre non seulement fort à son aise, mais encore avec tout le lustre que demandoit la dignité de Cardinal.

La Reine n'étoit pas tout-à-fait si peureuse, quoique cela lui eût été plus pardonnable qu'à lui. Tout au contraire, ne pouvant digérer l'affront qu'elle croyoit avoir reçu, elle prit toutes les mesures nécessaires pour en faire repentir le Parlement à qui elle en imputa toujours la faute. Elle ne s'y pouvoit guères tromper, parce qu'elle avoit dans cette Compagnie des gens qui l'avertissoient de tout ce qui s'y passoit de secret. La Ville de Paris même ne fut pas exempte de son ressentiment; parce que quoiqu'il n'y eût que le menu peuple qui eût excité la sédition, comme elle sçavoit que les principaux Bourgeois adhéroient entiérement au Parlement, elle trouvoit qu'il n'y en avoit pas un qui ne méritât punition, jusques à ceux qui prétendoient passer pour les plus innocens. Ainsi commençant à ne pouvoir plus souffrir le séjour de cette Ville où elle se regardoit comme prisonniere Elle & le Roi son fils, elle en sortit lorsque le peuple s'y attendoit le moins & l'emmena à Ruel-Bourg qui n'est éloigné que de deux petites lieuës de cette grande Ville.

Son départ ni celui du Roi n'eussent point allarmé les peuples dans un autre temps; mais comme cette éclipse avoit été précédée de quelques discours qui faisoient connoître que Sa Majesté ne différeroit son ressentiment qu'autant de temps qu'il lui en faudroit pour le faire éclater plus avantageusement, & que d'ailleurs, elle faisoit venir des gens de guerre tout autour de la Ville; chacun s'assembla dans son quartier tout de même que si l'on eût voulu renouveller la journée des Barricades. Le Parlement qui prenoit goût se à mêler des affaires d'Etat, & qui à l'éxemple de celui d'Angleterre se tenoit tout fier d'avoir donné des bornes à l'autorité Royale par le refus qu'il avoit fait de vérifier quelques Edits, & par la liberté forcée de ses Confréres, s'assembla pareillement quoiqu'il eût promis à Sa Majesté de n'en rien faire lorsqu'elle avoit rendu la liberté à Blancmenil, & à Broussel. Or cette compagnie ayant délibéré sur ce qu'elle avoit à faire dans le péril dont ils sembloient menacés, les plus retenus & les plus sages furent d'avis d'envoyer des Députés à cette Princesse pour la prier de ramener le Roi à Paris, & de renvoyer sur la frontiere les troupes qui commençoient à environner cette grande Ville. Elles y étoient nécessaires effectivement, puisque les ennemis avoient beau jeu pendant ce temps-là, & se servirent de cette conjoncture pour reprendre les Places que l'on avoit occupées sur eux tandis que le Royaume étoit tranquille.

Le Parlement qui commençoit à se trouver les épaules bien foibles pour résister à leur Souveraine justement irritée contre lui, s'avisa alors d'envoyer prier le Duc d'Orleans & le Prince de Condé de venir prendre place à la grand Chambre, afin que par leurs bons conseils, ils pussent rémedier aux malheurs de l'Etat qui pancheroit bien-tôt vers sa ruïne, si on laissoit faire davantage au Cardinal Mazarin tout ce que son avarice & son ambition lui faisoient faire. Il rejettoit ainsi sur ce Ministre la cause de tous ces desordres, comme s'il n'eût pas été facile de voir que le desir d'accroître son autorité y contribuoit encore davantage que tout ce qu'ils trouvoient à redire dans sa conduite. Le Duc d'Orléans & le Prince de Condé que son Eminence avoit eu soin d'engager dans ses intérêts, & qui d'ailleurs n'eussent guéres eu d'honneur à aller recevoir la loi d'une Compagnie parmi laquelle il y avoit bien plus de Bourgeois que de gens de distinction, ne voulurent pas se trouver à leurs délibérations. Aussi jugeoient-ils avec beaucoup de raison que c'eût été autoriser par là leurs entreprises, eux qui n'avoient nul droit de s'ingérer dans ces sortes d'affaires; cela n'appartenoit qu'aux Etats légitimement convoqués. Ainsi ces Princes y ayant plus d'intérêt que personne, eux qui touchoient de si près à la Couronne qu'elle les regardoit successivement l'un après l'autre, si par malheur il fut venu faute du Roi & de Monsieur, ils se continrent dans leur devoir jusques à ce que leur intérêt ou plutôt celui des personnes qui les approchoient de plus près leur fit changer de conduite.

La Reine ne voulut pas non plus accorder aux Députés que le Parlement lui avoit envoyés, le retour du Roi qu'il sembloit demander avec empressement, & encore moins renvoyer les gens de guerre dont elle prétendoit se servir pour sa punition, & pour celle de toute la Ville. Elle avoit déja formé dans son esprit le dessein de faire le Blocus de Paris; si bien qu'elle n'attendoit que le moment de le mettre à éxécution. Elle consideroit que cette grande Ville ne vivant qu'au jour la journée elle seroit bien-tôt réduite à l'extrémité si on lui coupoit les vivres seulement pour quelques jours de marché. Il est vrai que comme son dessein commençoit à être connu de bien des gens, ceux qui avoient de quoi faisoient déja leurs provisions pour s'empêcher de se ressentir de la misere qu'on leur préparoit. Cependant toutes ces précautions qui n'étoient pas ignorées de la Reine ne lui ôtoient pas l'espérance de réüssir dans son projet. Comme cette Ville abonde en menu peuple & qu'il n'avoit pas le moyen de faire comme les autres, elle comptoit qu'il se déclareroit bien-tôt contre les Riches & même contre le Parlement; qu'ainsi elle réduiroit dans peu cette Compagnie qui s'en faisoit un peu trop accroire, à se mêler seulement des affaires des Particuliers, sans qu'elle s'érigeât davantage d'entrer en connoissance de celles du Roi son fils.

Cette résolution eût été bonne si Sa Majesté eût été en droit de s'en promettre un heureux succès; mais après ce qui venoit d'arriver à l'occasion d'un simple Conseiller, il sembloit que ce fût encore vouloir en quelque façon se préparer un nouveau sujet de mortification, que de faire une entreprise si fort au-dessus de ses forces. L'Armée de M. le Prince que la Reine avoit retirée de Flandres pour l'exécution de son dessein n'étoit que de huit à neuf mille hommes ; & comme les seuls Corps de Métier de la Ville étoient neuf ou dix fois plus nombreux, la confiance que le Parlement prit dans ses forces & dans la foiblesse des troupes de Sa Majesté, fit qu'il ne fit point de difficulté de lever le masque au retour de ses Députés. Aussi donna-t'il un Arrêt par lequel il étoit enjoint aux Bourgeois de se mettre sous les armes & de faire garde à l'avenir à toutes les portes de la Ville. Il en fut fait des Compagnies dans chaque quartier ; & elles surpassoient de beaucoup le nombre des troupes que l'on prétendoit employer pour leur faire crier miséricorde.

Ce fut ainsi que le Parlement commença à trancher du Souverain, ce qui fit dire à ceux qui étoient jaloux de l'autorité Royale qu'il ne lui manquoit plus que de faire ce que faisoit le Parlement d'Angleterre pour bien faire parler de lui. Il avoit comme j'ai remarqué ci-devant, fait emprisonner son Roi afin de le dépouiller, par la perte de sa liberté, ou de gré ou de force, du pouvoir qui est inséparable de la Royauté. Sa Majesté Britannique après y avoir résisté, comme on l'a vû aussi pareillement par ce qui a été dit ci-dessus, avoit consenti que Cromwel le fit conduire dans l'Isle de With sous l'espérance que ce Scélérat lui avoit fait donner par le Colonel Hammont, qu'il le feroit passer en France tout aussi-tôt, afin d'y trouver du secours contre la violence qui lui étoit faite. Mais, comme il y avoit bien à dire que ce fût-là son dessein; & qu'au-contraire, il n'avoit cherché à se rendre maître de la Personne de Sa Majesté que pour se rendre considérable au Parlement, ce malheureux Prince avoit été bien-tôt de l'Isle de With conduit dans une autre prison, ainsi que l'on a vû aussi par le récit que j'en ai fait ci-devant. Enfin, par un attentat inouï jusques-là, l'ambirieux Cromwel n'écoutant plus que tout ce qui pouvoit l'aider à faire une grande fortune, après avoir trouvé le moyen d'obliger Fairfax à se dépouiller lui-même de son emploi & s'être installé à sa place, entreprit, quand il se vit ainsi craint du Parlement & adoré des Gens de guerre, de faire le Procès à son Roi. Il y a bien de l'apparence & la suite ne l'a que trop montré, qu'il avoit dessein en faisant cela de se mettre à sa place; aussi ne trouvoit-il pas qu'il fut plus difficile pour lui de se faire Roi dans le poste qu'il occupoit présentement, que de s'être fait Général d'armée de ce qu'il étoit autrefois. Ainsi, en attendant qu'il fit tout ce qu'il falloit pour obliger les deux Chambres à donner des Commissaires à Sa Majesté Britannique, il lui suscita toujours diverses accusations pour disposer insensiblement les esprits à toutes les nouveautés qu'il pretendoit introduire avant qu'il fût peu. Mais afin de ne se pas rendre odieux par là aux gens de bien, il n'eut garde de vouloir que cela parût venir de lui; il aima bien mieux faire les choses sous main & sans qu'il y parut.

Il fit encore pis, tant il étoit fourbe: car, au-lieu de paroître entrer dans tout ce qui se disoit de mauvais contre la personne de ce Prince, il affecta toûjours de l'excuser quand l'occasion s'en présenta. Ce n'étoit pourtant que d'une certaine maniere qui ne persuadoit pas toûjours qu'il crût ce qu'il disoit. Il étoit bien aise de laisser entrevoir qu'il ne le faisoit que par charité; afin qu'en même temps qu'on croyoit ce Prince coupable, on le crût pour lui si rempli de pieté qu'on publiât tout aussi-tôt dans le monde qu'il ne mettoit tout son soin qu'à couvrir le défaut d'autrui. Aussi quoiqu'il fût élevé jusqu'à la dignité de Général d'Armée du Parlement, comme il sçavoit qu'il n'y étoit parvenu qu'en faisant le tartuffe, il crut qu'il ne feroit pas trop mal de continuer toûjours le même personnage. Il se mit donc à prêcher à Londres tout au beau milieu des ruës sans prendre garde que cela sentoit bien plûtôt le Charlatan que le véritable dévot; mais il vouloit après avoir gagné les Soldats par cette fausse apparence de dévotion, gagner encore le Peuple de cette grande Ville, dont le suffrage lui étoit absolument nécessaire pour réussir dans ses grands desseins.

Tous les Membres de la Chambre haute étoient presque contre le Roi, parcequ'ils étoient persuadés qu'il étoit non-seulement Catholique; mais encore qu'il avoit voulu se servir des forces de France pour obliger tout le Royaume à prendre la même Religion & pour y établir une autorité despotique. Au-reste, comme il n'y a point de Nation au monde plus jalouse que celle-là de ses Priviléges qui y sont tout opposés, ces deux entreprises tenoient fort au cœur de tout le monde & particulierement des Grands. En effet leur élévation & leur fortune en dépendoient également, puisque outre les Biens d'Eglise dont ils jouïssoient la plûpart, & qu'il leur eût fallu rendre si l'Angleterre fût devenuë Catholique; il étoit tout visible que leur pouvoir n'eût plus rien été si celui du Roi eût commencé à devenir absolu. Aussi, voyant que Cromwel panchoit en apparence du côté de la douceur, ils firent tout ce qu'ils purent, comme il étoit Maître de l'Armée, & que dans la conjonĉture présente il fortifieroit beaucoup le parti de celui pour qui il se déclareroit, pour lui faire comprendre que s'il aimoit la Religion Anglicane & le repos de sa Nation, il devoit concourir avec eux à empêcher que Sa Majesté Britannique ne fût jamais en état d'éxécuter ses grands projets. Et afin qu'il ne doutât pas que ce ne fût-là l'intention de Sa Majesté Britannique, ils lui montrerent des lettres ou véritables ou supposées par lesquelles il paroissoit que ce Prince avoit eu effectivement les desseins qu'ils lui imputoient présentement. Cependant, comme ces Lettres ne lui furent point représentées lorsqu'on lui fit son Procès, il y a plus d'apparence de croire qu'elles étoient supposées que véritables ; puisqu'on n'eût jamais manqué de s'en servir contre lui, si l'on eût cru qu'il n'eût rien eu à dire contr'elles. Enfin, ils conclurent qu'il n'y auroit jamais de sûreté pour eux ni pour toute leur Nation en général qu'ils ne l'eussent privé de la Couronne & même toute sa race ; parce que si elle l'avoit jamais sur la tête, ou de son vivant ou après sa mort, ce seroit pour eux toute la même chose que s'ils le laissoient régner présentement : qu'il se souviendroit tôt ou tard qu'on auroit emprisonné Sa Majesté Britannique, d'où il ne manqueroit pas de naître des ressentimens d'autant plus dangereux que quelques bornes qu'eût l'autorité Royale parmi leur Nation, il étoit toûjours facile aux Rois de se venger des Particuliers, quand ils avoient la prudence de sçavoir choisir leur temps.

Cromwel feignit toûjours de ne se pouvoir résoudre à voir traiter ce Prince avec tant de rigueur. Cependant, comme c'étoit pourtant tout ce qu'il desiroit le plus, afin de pouvoir s'installer sur ses ruïnes, il fit semblant à la fin de consentir qu'on le retint dans une prison perpétuelle pourvû qu'on mit son fils aîné à sa place. Or, il sçavoit bien que la haine qu'on avoit contre le pere réjailliroit jusques sur les enfans ; qu'ainsi, on lui feroit de nouvelles remontrances là-dessus, & que s'il s'y rendoit après y avoir résisté pendant quelque temps, on ne manqueroit pas de dire qu'il y auroit été comme forcé ; qu'ainsi, bien-loin que personne le soupçonnât d'ambition,

tion, il pafferoit au-contraire pour rempli d'une fi grande humanité qu'il auroit été long-temps le Protecteur d'un Prince que toute la Nation en général vouloit perdre pour les juftes raifons qu'elle croyoit en avoir.

C'étoit-là comme il raifonnoit quand il affectoit de paroître plus humain que les autres; car en effet, bien-loin qu'il eût de fi bons deffeins pour le Prince de Galles fils aîné de Sa Majefté Britannique, il le haïffoit tout autant que fon pere, & même tous les autres enfans du Roi; parceque tous tant qu'ils étoient ils fervoient d'obftacle à fes preffans defirs. Cependant ce n'étoit pas quelques particuliers qui en vouloient ainfi à ce malheureux Prince, c'étoit prefque toute la Nation en général; de forte que la Chambre haute ne le regardoit pas de meilleur œil que la Chambre baffe, ni la Chambre baffe de meilleur œil que la Chambre haute: chofe étrange néanmoins, puifqu'il eft rare que les gens de qualité reffemblent à une vile populace & fe défaffent comme elle des fentimens de refpect qui d'ordinaire leur font tout particuliers pour leur Prince. Ainfi tout conspirant à sa perte, Cromwel, sous pretexte de Justice, conseilla aux deux Chambres de lui faire faire son Procès, afin que s'il étoit innocent comme il disoit l'être, on ne le retînt pas plus long-temps en prison ; ou que s'il étoit coupable, on vît à quelle peine on le condamneroit. Il leur dit que puisque les Loix du Royaume vouloient qu'on fit le Procès à un accusé sans éterniser sa prison, il n'étoit pas juste d'en exclure celui qui en avoit été reconnu le Chef, je ne sçais combien de temps. Or, il consideroit que pendant qu'on instruiroit son Procès, il ne lui seroit pas difficile de trouver encore quelque nouvelle matiere d'accusation contre lui ; que cependant, soit qu'il se trouvât coupable ou qu'il ne le fût pas, si néanmoins il peut jamais être permis de penser qu'un Roi le puisse être, lui qui est établi sur son peuple directement de la part de Dieu à qui seul il est résponsable de sa conduite ; que cependant, dis-je, soit qu'il se trouvât coupable ou non, il trouveroit bientôt moyen d'exclure du Trône le Prince de Galles & ses autres enfans dont il sembloit néanmoins embrasser le parti.

Le Parlement se laissa aller à ses conseils qui lui semblerent d'autant meilleurs qu'ils étoient conformes aux Loix de la Nation. Il délivra donc une commission pour lui choisir des Commissaires, ce qui ayant été bientôt fait, on remarqua que parmi le grand nombre qu'ils étoient, à peine y avoit-il un seul homme de qualité. Mais que dis-je ici ? Ce mot (à peine) ne signifie pas ce que je veux dire, puisque l'on entendroit par-là que s'il n'y en avoit pas un grand nombre, toûjours y avoit-il quelques-uns. Cependant ce n'est pas-là ma pensée, puisque je prétends dire au-contraire qu'il n'y en avoit pas un seul. Il s'agissoit néanmoins de faire le Procès à un Roi; & si dans ce Pays-là la Loi veut que tout homme soit jugé par son semblable, ne falloit-il pas du moins au défaut d'avoir des Têtes Couronnées pour juger Sa Majesté Britannique, lui donner des premiers Pairs du Royaume pour lui faire son Procès ? mais quel est le Pair qui eût voulu se charger d'une telle action, envers la postérité, à moins que d'être aussi scélérat qu'étoient ceux qui se chargérent de cette Commission.

L'on vit donc tout-d'un-coup des Brasseurs, & d'autres gens de pareille étoffe au moins pour la plûpart, composer une Chambre qui eut l'audace de citer son Roi devant elle. Les amis de ce malheureux Prince qui n'étoient pas en grand nombre, tâcherent de lui faire sçavoir ce qui se passoit, afin qu'il ne fût pas surpris quand on se voudroit donner la liberté de l'interroger, & qu'il pût répondre en Roi, & non pas comme ont coûtume de faire de simples particuliers. Ils en vinrent à bout malgré la vigilance de Cromwel, mais non pas devant que ce Prince eût subi le premier interrogatoire. Ce n'étoit plus Hammont qui le gardoit, il étoit devenu suspect au nouveau Tyran, & il avoit mis en sa place le Colonel Malmei en qui il se confioit particulierement. Cependant comme le Roi d'Angleterre après avoir répondu la premiere fois à ce qu'on lui avoit demandé ni plus ni moins qu'auroit pû faire un Criminel qui se fût trouvé entre les mains de la Justice, & qu'il ne le vouloit plus faire alors à cause de ce que ses amis lui avoient mandé ; Cromwel qui avoit de l'esprit infiniment, jugea aussi-tôt qu'il falloit qu'il eût parlé à quelqu'un. Il en fit une grande reprimande à Malmei, qui étant bien éloigné de le croire, parce que cela s'étoit fait si adroitement qu'il n'en sçavoit rien, lui jura que cela n'étoit pas. Cromwel le laissa jurer sans ajoûter foi à ses sermens, & lui ayant recommandé d'être une autrefois plus éxact, Malmei y prit garde de si près dorénavant qu'il surprit le neveu de Mylord Montaigu qui avoit des Lettres pour le Prisonnier. Il fut mis en prison en même temps, & traité d'abord comme on eût pû faire un Criminel de Leze-Majesté, tant Cromwel étoit bien-aise de faire peur à ceux qui se trouveroient capables d'entreprendre quelque chose en faveur de ce malheureux Prince. Cependant, comme tout son crime n'étoit que d'avoir été plus affectionné que les autres à son Roi, il se reposa sur sa conscience, se flatant que tout passionnés que pussent être ses Juges, ils ne seroient pas assez scélérats pour lui faire un crime d'une chose qui méritoit plûtôt récompense que punition.

Voilà l'état où les affaires étoient en Angleterre, & c'étoit par rapport à ce qui se passoit en ce Pays-là qu'on accusoit le Parlement de Paris de vouloir fixer sa conduite. Il est vrai (& à Dieu ne plaise que je veuille dire le contraire) qu'il ne songeoit pas à pousser ses attentats si loin ; mais du-moins vouloit-il restraindre l'autorité Royale au point qu'il s'étoit mis en tête ; ou plûtôt sous ce prétexte, se rendre si absolu lui-même que tous les Grands du Royaume ne fussent rien en comparaison de lui. Cependant quoiqu'il entreprît par-là des choses qui n'étoient pas de sa compétence, toûjours se contenoit-il dans de certaines bornes qui marquoient qu'il n'avoit pas encore perdu tout le respect qui est dû à son Souverain. Aussi sans s'en prendre directement à Sa Majesté de ce qui faisoit le sujet de ses plaintes, il les rejettoit sur son Conseil ; comme si l'on pouvoit pourtant accuser le Conseil d'un Prince sans l'accuser lui-même en quelque façon.

Il est vrai que sa Minorité lui servoit de prétexte pour l'excuser, comme n'ayant pas encore connoissance de ce qui se passoit; mais il ne prenoit pas garde peut-être qu'en l'excusant ainsi, il accusoit toûjours la Reine mere, comme si elle eût été cause de tous les desordres qui se commettoient dans l'Etat. Ils étoient grands à la vérité; & pour en parler franchement, à la grande quantité d'Edits qui s'étoient faits depuis que le Cardinal étoit entré dans le Ministére, on peut donner au plus habile de deviner seulement ce que l'on avoit fait de la moitié de l'argent qui en étoit provenu. Le Cardinal n'en divertissoit pas seulement une partie, il y avoit encore des gens dans sa Maison qui avoient tout aussi bon appétit que lui; ainsi quand on venoit à faire quelque affaire extraordinaire, il falloit tant pour le Maître & tant pour les Serviteurs: & ce tant n'étoit pas si peu de chose que se trouvant joint avec ce que les Partisans vouloient gagner de leur côté, il se trouvoit souvent que d'une affaire d'un million, il n'en entroit pas cent mille écus dans les coffres de Sa Majesté.

C'étoit-là le sujet des plaintes que faisoient les Peuples & le prétexte de la désobéïssance du Parlement. La Cour avoit bien voulu cependant après quelques instances réitérées de cette Compagnie d'écouter ses remontrances, qu'elle envoyât des Députés à Ruël pour tâcher de remettre les choses dans l'état qu'elles devoient être, afin que le Souverain jouït de sa Dignité & les Peuples de sa protection : mais ces Députés n'ayant pas voulu se soumettre de la part du Parlement à ce que le Cardinal Mazarin demandoit; ou plûtôt cette Compagnie elle-même ayant trouvé les conditions que lui offroit ce Ministre trop peu avantageuses pour elle pour les accepter, la Reine mere crut qu'elle devoit emmener de-là le Roi son fils de peur que la proximité de Paris ne donnât la hardiesse au Parlement d'entreprendre quelque chose contre lui. Elle le fit aller à St. Germain en Laye qui étoit à deux lieuës de-là. Cependant, comme il n'y avoit guéres plus de sûreté à l'un qu'à l'autre, & que deux lieuës de plus ou du moins n'étoient rien en cas que le Parlement eût eu un dessein si criminel, la Reine mere, pour plus grande précaution, fit battre l'estrade toutes les nuits; ainsi à la vuë de la

Capitale du Royaume, on commença à faire en France tout ce que l'on eût pû faire, si l'on eût été au milieu d'un Pays ennemi. Tant que l'on demeura-là, on fit toûjours la même chose; & voilà à quoi se réduisoit le peu d'obéïssance que le Roi trouvoit alors parmi ses Sujets.

Quoique le Parlement eût ses Partisans qui ne manquoient pas de raisons bonnes ou mauvaises pour excuser ce qu'il faisoit, les plus honnêtes gens néanmoins ne laissoient pas de trouver extrêmement à redire à sa conduite; peut-être même que tout le premier il se rendoit assez de justice pour ne la pas approuver lui-même. Mais, soit qu'il eût confusion de ce que les autres le blâmoient ou qu'il se blâmât tout aussi-bien qu'eux, il résolut de renouer, s'il lui étoit possible, les conférences qui s'étoient tenuës à Ruel. Pour cet effet, il envoya des Députés à St. Germain qui y furent mieux reçus que la désobéïssance de ceux qui les envoyoient ne méritoit; mais la Cour qui commençoit à n'être pas fort à son aise, parce que le Parlement traversoit toûjours les moyens qu'elle avoit e

N 5

jusques-là de se procurer de l'argent, crut qu'elle devoit se relâcher de bien des choses pour se tirer du malheureux état où elle étoit.

Ces Députés avoient ordre de parler avec beaucoup de soumission & de respect, afin d'effacer par-là les impressions désavantageuses que l'on commençoit à se former de la conduite du Parlement. Mais comme les parens de l'Evêque de Beauvais, dont j'ai parlé tantôt, avoient toûjours en vuë de rendre leur fortune encore meilleure qu'elle n'étoit, ils avoient si bien fait que parmi tant de belles apparences, il s'y devoit fourrer des demandes hautaines qui rendoient l'accommodement difficile. Monsieur de Chavigni avoit été arrêté sous prétexte de quelques intrigues qu'on l'accusoit de former dans le Parlement & à la Cour pour profiter de l'aversion que les Peuples avoient pour le Cardinal, & obliger la Reine mere de le faire rentrer dans le Ministére: l'on veut même qu'il eût tiré parole des Principaux de cette Compagnie qu'ils agiroient avec lui jusques à ce que ce Ministre eût été chassé de France. Quoiqu'il en soit,

Son Eminence qui ne l'aimoit déja pas trop, par les raisons qui ont été rapportées ci-devant, avoit pris sujet de-là de le faire enfermer dans le Donjon de Vincennes dont Chavigni étoit lui-même Gouverneur. Mais les Troupes de Paris, & le voisinage de cette prison qui est aux portes ayant fait craindre à ce Ministre qu'on ne l'y vînt enlever, il le fit conduire sous une bonne escorte dans le Havre-de-Grace, Forteresse sur le bord de la Mer.

Ce Prisonnier avoit beaucoup de parens & amis dans le Parlement; & comme c'étoit montrer que la Cour n'avoit pas envie de lui rendre si-tôt la liberté que de le traduire ainsi à une des extrémités du Royaume, quoique ce ne fût pas-là la plus éloignée, sa mere & sa femme furent conseillées de rendre leurs plaintes à la Grand'Chambre où le Parlement continuoit toûjours de s'assembler. La Requête de ces Dames fut bien reçuë: le Parlement se donna la licence de délibérer si l'on pouvoit valablement & en bonne justice arrêter ainsi une personne, & sur-tout une personne de considération, en vertu d'une Lettre de Cachet;

de sorte qu'en ayant encore grossis ses prétendus griefs, il ordonna à ses Députés de s'en plaindre au Roi & à la Reine mere, comme d'un attentat fait au préjudice des Loix de l'Etat & de la liberté publique. Ils eurent ordre aussi en même temps de demander non-seulement l'élargissement du Prisonnier; mais encore une assurance formelle, comme les Sujets de Sa Majesté ne seroient plus ainsi exposés à l'avenir au ressentiment & à la passion des Ministres; car, c'étoit sur le Cardinal Mazarin que le Parlement avoit jugé à propos de rejetter ce qui étoit arrivé à Mr. de Chavigni, n'étant pas si hardi, quoiqu'il le fût beaucoup, que d'oser s'en prendre au Roi ni à la Reine mere qui n'eussent pas manqué de lui répondre, & cela avec beaucoup de raison, que c'étoit à lui à se mêler des affaires des Particuliers & non pas de celles d'Etat. Cependant, afin de faire cesser non-seulement ces bruits qui couroient à son désavantage; mais encore s'acquérir des amis & à la Cour & parmi le peuple, il faisoit sonner bien haut la protection qu'il donnoit par-là aux Particuliers. Et en effet, comme il n'y avoit personne qui fût exempt de la même chose qui étoit arrivée à Mr. de Chavigni, beaucoup de gens qui commençoient à se dégoûter de cette Compagnie, parcequ'ils lui croyoient plus de passion que de justice dans toutes les nouveautés qu'elle entreprenoit, commencerent à se réchauffer pour elle dans la vuë de leur intérêt particulier.

Le Parlement n'avoit pourtant pas grand tort d'imputer au Cardinal seul le malheur de ce prisonnier, puisque Son Eminence disoit elle même en parlant de lui, que si elle ne se fût assurée de sa personne, elle eût couru grand risque de s'en retourner en Italie lorsqu'elle y eût pensé le moins. Cependant quoique ce fût son affaire c'étoit encore plus celle de la Cour, puisqu'elle avoit eu raison non-seulement de faire arrêter un homme qui avoit entrepris, du moins à ce que son ennemi prétendoit, de lui faire changer de Ministre en dépit d'Elles; mais encore qu'il n'y avoit rien à quoi Elle dût prendre garde de plus près qu'à se conserver le droit qu'elle avoit de s'assurer de la personne de ceux dont la conduite lui devenoit suspecte:

Aussi ne s'y opposant pas moins que faisoit son Eminence, il se trouva que les Députés perdirent plus de la moitié du mérite qu'ils s'étoient acquis par leurs soumissions & leurs respects, d'abord qu'il voulurent insister sur cet Article. La Cour même jugea qu'une démarche comme celle-là, n'étoit qu'un prétexte pour couvrir la désobéïssance du Parlement, puisque bien loin de se repentir de ce qu'il avoit fait, il cherchoit encore à lui faire de nouveaux outrages.

Cette prévention qui étoit assez raisonnable rendit l'accommodement plus difficile qu'il n'eût été sans cela. Cependant lui qui, au milieu de ses entreprises, avoit de fois à autre vérifié quelques Edits pour n'être pas accusé tout-à-fait de s'être opposé au secours que l'Etat étoit obligé de chercher dans ses nécessités pressantes, ne voulut plus entendre parler du tout qu'on lui en apportât de nouveaux à moins que de lui passer ses demandes. Il en arriva un si grand inconvenient que tous les Alliés de la Couronne qui en recevoient des subsides furent sur le point de l'abandonner faute d'en être payé. Les Suédois menacerent effectivement de faire leur accommodement à part si on prétendoit que cela durât encore long-temps. Les Suisses ne tinrent pas le même langage, puisque de leur chef ils n'avoient Guerre avec personne; mais comme ils n'étoient pas d'humeur à se départir de leurs maximes ordinaires, qui sont si bien reconnuës de toute l'Europe, qu'on a fait passer en proverbe, qu'on n'a que faire de compter sur eux si on ne leur donne de l'argent; ils menacerent de retirer les Troupes qu'ils avoient au service de Sa Majesté, si Elle ne les payoit mieux qu'Elle ne faisoit. Il leur étoit dû plusieurs mois de leur solde, sans compter les Pensions que les Cantons tiroient ordinairement, dont il leur étoit dû de même plusieurs arrérages.

Mr. le Cardinal ne sçachant presque que faire dans la perpléxité où il étoit, m'envoya chercher avec les autres Intendans des Finances pour nous demander si nous ne lui trouverions pas bien deux millions sur notre crédit: nous lui dîmes que non, quoique nous l'eussions peut-être bien fait si nous eussions voulus; mais comme nous sçavions, ou du moins que nous nous en doutions qu'il étoit tout prêt de s'enfuir en Italie à la moindre révolution qui arriveroit, nous ne jugeâmes pas à propos de faire ce pas de clerc, parce que ç'eût été à nous après cela à courir après notre remboursement. Pour moi j'étois encore moins disposé que les autres à lui prêter seulement une bien moindre somme ; puisqu'il me devoit toûjours mes vingt mille écus. Il me disoit toûjours pour toutes raisons, lorsque je venois à les lui demander, que je voyois moi-même son embarras pour subvenir aux nécessités de l'Etat, de sorte qu'il y mettoit tout ce qu'il avoit ; qu'ainsi, ce n'étoit pas là le temps de me payer, mais que je me donnasse patience & que je ne perdrois jamais rien avec lui. Voilà de quoi il m'avoit payé depuis cinq ans tout entiers, ne m'ayant jamais tenu d'autre langage depuis la premiere jusqu'à la derniere année. Néanmoins comme il étoit plus difficile que l'on ne pensoit, principalement à l'égard de ceux qui étoient obligés de passer nécessairement par ses mains, nous lui dîmes les autres Intendans des Finances & moi quand nous lui refusames de l'argent, que notre crédit étoit si fort épuisé depuis qu'on avoit ôté les Finances à Mr. d'Emeri, que bien loin de pouvoir trouver une aussi grosse somme qu'il nous demandoit, nous ne trouverions pas seulement trente mille francs, à moins que de mettre notre vaisselle d'argent en gage.

Il en eût bien trouvé sans nous, s'il eût voulu, & il avoit déjà envoyé plus de deux millions en Italie, qu'il eût pû faire revenir s'il eût été aussi affectionné à l'Etat qu'il étoit bien aise de le faire accroire; mais il n'avoit garde de le faire, & il avoit amassé là ce Trésor comme une ressource qui ne pouvoit lui manquer en cas de besoin. Il achetoit même tous les jours des Diamans en cachette afin que s'il étoit obligé de s'en aller en ce pays-là, il les pût joindre aux Richesses qu'il y avoit déjà envoyées. Cependant comme les Suïsses sont pressants quand il y va de leur intérêt il ne laisserent point ce Ministre en repos qu'il ne leur eût payé ce que le Roi leur devoit. Ils continuerent donc toûjours de lui demander de l'argent, & afin qu'il fût obligé absolument de leur en donner, ils lui firent les mêmes menaces dont il a été parlé tantôt. Les Espagnols en eurent vent, & tâcherent de les débaucher en leur faisant des belles promesses ; cela ne leur eût pas été bien difficile s'ils eussent pû joindre les effets aux paroles ; mais comme ils promettoient plus qu'ils ne pouvoient tenir, ils se donnerent bien des mouvemens inutiles.

Les Suisses qui sont plus fins qu'on ne croit, & qui dans leur grossiéreté ne s'éloignent jamais du solide, au lieu de leur témoigner d'abord ce qu'ils pensoient de leurs promesses magnifiques, firent mine de les écouter. Ce n'est pas qu'ils eussent envie de rien faire avec eux : ils connoissoient trop leur impuissance pour s'y fier en aucune façon ; mais ils vouloient mettre le feu sous le ventre à Mr. le Cardinal & croyoient qu'il n'y avoit pas pour eux de meilleur moyen pour y réussir. Ainsi lui faisant sçavoir adroitement ce qui se passoit & sans que cela parût venir d'eux, son Eminence s'en trouva si étonnée qu'elle nous manda tout de nouveau les autres Intendans des Finances & moi de lui venir parler. Comme nous avions vent de ce qui se passoit, nous avions pris nos mesures ensemble en cas qu'il lui arrivât de vouloir absolument que nous lui prêtassions de l'argent; & sçachant qu'en l'état où étoient les choses, prêter & donner étoit de même à son égard, nous étions convenus de commun accord de nous laisser ôter nos Charges plûtôt que de lui prêter seulement dix mille francs. Cependant nous étant rendus à ses ordres & nous ayant dit qu'il lui falloit de toute nécessité contenter les Suisses, & qu'ainsi il avoit recours à nous pour le tirer de cet embarras, comme il vit que nous ne lui faisions que la même réponse que celle que nous lui avions faite autrefois, il nous répondit en jurant que les François n'étoient que des misérables, & qu'ils laisseroient périr leur Roi pour un sol, qu'il en informeroit Sa Majesté avant qu'il fût vingt quatre heures, afin qu'elle nous récompensât selon notre mérite.

Nous nous crumes tous perdus après cette menace; desorte que nous eussions déja voulu le voir en Italie pour éviter son ressentiment. Cependant il y eut bien à dire qu'il ne fût aussi méchant que nous l'apprehendions: au lieu de dire à la Reine que nous lui avions refusé de l'argent, il ne songea qu'à lui parler des menaces que faisoient les Suisses & de l'impuissance où il étoit de les contenter. La Reine mere qui sçavoit le besoin que le Roi son fils avoit de cette Nation, n'apprit qu'avec peine une nouvelle comme celle-là. Cependant comme il y falloit remedier par des effets plûtôt que par des paroles, Elle lui dit que puisqu'il se trouvoit si embarrassé, c'étoit une marque apparemment qu'il avoit trouvé toutes les bourses fermées pour lui; qu'Elle en étoit bien fâchée, mais qu'elle ne s'en désespereroit pas néanmoins, sur-tout parce qu'elle y sçavoit un remede; qu'il y avoit des Diamans qui appartenoient à la Couronne; qu'il falloit les leur donner en nantissement jusques à ce qu'ils fussent payés, & que peut-être quand ils les auroient ils se trouveroient plus traitables. La Reine devina fort juste; les Suisses se trouvant nantis furent tout aussi affectionnés que jamais à la Couronne; desorte qu'ils ne parlerent plus de nous abandonner.

Pendant que son Eminence donnoit ordre à cette affaire; celle du Parlement qui étoit encore plus considérable que celle-là ne finissoit point. Cette Compagnie se tenoit toujours sur son fier; & si l'on en veut sçavoir la raison, on ne sera pas long-temps à l'apprendre. Il faut sçavoir qu'il y avoit parmi ces Magistrats je ne sçai combien de gens qui pendant qu'ils avoient à la bouche le nom du Bien public, ne l'avoient guéres dans le cœur; ils ne songeoient au contraire qu'à leur intérêt particulier dont on pouvoit dire qu'ils faisoient tout leur Dieu. Le Président de Maisons passoit pour être de ceux-là quoiqu'en apparence il parût fort désintéressé, & que même, durant toute sa vie, il eut tant dépensé de bien qu'on eût pu croire que ce n'étoit pas à thésauriser qu'il faisoit consister son bonheur: mais soit qu'on se trompât ou non, il est toûjours constant qu'il avoit un frere qui étoit un étrange homme sur l'intérêt. La chronique scandaleuse veut que celui-ci n'agit pas par lui-même, & que c'étoit son frere qui le faisoit agir. Quoiqu'il en soit, ce frere qui étoit Conseiller & qui s'appelloit vulgairement *Pétré*, nom par lequel on le connoissoit bien mieux que par celui de sa famille, avoit le renom de lui aider à faire ses affaires, sans qu'il parût s'en mêler; politique dont se servoient les plus haut huppés du Parlement aussi bien que le Président dont je parle ici. Pétré n'étoit pas pourtant sans avoir quelque dessein de sa part; comme il n'avoit jamais eu grand bien, il vouloit se servir de l'esprit que Dieu lui avoit donné pour en amasser. Pour ce qui est de son frere, il avoit été fort à son aise autrefois, non pas à la vérité de son côté, mais de celui de sa femme, très-grosse héritiere qui n'avoit eu guére moins de trois millions de Patrimoine. Cependant ayant dépensé la plus grande partie de ses Richesses à bâtir une superbe Maison & à acheter une Charge de Président à Mortier qui ne lui valloit que très-peu de revenus, il étoit bien aise de réparer ses débris en profitant d'une conjoncture qui lui paroissoit favorable.

Le Cardinal qui n'ignoroit pas le manége de l'un & de l'autre, se mit en tête de les gagner tous deux; & comme il n'y avoit qu'à leur faire du bien pour en venir bien-tôt à bout, il m'en parla à moi, parce qu'il sçavoit que j'étois des amis de *Pétré*. Je lui avois même prêté une somme de trente mille livres, ce que Son Eminence ayant sçu, je ne sçais comment, elle me voulut persuader de lui en donner quittance sous la promesse qu'elle me fit que comme elle ne me demandoit cela que par rapport aux intérêts de Sa Majesté, Sa Majesté me rendroit aussi cet argent d'abord qu'elle seroit un peu mieux dans ses affaires qu'elle n'y étoit présentement.

Cette proposition m'embarrassa, parce que, je ne pouvois lui dire comme l'autre fois que j'étois dans l'impuissance de faire ce qu'elle me proposoit; cependant, comme je n'étois pas résolu de lui donner cette somme que j'aurois comptée comme perduë pour moi, si j'eusse fait ce qu'elle me disoit, je cherchai une échappatoire. Je lui répondis que dans le dessein que j'avois de rendre service à Sa Majesté & à Son Eminence, je n'avois pas attendu qu'elle m'eût fait cette proposition pour la faire moi-même à *Pétré*; que je lui en avois parlé il y avoit déja plus de six semaines; mais qu'il m'avoit répondu féchement qu'une fi petite somme n'étoit pas pour faire fa fortune; & que d'ailleurs, il avoit befoin d'argent comptant pour payer quelques dettes qui lui étoient bien plus pefantes que la mienne.

Il n'étoit point vrai du tout que j'eufse fait cette offre à *Pétré* ni qu'il m'eût fait cette réponfe; mais je croyois le pouvoir dire à ce Miniftre, parceque je comptois que je ferois dire tout ce que je voudrois à *Pétré*, fi j'avois le temps de lui parler feulement un moment. En effet, ayant ôté les mefures par-là à Mr. le Cardinal qui s'attendoit de m'excroquer encore cette somme comme il m'avoit déja fait mes vingt mille écus, je m'en fus trouver *Pétré* à qui je dis ce qui venoit de fe paffer entre Son Eminence & moi. Cependant, je ne lui dis pas que c'étoit de peur de perdre mes dix mille écus que je lui avois cherché cette échappatoire; mais pour lui procurer une fomme plus confidérable que celle-là: qu'il me paroiffoit auffi qu'un homme de fon crédit, & d'ailleurs frere d'un Préfident à Mortier qui n'étoit pas un des moindres du Parlement ne fe

devoit

devoit pas donner à si bon marché; qu'ainsi, si Son Eminence lui faisoit parler par un autre que par moi, je lui conseillois de tenir bon, parce qu'assurément il en tireroit tout ce qu'il voudroit. *Pétré* me sçut bon gré de ma réponse & nous nous séparâmes fort bons amis.

Mr. le Cardinal m'ayant ainsi tenté si inutilement, s'adressa à Beautrec pour lui ménager l'esprit des deux freres. Je ne sçais en vérité ce qu'il leur donna; mais je sçais toûjours bien que ce fût tout le moins qu'il pût. *Pétré* qui avoit bon appétit prit toûjours ce qu'il lui donna en attendant qu'il lui fit de plus gros présens : il s'engagea cependant à lui à la vie & à la mort, pendant que, lorsqu'il étoit avec ses Confréres, il faisoit semblant de lui vouloir plus de mal lui seul que tout le Parlement ensemble. Son frere fut un peu plus retenu quoiqu'il en eût touché de l'argent tout aussi bien que lui. Quoiqu'il en soit, *Pétré* ayant eu le secret d'entretenir la confiance que ses Confréres avoient toûjours eue en lui, fut un Espion admirable pour Son Eminence. Et en effet, il lui dit quelques jours après, que ceux de sa Compagnie prétendoient toûjours insister sur la liberté de Chavigni & sur l'article des Lettres de Cachet dont il a été parlé tantôt ; qu'ils vouloient même en faisant un Traité avec la Cour y spécifier particulierement que les Lettres de Cachet n'auroient point de lieu à l'égard des Cours supérieures ; mais que pour leur donner le change & les désunir d'avec le peuple, il n'y avoit qu'à faire une Déclaration qui fût tellement à l'avantage du Public, que le Public ne se souciât plus d'eux en aucune façon : que cela se pouvoit faire par exemple, en diminuant les entrées du vin ou de quelqu'autre chose semblable, qui se levoit dans la Ville. Qu'il sçavoit bien que la Cour n'étoit guére en état, maintenant qu'elle avoit mille affaires sur les bras, de se relâcher elle-même de ses Droits ; mais que comme ce ne seroit que pour un temps, il n'y falloit pas prendre garde. Que si le Parlement ne s'accommodoit pas après cela ; c'est-à-dire, lorsque le peuple seroit content, ce seroit une marque que ce seroit un intérêt particulier qui le feroit agir, & non pas l'intérêt public; qu'il perdroit bien-tôt tout le crédit qu'il pouvoit avoir parmi les honnêtes-gens, & que, comme il lui étoit impossible de se soûtenir sans le secours du peuple, Son Eminence en feroit bien-tôt tout ce qu'elle voudroit.

Le Cardinal trouva l'avis si bon qu'il rendit publique, dès le lendemain, la volonté que la Reine mere avoit de soulager tant les Peuples de Paris que ceux de la Campagne. Il fit publier un Edit par lequel les Entrées & les Tailles étoient considérablement diminuées; mais cela ne fit pas tout l'effet qu'il prétendoit; de sorte qu'il s'y trouva trompé aussi bien que *Pétré.* Cela en fit même un tout contraire: tant il est vrai que les plus habiles prennent souvent le change, lorsqu'ils croyent marcher d'un pas plus assuré. Et de vrai, les Peuples voyant que la Cour avoit publiée cet Edit, n'attribuerent la chose qu'à la fermeté du Parlement qui, après leur avoir déja procuré un si grand avantage, leur en procureroit encore bien d'autres dans la suite tant qu'il persisteroit dans ses sentimens & qu'ils demeureroient bien unis avec lui. Ainsi le laissant toûjours le maître de tout, cette Compagnie qui attribuoit à la foiblesse du Ministre ce qui venoit de se faire pour la brouiller avec le Peuple, n'en fut que plus portée à insister sur l'élargissement de Chavigni, sur la révocation des Intendans, sur les Lettres de Cachet & sur mille autres demandes tout aussi fâcheuses à la Cour que le pouvoient être celles-là.

Elle eut même la hardiesse de faire faire des Remontrances à la Reine par lesquelles elle osa dire qu'Elle & son Conseil ne pouvoient s'opposer à ce qu'elle lui demandoit à moins que de faire voir à tous ses Peuples qu'elle vouloit étendre son autorité bien loin au-delà des Loix du Royaume & même des Ordonnances qui avoient été faites par les Prédécesseurs du Roi son fils; qu'il étoit donc juste de renfermer cette autorité dans des bornes légitimes, telles qu'il y en avoit eu sous le régne des Rois dont elle parloit. Qu'à la vérité Louis XI. avoit été le premier qui avoit commencé à vouloir se rendre absolu; mais que ses Successeurs avoient été beaucoup plus retenus ; de sorte qu'il y en avoit eu un * qui, à cause de sa modération & de sa justice, avoit eu la gloire d'être appellé *Pere du Peuple*. Que c'étoit sur la conduite d'un Prince comme celui-là qu'un Ministre devoit non-seulement se régler, mais encore instruire le Monarque qui lui confioit l'administration de ses Etats : Que sans cela il n'en arrivoit que des desordres, parce que pendant que les uns vouloient tout faire au préjudice des Loix d'un Etat, les autres mettoient le tout pour le tout pour s'empêcher de tomber dans l'esclavage.

Tous ces desordres furent extrêmement avantageux à la Maison d'Autriche, dont la perte paroissoit comme inévitable si les François se fussent contenus dans le devoir que des Sujets qui craignent Dieu & leur Roi doivent nécessairement à leur Souverain : Aussi eût-elle le temps de recouvrer en Flandres d'où l'on avoit fait revenir la plûpart de nos Troupes, une partie des Places qu'elle y avoit perduës pendant plusieurs Campagnes. Elle ne fut pas tout-à-fait si

---

*. Louis XII.

heureuse en Allemagne où la Paix n'étoit pas encore faite, quoique le Cardinal Mazarin eût mandé à Servien ce que j'ai dit tantôt, & que l'Empereur la desirât encore plus passionnément que personne. Comme il y avoit quantité d'Articles à régler devant que de consommer une si grande affaire, cela faisoit que les choses tiroient en longueur. D'ailleurs, Sa Majesté Impériale, quelqu'empressement qu'elle eût de voir ce grand ouvrage achevé, ne laissoit pas de se donner patience, afin que le Roi d'Espagne eut le temps d'entrer dans ce Traité. Mais s'il avoit refusé de le faire lorsqu'il ne fondoit encore toutes ses espérances que sur la fumée qui paroissoit du feu qui devoit embraser bien-tôt notre Royaume, ce fut encore toute autre chose, quand il vit que le Parlement commençoit à l'attiser avec tant de soin. Il refusa absolument d'entendre à tout ce que l'Empereur lui pouvoit dire de plus fort pour le persuader; de sorte que toute espérance de Paix entre les deux Couronnes fut ôtée entierement.

Pendant que toutes négociations se faisoient, le Général Konisgmark remporta divers avantages fur l'Armée de l'Empereur, ce qui commença à lui perfuader véritablement qu'il devoit fonger à faire la Paix. Et comme il reconnoiſſoit que ce feroit inutilement qu'il prefferoit davantage le Roi d'Eſpagne d'entendre à un accommodement, il manda aux Plénipotentiaires qu'il avoit à Munſter, d'abbréger toutes leurs Conférences & d'en conclure le Traité inceſſamment. Les Eſpagnols qui voyoient nos diviſions continuer toûjours bien plûtôt que de s'appaiſer, lui voulurent remontrer que fi elle ne fe preſſoit pas tant, & qu'elle en voulût profiter, il lui feroit plus aifé après cela de faire une Paix avantageufe; que le Roi feroit obligé de retirer bien-tôt fes Troupes d'Allemagne tout de même qu'il avoit fait celles qu'il avoit en Flandres. Ainfi que comme elle n'auroit plus affaire qu'aux Suédois, il y avoit bien de l'apparence qu'ils ne lui pourroient pas réfifter.

Ces Remontrances qui ne paroiſſoient pas trop mal fondées tinrent l'efprit de ce Prince en fufpens; de forte qu'il ne fçut prefque plus ce qu'il devoit defirer le plus ou de la Paix ou de la Guerre. Cependant, comme il avoit envoyé ses ordres à Munster, & qu'il craignoit que ses Ministres en éxécution ne se hâtassent de conclure le Traité, il leur envoya un Courier par lequel il leur mandoit d'aller lentement en besogne en attendant qu'il leur fit sçavoir tout de nouveau ses volontés. Les Plénipotentiaires de France qui sur les démarches qu'avoient fait ceux de l'Empereur avant que d'avoir reçu ce contre-Ordre, avoient mandés en Cour qu'on pouvoit faire fonds sur la Paix & qu'elle seroit bien-tôt signée, s'étant apperçus de ce changement, y dépêcherent un autre Courier pour informer Sa Majesté de ce qui se passoit. Cela affligea extrêmement Son Eminence qui avoit renvoyé le Vicomte de Turenne en ce Pays-là après qu'il avoit arrêté les conquétes de l'Archiduc. Ainsi jugeant qu'il falloit hazarder quelque chose pour obliger l'Empereur à se déterminer en faveur de la Paix, il manda à ce Général de chercher ses Troupes par-tout où elles se pourroient retirer & de leur donner Bataille.

C'étoit bien le deſſein du Vicomte de Turenne, quand même il ne le lui eût pas mandé. Il étoit au-delà du Rhin où il avoit joint un Corps de Suédois, ce qui le rendoit en état d'entreprendre quelque choſe. Le Duc de Baviere avoit rompu le Traité qu'il avoit fait l'année précédente, & le Cardinal n'étoit pas à ſe repentir de l'avoir ménagé comme il avoit fait, puiſqu'il en abuſoit préſentement & que cela mettoit obſtacle à la Paix. Quoiqu'il en ſoit, le Vicomte de Turenne qui ſe ſentoit aſſez fort pour le réduire encore au même état qu'il étoit lorſqu'il avoit été bien-aiſe qu'on lui accordât ce Traité, s'achemina vers le Danube, afin qu'après l'avoir traverſé, il pût entrer dans ſon Pays. Il ne trouva nulle réſiſtance par-tout où il paſſa, quoique le Duc y eût près de trente mille hommes y compris les Troupes que l'Empereur avoit jointes aux ſiennes. Mélander qui étoit paſſé du ſervice de la Landgrave de Heſſe à celui du Duc fit mine d'abord de vouloir défendre le paſſage de ce Fleuve. Le Vicomte de Turenne fut à lui le voyant dans cette réſolution ; & en effet, le combat ſe fût donné sans différer un moment, si ce n'est que Melander attendoit quelques Troupes qui le venoient encore joindre. Le Duc de Baviere lui avoit mandé qu'il les lui envoyeroit inceſſamment, & il jugeoit que cela valloit bien la peine de ne ſe pas tant preſſer. Mais le Vicomte de Turenne qui pénétroit dans ſon deſſein, & à qui c'étoit une raiſon de vouloir le combat, comme c'en étoit une à l'autre de le différer, le pourſuivit de ſi près que ne ſe tenant pas encore aſſez bien couvert du Danube, il voulut encore ſe couvrir de la Riviere d'Armuth. Mais le Vicomte de Turenne ne lui en ayant pas donné le temps, tant il le ſerroit de près, il le ſurprit lorſqu'il n'avoit encore fait paſſer cette Riviere qu'à ſon avant-garde. Melander avoit eu de ſes nouvelles de moment à autre par des Partis qu'il avoit détachés tout exprès, & qui lui étoient venus dire qu'il l'auroit bien-tôt ſur les bras. Ainſi, il eût pû d'abord faire repaſſer ſon avant-garde & accepter le combat qu'il vouloit lui donner; mais croyant qu'il feroit mieux de faire ferme avec une partie de ſon arriere-garde pendant que le reste passeroit, il se mit lui-même à la tête; afin que son exemple la rassurât contre le nombre qui venoit l'attaquer. Le Vicomte de Turenne qui connoissoit mieux que personne, quand on faisoit bien ou mal à la guerre, trouva qu'il avoit raison: cependant ne voulant pas qu'il se pût vanter d'avoir passé une Riviere devant lui sans qu'il lui en coûtât un peu cher, il l'attaqua si vigoureusement qu'il lui fût impossible de lui résister. La plûpart de ses Escadrons se renverserent les uns sur les autres; de sorte que quoiqu'il se fût trouvé à plusieurs Batailles, il ne se souvenoit point d'avoir jamais été témoin d'un pareil desordre.

Ce commencement de mauvaise fortune auroit eu sans doute de quoi étonner un Général moins ferme & moins hardi que celui-là; mais comme il se possédoit extrêmement & que l'on avoit reconnu dans toutes les occasions périlleuses où il s'étoit pû trouver, il rallia ses Troupes effrayées, & les ramena lui-même au combat. Un Officier François qui le connoissoit pour l'avoir vu plusieurs fois à la tête de la petite

Armée de la Landgrave de Hesse, Princesse avec qui nous avions toûjours entretenu une étroite intelligence & qui avoit joint souvent ses Troupes aux nôtres ; un Officier François, dis-je, qui le connoissoit, voyant sa résolution & n'en ayant pas moins que lui, se fit honneur d'essayer ses forces contre les siennes. Il se présenta devant lui, & lui ayant tiré un coup de pistolet dans les reins, il en mourut un moment après au grand regret de son Armée. Ainsi il n'eut que le temps de commander à ses gens de s'avancer le plus promptement qu'ils pourroient vers la riviere, parcequ'il n'y avoit point pour eux d'autre moyen de se sauver que de la passer en diligence. Il rendit donc l'esprit en disant ces paroles, *serre, serre* : ce qui fit admirer son courage & en même temps son jugement y en ayant si peu qui le conservent en l'état où il étoit.

 Ceux qui commandoient sous lui prirent soin d'éxécuter ce qu'il avoit ordonné en mourant. Ils eurent bien de la peine à en venir à bout tant le Vicomte de Turenne donnoit bon ordre à profiter de la consternation où sa mort les jettoit. Il périt là avec lui un grand nombre d'Imperiaux & de Bavarois, dont les uns furent tués & les autres noyés en voulant traverser la riviere, sans essayer auparavant si elle étoit guéable ou non. Le Duc de Wirtemberg qui commandoit la Cavalerie Allemande & qui étoit un Prince de grande résolution avoit déja passé la riviere, & craignant que le Vicomte de Turenne ne la passât après lui pour poursuivre sa victoire, se mit en bataille sur le bord où il se mit en devoir de le recevoir comme il faut, s'il étoit si hardi que de l'attaquer. Il n'avoit que dix Escadrons qui étoit bien peu de chose pour opposer à une Armée victorieuse. Son dessein parut fort généreux au Vicomte de Turenne & même très nécessaire pour le salut de ceux en faveur de qui le Duc combattoit. Cependant plus il admira la fermeté & la conduite de ce Prince plus il s'attacha à le chasser de là: mais il lui fut absolument impossible d'en venir à bout, & il reçut toûjours si bien ceux qui ôserent venir à lui, que malgré tous les efforts qu'ils purent faire, il se maintint dans son Poste jusqu'à l'entrée de la nuit. Le Vicomte de Turenne qui étoit maître de la riviere du côté où il étoit, ne vit pas plûtôt sa contenance qu'il y fit venir du Canon afin de le déloger de là ; mais quelque desordre qu'il put faire dans ses rangs, il ne put jamais l'obliger à la retraite. Le Duc sçavoit effectivement que le salut de son Armée ne dépendoit que de sa résistance, si bien qu'il y tint bon jusqu'à ce que les ténèbres commencerent à se répandre sur la Terre ; jugeant alors qu'elle avoit eu le temps de se retirer, il songea à se retirer lui-même, & la joignit avec ce qui avoit pu échapper de sa Cavalerie dont une partie avoit été tuée du Canon.

L'avance que les Ennemis avoient devant que le Vicomte de Turenne eût trouvé moyen de passer la riviere, fit qu'ils eurent le temps de gagner le Lek; ils prétendoient en défendre le passage comme l'unique ressource qui leur restoit après la perte de leur Général & les désavantages, ou pour mieux dire, la défaite qui leur étoit arrivée au passage de l'Armuth; mais soit qu'ils se trouvassent intimidés de deux événemens aussi fâcheux que ceux-là le pouvoient être, où qu'il leur fût difficile de résister à des gens qui leur avoient déja fait sentir si-bien la pesanteur de leur bras ; à peine virent-ils venir le Vicomte de Turenne qui avoit passé l'Armuth sur des ponts qu'il y avoit fait faire, qu'ils semblerent presque ne se plus souvenir de la résolution qu'ils avoient fait de se bien défendre. Ils ne sçavoient presque effectivement ce qu'ils devoient faire ; quand celui qui avoit pris la place de leur Général, qui avoit paru d'abord tout aussi consterné que les autres, les rassura après avoir tâché de se rassurer lui-même. Ils avoient déja commencé de se retrancher de l'autre côté du Lek, ils continuerent leurs travaux en présence de notre Armée ; afin que, soit qu'elle voulût passer la riviere devant eux ou qu'elle se contentât seulement de les cannoner, ils fussent plus en état de mépriser ce qu'elle voudroit entreprendre. Le Vicomte de Turenne qui avoit cru d'abord qu'ils alloient prendre la fuite, parce qu'il avoit reconnu une partie de leur consternation par les divers mouvemens qu'ils avoient fait ; voyant maintenant qu'ils prenoient une autre résolution, fit avancer son Artillerie pour favoriser son passage. Comme le courage leur étoit revenu tout d'un coup, il ne s'étonnerent nullement de ces cannonades. Ils firent même bien plus; ils firent une telle décharge eux-mêmes de Canon & de mousquetterie sur ceux que le Vicomte de Turenne avoit mis en besogne pour travailler à des ponts sur lesquels il vouloit passer, qu'ils furent obligés d'abandonner leur travail. Leur résolution obligea le Vicomte de Turenne d'aller attaquer la ville de Rhain qui avoit un pont sur cette riviére, & d'où après s'en être rendu maître, ils pouvoit aller prendre les Ennemis par derriere à Linca. Comme ils avoient bien prévus que ce seroit là le parti qu'il prendroit d'abord qu'il trouveroit de la difficulté à passer la riviere en leur présence, ils avoient munis cette Place de tout ce qui lui étoit nécessaire pour soutenir un long Siége; mais ayant été attaquée plus vigoureusement qu'ils ne pensoient, toutes leurs précautions ne leur servirent de rien, parce que cette Place qui étoit foible d'elle-même ne répondit pas à l'espérance qu'ils avoient conçuë du secours qu'ils prétendoient lui avoir donné. En effet la Garnison craignant d'être prise d'assaut songea à se mettre en sûreté de bonne heure en se servant du pont qu'elle avoit sur la riviere. Ainsi tout en une belle nuit, elle plia bagage & mit le feu au pont, afin que le Vicomte de Turenne ne s'en pût servir pour la poursuivre. Mais, comme il étoit difficile de surprendre la vigilance de ce Général qui sçavoit tout ce qui se pouvoit faire à la Guerre & à qui par consequent il étoit plus facile qu'à un autre d'y remedier; à peine vit-il la fumée qui en sortoit, que le feu fut éteint dans un moment. Le desordre qu'il y avoit fait n'ayant donc guéres tardé à être réparé, il fit passer son Armée par dessus le pont pendant que les Ennemis qui avoient peur qu'il ne les vint prendre par derriere se retirerent bien-loin de-là après avoir abandonné leurs retranchemens.

Le Cœur de la Baviere étoit ouvert par ce moyen à notre Armée, le Vicomte de Turenne l'y fit entrer & y jette une telle épouvante que tout ce qu'il y avoit d'habitans à la campagne ne songerent plus qu'à se jetter dans les Bois : leur espérance fut que les ennemis les y viendroient chercher d'autant moins qu'ils abandonnoient leurs maisons toutes garnies, faute d'avoir le temps d'emporter leurs Effets. Ceux des villes mêmes dont les bastions & les remparts n'étoient pas capables de les préserver de la peur, suivirent leur éxemple où se retirerent dans celles où ils croyoient devoir être plus en sûreté.

Le Duc de Baviere fut bien étonné & bien contrit en même temps quand il vit un si grand desordre dans ses Etats. Il eût bien voulu alors faire un second Traité; mais comme il avoit enfreint le premier & qu'il n'y avoit guére d'apparence que le Vicomte de Turenne voulût se fier dorénavant à sa parole après ce qu'il en avoit experimenté, il n'osa pas seulement lui en faire la proposition, parce qu'il sçavoit que cela lui seroit inutile. Il ne voulut pas aussi en écrire au Cardinal Mazarin, parce que l'état où étoit la Cour présentement ne lui pouvoit plus permettre de lui faire ressentir des marques de sa bonne volonté: Il ne put ainsi avoir recours qu'à l'Empereur pour le tirer de l'état fâcheux où il se trouvoit réduit. Cependant il ne jugea pas à propos de demeurer dans Munich où il craignoit qu'on ne le vint attaquer ; & s'étant embarqué

de Bordeaux. 331

sur l'Isere avec toute sa famille & tout ce qu'il avoit de plus précieux, il eut le chagrin de voir périr à ses yeux un des bateaux où étoit la plus grande partie de ses meubles.

Ce Prince n'avoit guére moins de quatre-vingt ans; & bien que dans une si longue espace d'années, il eût été éprouvé par quantité d'accidens capables d'ébranler sa constance, il ne lui en étoit jamais arrivé où il eût eu plus besoin de fermeté qu'il en eut dans celui-là. L'Armée Impériale & Bavaroise toûjours jointes ensemble, se retirerent vers Passau en attendant qu'il plût à l'Empereur lui envoyer un renfort assez puissant pour oser se remontrer devant ses ennemis. Pour ce qui est du Duc, il fut chercher sa retraite vers l'Evêque de Strasbourg qui l'invitoit à venir noyer ses chagrins dans son sein en attendant qu'il plût à Dieu de le rétablir dans son ancienne fortune.

Le Vicomte de Turenne pour finir cette Guerre qui duroit depuis plusieurs années, fut d'avis de poursuivre les fuyards jusques où ils s'étoient retirés; mais les Suédois s'y étant opposés sous prétexte qu'ils trouveroient bien plus d'avantage à entrer dans la Basse-Autriche où ils se vantoient d'avoir de si bonnes intélligences que les murailles des plus fortes Villes tomberoient toutes entieres devant eux ; ce Général fut obligé malgré lui d'en passer parce que bon leur sembloit ; mais il leur fut impossible de pouvoir passer la riviere d'Inn dont les eaux crurent tellement dans une seule nuit que les bateaux qu'ils avoient ramassé avec beaucoup de soin pour y dresser un pont, furent séparés les uns des autres sans le pouvoir jamais empêcher. On les rassembla néanmoins tout de nouveau ; mais les pluyes qui avoient causé le débordement & la furie des eaux venant à continuer, il fût absolument impossible de venir à bout de ce dessein. Les milices du pays qui apparemment n'étoient pas d'intelligence avec les Suédois, comme ils supposoient qu'il y en avoit d'autre qui en étoient, voyant que les Elémens se déclaroient pour eux, se mirent en état de les seconder. Ils vinrent de l'autre côté de la riviere d'où ils firent un si grand feu sur ceux qui vouloient travailler au pont, qu'ils les obligerent bien-tôt à le quitter.

La Bataille qui s'étoit donnée sur le bord du Lek s'appella la Bataille de Sommerhauzen. Au-reste l'Empereur n'eût pas plûtôt avis du succès qu'y avoient eu les Troupes du Duc de Baviere & les siennes, que pour ne pas laisser le Duc davantage dans le pitoyable état où il étoit, il fit marcher avec une bonne Armée Picolomini à son secours. Mais Konisgmark s'étant servi adroitement de cette diversion pour exécuter une entreprise qu'il avoit formée depuis long-temps, il déroba sa marche à ceux qui y pouvoient prendre garde; & tombant tout-d'un-coup sur le petit côté de Prague, il s'en rendit maître sans y trouver la moindre résistance. Il est vrai qu'il prit son temps que tout le monde étoit enseveli dans le sommeil, ce qui lui en facilita l'éxécution. Le butin qu'il y fit fut inconcevable, & servit à enrichir ses enfans à qui il ne laissa guére moins que cent mille écus de rente chacun. Il tourna ses armes ensuite contre l'autre côté de la Ville qui étoit défenduë par une bonne Garnison, tellement que l'Empereur n'eût pas plûtôt appris cette nouvelle que songeant plûtôt à conserver le sien que celui des autres, il contremanda non-seulement Picolomini; mais il donna ordre encore à ses autres Généraux d'accourir promptement de ce côté-là.

Ces nouvelles acheverent de désoler entierement le Duc de Baviere dont le Pays étoit au pillage. Le Vicomte de Turenne y étoit rentré. Après avoir vu l'obstacle que les Elémens formoient, au passage de l'Inn, le Duc voulut remettre quelque Traité sur pied, résolu de le mieux garder que la premiere fois. L'Empereur en eut avis, & craignant que la nécessité ne l'obligeât à faire bien des choses, principalement s'il se voyoit abandonné entierement, il envoya un nouvel Ordre à Picolomini par lequel sans avoir égard au dernier qu'il avoit reçu, il lui étoit enjoint de retourner sur ses pas & de marcher à son secours. Cependant, comme il appréhendoit que ce qui se passoit en Bohème n'eût de méchantes suites pour lui, il proposa au Roi une surséance d'armes pour lui & pour ses Alliés, en attendant que l'on pût faire la Paix à laquelle il promettoit d'entendre de meilleure foi que par le passé.

Comme la Cour eut peur que cela ne fut pas tout-à-fait sincere, & qu'elle avoit lieu de croire qu'il n'y eut que l'affaire de Pragues, & l'état où étoit le Duc de Baviere qui l'obligeât de parler de la sorte, elle fut quelque temps sans lui vouloir accorder sa demande. Il se passa cependant quelque chose de nouveau entre les deux Armées ce qui eût pû mettre obstacle à l'accommodement, si ce qui s'étoit passé eût été un peu décisif; mais comme il n'y avoit guére eu plus d'avantage d'un côté que d'un autre, cette circonstance ne changea rien du tout aux affaires.

Le Roi, ou pour mieux dire le Cardinal Mazarin, puisque Sa Majesté ne se mêloit encore de quoique ce fût, avoit laissé le Vicomte de Turenne maître de faire tout ce qu'il jugeroit à propos avec les Généraux de l'Empereur & du Duc de Baviere; mais comme ce Général appréhendoit qu'ils ne cherchassent qu'à l'amuser, il ne marchoit que bride en main à l'égard de toutes les propositions qu'ils lui pouvoient faire. Cette lenteur fut fatale au Duc de Wirtemberg qui avoit défendu le passage du Lek; & les deux

Armées ayant euës encore ensemble une rencontre, il y fut tué sur la Place. Sa mort fut presque le dernier événement qui arriva dans cette Guerre, parce que le Vicomte de Turenne après s'être assuré que l'Empereur ne demandoit cette surséance que pour faire entrer les Espagnols dans le Traité de Paix, la lui accorda comme il desiroit. Cependant, comme ces Peuples se flatoient toûjours que nos divisions nous feroient périr tôt ou tard, ils n'y voulurent jamais entendre quelque chose que Sa Majesté Impériale leur pût dire pour leur faire comprendre que la legéreté de notre Nation qui nous mene, tantôt d'un côté & tantôt d'un autre, nous feroit aussi-tôt rentrer dans le devoir qu'elle nous en avoit fait sortir. Quoiqu'il en soit, ce Prince voyant qu'il n'étoit pas en son pouvoir de les faire revenir de leur prévention, crut qu'il ne devoit pas se mettre au hazard de se perdre pour les contenter. Il fit son Traité à part avec Nous & avec les Suédois sans qu'ils y voulussent être compris. Il nous céda l'Alsace que nous avions conquise sur lui avec le sécours de nos Alliés, & nous confirma ma outre cela par ce Traité dans la possession des trois Evêchés dont nous nous étions emparés dès le Régne de Henri II.

Cette Paix qui ayant été précédée du plusieurs événemens differens, tant en Catalogne qu'en Italie où la fortune nous avoit tantôt tourné le dos & tantôt montré bon visage, comme elle à coutume de faire ordinairement à tout le monde, rehaussa beaucoup le courage de la Cour. En effet comme elle se voyoit délivrée par là d'une guerre sanglante, & où il lui falloit employer le plus souvent deux armées, elle comptoit qu'elle s'en pourroit servir contre le Parlement, s'il étoit si mal avisé que de persister toujours dans la désobéïssance. Aussi fit-elle sonner bien haut son espérance, même pendant la surséance d'armes, comme si elle eût déja été concluë, afin d'ôter l'assurance par-là à ceux qui l'entretenoient dans la rébellion : car enfin tous ceux qui composoient cette Compagnie n'avoient pas tous les intentions aussi méchantes les uns que les autres ; & il y en avoit beaucoup au contraire qui n'eussent pas demandé mieux que de rentrer dans le devoir, si les autres ne les euſſent entrainés avec eux dans le précipice. Quoi qu'il en ſoit, la Cour n'ayant pas réüſſi dans ſes vuës, & trouvant le Parlement toûjours tout auſſi rebelle qu'il l'avoit jamais été, le Cardinal Mazarin dit à la Reine qu'il falloit ruſer dans cette occaſion, de peur que cette Compagnie qui commençoit à prendre un merveilleux empire dans Paris ne continuât toûjours de s'y accréditer de-plus-en-plus par la continuation de ſes aſſemblées ; qu'il falloit les rompre à quelque prix que ce fut, en ſorte qu'il valloit mieux plier pour un temps que de tout perdre en continuant de ſe roidir. Il aſſura en même temps Sa Majeſté, que devant qu'il fût peu elle devoit être perſuadée qu'elle trouveroit moyen de reprendre non-ſeulement ſon autorité légitime, mais de faire repentir encore ceux qui entreprenoient aujourd'hui de la diminuer.

Ce devoit être quelque choſe de bien doux à cette Princeſſe qui étoit extrêmement jalouſe de la gloire du Roi ſon fils & de la ſienne, que des promeſſes comme celles-là ; ſur-tout quand elle conſidéroit que la Paix de

Munster en applanissoit le chemin. Ainsi, ne balançant point à suivre l'avis de Son Eminence, on recommença à parler d'accommodement avec le Parlement. Cependant, quoique le Cardinal eût si bien déterminé Sa Majesté, il y eut des femmes qui pensèrent renverser tout son Ouvrage. Madame de Bethunes, qui étoit sa Dame d'Atours, lui ayant dit sans penser à ce qu'elle faisoit, qu'il y avoit bien des gens qui trouvoient à redire à cet accommodement, parce que l'autorité du Roi s'y trouvoit intéressée, elle en parla au Cardinal en des termes qui lui firent craindre qu'il ne lui fût difficile de raccommoder ce que cette Dame avoit gâté; & enfin, il fallut qu'il se servît de beaucoup de raisons pour remettre cette Princesse sur les voies dont on venoit de la faire sortir. Il lui dit donc que s'il lui demandoit maintenant de fermer les yeux sur bien des choses, c'est qu'il y avoit des conjonctures où il étoit bon de céder au temps; que ce qui la devoit consoler c'est que ce temps ne dureroit pas toûjours: que dans un Etat, & principalement dans un grand Royaume comme celui de

France les choses changeoient de face de moment à autre : que quand même elle ne trouveroit pas devant qu'il fût peu l'occasion de se venger de la désobéïssance du Parlement, toûjours pouvoit-elle s'assurer, que la Majorité du Roi le mettroit tôt ou tard à la raison : qu'il n'y avoit plus que trois ou quatre ans à attendre ; que cela se passeroit sans presque y penser : qu'ainsi, il falloit se donner patience pendant ce temps-là, & faire toûjours tout du mieux qu'on pourroit en attendant.

Un Traité fait ainsi par la seule nécessité, & même par un esprit de vengeance ne pouvoit pas être de longue durée, & principalement à cause de la dureté des conditions, qu'on peut dire que le Parlement eut la hardiesse d'imposer ; car, il obligea non-seulement Sa Majesté à rendre la liberté à Chavigni ; mais encore à renoncer, au nom du Roi son fils, à faire expédier des Lettres de Cachet pour emprisonner aucun Particulier & notamment aucun Membre des Cours supérieures. Il y avoit encore dans ce Traité mille autres articles tout aussi fâcheux les uns que les autres, comme la révocation des Intendans; ainsi, il n'y avoit plus qu'à abbattre les Châteaux de la Bastille & de Vincennes, comme aussi quantité d'autres qui ne servoient qu'à renfermer des prisonniers d'Etat, puisqu'il n'étoit plus permis à Sa Majesté d'y en faire mettre un seul de sa propre autorité. Cependant quelques dures que fussent ces conditions, la Reine mere les signa; bien résoluë néanmoins de ne tenir ce Traité qu'autant de temps qu'elle s'y trouveroit obligé par la nécessité.

La Cour revint à Paris après cela, suivant qu'il étoit porté par un article de ce Traité. On y haïssoit si fort le Cardinal par les méchantes impressions que ses ennemis tâchoient de donner de sa personne & de sa conduite, qu'il n'y fut pas plûtôt de retour qu'il s'apperçut bien qu'il lui seroit impossible de se rendre jamais agréable à notre Nation. Le moindre Conseiller du Parlement, tout fils qu'il étoit le plus souvent ou d'un Marchand ou de quelque autre Bourgeois, le regardoit presque comme s'il eut été son égal. Le mépris qu'ils avoient pour sa personne passa même jusqu'au peuple sans que pas un voulût faire réfléxion que quand bien même il ne lui eût pas dû porter du respect en qualité de Ministre, il lui en devoit toûjours par rapport à la pourpre dont il étoit revêtu.

Ce mépris étoit fondé sur ce qu'il n'y avoit presque personne qui ne fut persuadé que tout ce qu'il faisoit étoit bien plûtôt en vuë de ses intérêts particuliers que de ceux de l'Etat. Il venoit même d'arriver une chose tout nouvellement qui le faisoit haïr encore davantage qu'il ne l'avoit jamais été, & qui aussi ne paroissoit pas sans fondement. Comme les François ont cela de particulier en eux qu'ils aiment la gloire de leur Roi tout autant que la leur propre, & qu'ils prennent beaucoup de part à tout ce qui est capable d'y contribuer; ils avoient vû avec un extrême plaisir qu'après une révolution toute extraordinaire qui étoit arrivée l'année précédente dans le Royaume de Naples, ces peuples étoient venus se jetter, pour ainsi dire, entre les bras de Sa Majesté & lui demander du secours. Cette révolution étoit venuë de ce que le Vice-Roi, que le Roi d'Espagne avoit envoyé en ce Pays-là, tenant beaucoup de fa Nation que toutes les autres Nations de l'Europe eftiment cruelle & fuperbe, quoiqu'il s'en trouve néanmoins qui ont plus de politeffe & d'humanité que la plûpart de ceux qui ofent ainfi les critiquer : Quoiqu'il en foit, ce Vice-Roi dis-je, ayant bien-tôt perdu par-là toute l'eftime & toute l'amitié qu'il devoit defirer que les Napolitains euffent pour lui, ils confpirerent tous généralement de fe délivrer de l'efclavage où ils l'accu-foient de les vouloir affujettir. Ainfi dans un beau jour, & lorfqu'il y penfoit le moins ils prirent les armes dans la Capitale de ce Royaume, s'empare-rent de fon Palais dont il fe crut trop heureux de pouvoir fe fauver, & s'étant faifis pareillement de plufieurs Forts qu'il y a dans la Ville, tout ce qu'il put faire dans un malheur fi inopiné fut de cantonner dans quelques autres Forts dont il avoit été impoffible à ces mutins de fe rendre maîtres. Ces deux partis commencerent donc dès ce jour-là à dreffer des Barricades les uns contre les autres ; le Vice-Roi fe trouva d'abord tout épouvanté d'avoir affaire à une multitude de peuple qui avoit pris les armes si subitement contre lui. Cependant, comme il avoit des Troupes assez bien disciplinées leur expérience suppléant au nombre, il se remit peu-à-peu de sa frayeur, de sorte qu'il se défendit assez bien. Il eut même la hardiesse de fois à autre d'aller attaquer ces Rebelles jusques dans leurs Forteresses, quoique pour en dire la vérité ils l'eussent bien-tôt abîmé lui & toutes ses troupes, s'ils eussent sçu tant soit peu ce que c'étoit que la guerre.

D'abord que les Napolitains eurent fait un coup si hardi, puisque pour en dire la vérité, il n'y a point de hardiesse ou pour mieux dire d'imprudence égale à celle de se révolter contre son Souverain; ils ne manquerent pas d'envoyer en France pour prier Sa Majesté de leur accorder l'honneur de sa protection. Une priere comme celle-là n'avoit garde de manquer d'être bien reçuë dans une Cour où l'on faisoit profession d'abaisser, tout autant que l'on pouvoit, la Monarchie Espagnole, quand ce n'eût été que par représailles de ce qu'elle avoit toûjours fait la même chose à notre égard toutes les fois qu'elle en avoit trouvé l'occasion. Cependant les

Députés que les Napolitains avoient envoyés vers le Roi ayant accompagné leur demande de celle de leur envoyer le Duc de Guise plûtôt qu'un autre pour leur Général, parcequ'il étoit du sang de leurs Anciens Rois, le Cardinal qui ne lui vouloit pas de bien parce qu'il sçavoit qu'il le méprisoit tout autant que pouvoient faire les autres Grands du Royaume, tâcha d'en détourner la Reine, sous prétexte qu'après une grande dépense qu'on seroit obligé de faire pour cette expédition, ce seroit une grande chose si ce n'étoit pas le Roi lui-même qui en recueillît le fruit.

Ce raisonnement lui convenoit merveilleusement bien, lui qui avoit coûtume de peser toutes choses selon son Intérêt particulier; c'étoit ce qu'on avoit toûjours remarqué en lui depuis qu'étant élevé au Ministére, ses actions avoient été en vuë à toute la France. Mais comme ceux qui sont au poste où il étoit se rendent méprisables quand ils n'ont pas des vuës plus élevés, le Duc d'Orléans & tous ceux du Conseil furent d'un avis contraire au sien. Ils lui remontrerent qu'il n'importoit guére à la France qui eût cette Couronne, pourvû qu'on la pût ôter à l'Espagne ; que la Maison de Bourbon & la Maison d'Autriche étant deux Puissances opposées & qui combattoient depuis si long-temps pour ce qui s'appelloit dans le monde la Monarchie Universelle, l'abaissement de l'une étoit l'élévation de l'autre ; qu'ainsi le Roi seroit assez content s'il pouvoit réüssir dans cette affaire : que puisque les Napolitain demandoient le Duc de Guise préférablement à ceux sur qui ils auroient pû de même jetter les yeux, il falloit le leur donner, qu'ils ne l'avoient même encore demandé que pour leur Général ; mais que quand ils le voudroient pour leur Roi, les choses étoient trop avantageuses à l'Etat pour faire aucune difficulté là-dessus ; qu'aussi-bien ce Royaume étoit trop éloigné de la France pour songer à l'y réünir.

Le Cardinal fut obligé de se rendre à de si bonnes raisons ausquelles, aussi-bien, il lui eût été difficile de répondre. Le Duc eut ordre de se tenir prêt pour ce voyage, & la Cour ne lui ayant donné que peu de jours pour se préparer, il épuisa tout son crédit & celui de ses amis pour trouver de l'argent, au défaut de celui qu'il attendoit de ce Ministre. Il lui répondit quand il lui en demanda que le coffre du Roi étoit vuide, qu'il n'y pouvoit faire aucun fonds sans se tromper. Il lui fit cette réponse parce que l'empressement que le Duc avoit pour une occasion qui lui étoit si avantageuse, ne lui permettroit pas de douter que quand même il ne lui donneroit pas un sol, il ne laisseroit pas de faire ce voyage. Le Duc en parla à la Reine qui n'approuva pas l'avarice de son Ministre : Elle dit au Duc qu'elle lui feroit fournir ce qu'il lui falloit pour le succès de cette entreprise ; mais toutes ces promesses se réduisirent à vingt mille écus qu'il eut encore bien de la peine à arracher. Il est vrai qu'étant venu prendre congé du Cardinal, son Eminence lui dit en l'embrassant qu'il ne se mît en peine de rien, & que devant qu'il fût peu la Reine lui enverroit une Armée Navale avec tout ce qui lui seroit nécessaire pour se tirer glorieusement du péril où il couroit ; car ce n'en étoit pas un petit que d'aller exposer sa personne sur la parole d'un peuple dont l'infidélité paroissoit assez par le renoncement de son légitime Souverain : Et comment l'exposoit-il encore, sans argent & sans Troupes, contre un Roi puissant, & qui avoit une infinité de monde à sa solde tout prêt à le venger de la rébellion de ces mutins.

Quelques jours après le Duc ayant pris le chemin de la Provence, s'y embarqua avec les Députés qui l'étoient venus chercher. Son trajet fut heureux, & étant arrivé dans ce Royaume nonobstant les embûches que les Espagnols lui tendirent en chemin, il y fut reçu avec de si grandes acclamations de joye qu'il étoit aisé de juger qu'ils reconnoissoient en lui le Sang Glorieux sous la domination de qui ils avoient été autrefois. Le Duc avant que de partir reçut pour instruction de ne rien faire que de concert avec Mr. de Fontenai Mareüil, Ambassadeur de Sa Majesté auprès du Pape. Le Cardinal qui lui avoit fait ce commandement comme à un sujet de du Roi ne fut guére sans se plaindre que bien loin de remplir son devoir à cet égard, il affectoit de se montrer indépendant : le Duc n'en convint point du tout & se plaignit de son côté du Cardinal. Il n'en falloit pas tant pour les brouiller ensemble, puisque l'un étoit jaloux de voir un si beau Royaume en état de passer dans d'autres mains que dans les siennes; & que l'autre sçavoit que sans le Duc d'Orléans & les autres Membres du Conseil, il ne lui auroit jamais été permis d'aller en ce pays-là. Quoiqu'il en soit le Cardinal prenant pour prétexte cette prétenduë indépendance, au lieu de lui envoyer le secours dont il avoit besoin, le fit miner peu-à-peu; ensorte qu'il n'eut jamais le quart de ce qu'il lui falloit. Pour comble de cruauté, après avoir fait équiper une Flotte avec une dépense infinie sous prétexte de lui envoyer le secours après lequel il soupiroit depuis qu'il étoit arrivé; il donna ordre à celui qui commandoit cette Flotte de paroître seulement à la vuë de Naples, sans y faire débarquer ni vivres ni munitions de guerre dont il ne se pouvoit passer. Ce procédé lui fit connoître qu'il ne cherchoit par-là qu'à le désesperer davantage, le traitant comme un autre Tentale qui se voyoit au milieu de ce qu'il desiroit les plus, sans se pouvoir soulager.

Ce Prince avoit d'ailleurs mille autres chagrins qui le rongeoient jour & nuit.

Le Peuple avoit pris le deſſus de la Nobleſſe, pour qui il avoit de l'inclination & qu'il eût bien voulu favoriſer. Il ſe voyoit même bien obligé d'obéïr lui-même à un miſérable nommé *Maſianelle*, qui, d'un homme de la lie du peuple, s'étoit érigé en Tyran de cette ville; auſſi ne put-il ſouffrir le malheur où il ſe voyoit aſſujetti faute de ſecours, ſans s'en plaindre à ſes amis; car s'il en eut reçu de la Cour, il eût bien pris le deſſus de ce malheureux contre qui il n'oſoit ſe roidir bien ſouvent parce que tout étoit à craindre de ſa brutalité.

Cependant comme toutes ſes plaintes n'étoient rien à moins que de trouver le ſecret de les faire paſſer en France, d'où il pouvoit ſeulement attendre le ſecours qui lui étoit ſi néceſſaire, il en écrivit à Rome à quelques Cardinaux de ſes amis, afin qu'ils trouvaſſent moyen d'en faire parler à la Reine ſans s'adreſſer au Cardinal. Il croyoit que l'intérêt que Sa Majeſté avoit de le ſoutenir dans ſon entrepriſe, ſeroit plus puiſſant que la jalouſie que ſon Miniſtre avoit contre lui. Son Eminence qui à l'éxemple de tous ceux qui ſont au poſte où il étoit, prétendoit qu'on vint droit à Elle quand en avoit quelque grace à demander, s'irrita tellement de ce procédé, qu'Elle ne garda plus de mesures avec lui. Elle envoya en conformité de son ressentiment des Ordres à Fontenai Mareüil par lesquels après le lui avoir représenté comme un homme suspect, il lui étoit enjoint de lui refuser tout ce qu'il lui pourroit demander. La Reine de son côté se laissa aller aux impressions que ce Ministre lui donna contre lui, soit qu'elle fût prévenuë si fort en sa faveur qu'elle eût crû faire une grande faute que de rien mettre en doute de ce qu'il lui disoit; où qu'il colorât si bien sa médisance qu'il fût impossible de ne pas soupçonner ce Prince d'ambition.

Les lettres qu'on avoit envoyées de Rome à la Reine, furent bien-tôt renduës publiques à Paris par la précaution que le Duc prit d'en faire faire des copies & de les répandre parmi le peuple. Le Cardinal dont la conduite étoit extrêmement décriée & parmi les gens de qualité & dans le Parlement & dans la Ville, perdit encore par là le peu de confiance qu'on pouvoit avoir en lui. Les Provinces qui étoient ruinées par les impôts, & qu'un simple prétexte étoit capable de les faire soulever contre son ministére, déclamerent bien autrement quand on leur en eût fourni un sujet si légitime. Il s'excusa toûjours sur la même chose; c'est-à-dire, sur ce que le Duc contrevenoit aux Ordres qu'il avoit reçû en partant : il le taxa même de trancher déja de Roi, quoiqu'il fût encore si éloigné du Tróne, qu'il y avoit bien plus d'apparence de voir échouer ses espérances que de les voir réüssir. Le Peuple qui, tout grossier qu'il est, ne l'étoit pas encore assez pour ignorer l'avantage qu'il y auroit eu pour la Couronne, de voir tomber celle-là sur la tête du Duc, trouva cette excuse si peu recevable que le Cardinal eût été bien obligé à quiconque lui en eût fourni une autre qui eût été plus de mise. Il en débita une néanmoins à tout hazard, qui fut que les Napolitains qui avoient secoués le joug d'Espagne par legéreté, étoient aujourd'hui animés du même esprit, & travailloient sourdement à se reconcilier avec leur ancien maître: qu'ainsi comme on étoit à la veille de voir éclore cette nouveauté, il étoit bon d'éviter une dépense inutile & dont on feroit bien un meilleur usage ailleurs. Cette excuse étoit uniquement de son invention ; ou du moins, si elle n'en étoit pas tout-à-fait, toûjours pouvoit-on dire que si les Napolitains, ou plûtôt quelques-uns d'entr'eux songoient à rentrer sous l'obéissance d'Espagne, il ne s'en devoit prendre qu'à lui. Ce n'étoit que la misére où ils se voyoient qui les y obligeoit : & s'il eût envoyé au Duc le secours qu'il lui avoit promis, ils n'y auroient jamais songés, & par consequent eussent été plus fidéles dans leurs promesses. Le peuple ne lui passa pas cette défaite non-plus que l'autre, & on le voyoit attroupé par tout pour se donner la liberté de taxer sa politique qu'ils ne feignoient point d'appeller abominable. Ils alloient encore bien plus avant contre lui, publiant tout haut qu'il n'agissoit que par passion, & que si le Duc de Guise eut été en état & dans la volonté d'épouser une de ses Niéces, il n'auroit pas recours à tous ces prétextes sur lesquels il étoit bien aise de se retrancher.

Enfin le dénoüement de cette affaire fut que le Duc se voyant abandonné au préjudice de tout ce que pouvoit représenter la plus fine politique & seulement même un peu de bon sens; il résolut pendant que les Espagnols étoient foibles, n'ayant pû encore faire venir des Troupes d'Espagne à leur secours, de faire un effort pour s'ouvrir le chemin de la campagne. Il avoit parole de toute la Noblesse qui y demeuroit qu'elle se joindroit à lui d'abord qu'elle le verroit paroître : c'étoit un si grand avantage si elle l'eût joint qu'il y voyoit la perte des Espagnols ; d'ailleurs avec son secours il eût reprimé la férocité de *Masianelle*, dont les excés alienoient les esprits des Napolitains & leur faisoient desirer de rentrer sous le joug des Espagnols quelque dur qu'il leur paroissoit. En effet, c'étoit assez qu'un homme eut de l'argent ou des meubles pour envoyer chez lui, sous prétexte de quelque crime supposé, une troupe de satellites qui lui enlevoient tout jusqu'à son lit. D'un autre côté les vivres commençoient à manquer dans la Ville, & le Duc prétendoit d'en amener de la campagne pour soulager sa misere ; mais il eût été nécessaire qu'il eût pris cette résolution un peu plûtôt ; parce que ce peuple, après avoir supporté long-temps la faim & la soif, & indigné d'ailleurs de se voir assujetti à l'infame *Masianelle*, traita avec les Espagnols à des conditions qui lui paroissoient plus supportables que sa misere. Ils résolurent donc que pendant que le Duc se mettroit en campagne, ils leur rendroient la Ville avec tous les Forts qu'ils occupoient : que cependant ceux qui l'auroient accompagné, l'abandonneroient à l'approche des Troupes qu'on lui opposeroit. Cela s'éxécuta tout de même qu'il avoit été projetté ; ainsi le Duc n'ayant plus que quelques François auprès de lui qui étoient bien éloignés de tremper dans la trahison, ils se firent tous tailler en piéces plûtôt que de l'abandonner. Le Duc sans paroître aucunement abattu par un coup si imprévu, soutint le combat plus de temps que l'on ne devoit attendre vrai-semblablement du peu de monde qu'il avoit avec lui ; cependant ayant bien-tôt succombé sous le nombre, il rendit son épée à un Officier & fut emmené quelque temps après en Espagne, où il demeura Prisonnier jusques à la Paix des Pirenées.

Cette expédition ayant fini si malheureusement fut encore un sujet aux Parisiens de déclamer tout de nouveau contre le Cardinal; & comme le Duc en étoit aimé à cause de sa bonté singuliere & d'une générosité digne d'un Prince de sa naissance, il n'y eut personne qui en plaignant son malheur ne donnât mille malédictions à celui qui en étoit cause. Le Parlement appuya de tout son pouvoir ce qui se disoit contre lui & tâcha de le rendre odieux par tous les endroits qu'il sçavoit ne lui être pas favorables. Il le taxa sur-tout de mettre la derniere main à la ruïne de la France par une chose qui étoit de son unique invention & qui étoit toute nouvelle. Il s'avisa de mettre les Tailles en parti: chose bien extraordinaire & qui ouvroit un terrible champ à l'avarice des Partisans, puisqu'après cela toute la France, où la Taille étoit assise, demeuroit en proye à leurs rapines. Le Cardinal qu'on maudissoit terriblement pour avoir fait une bévuë si extraordinaire tâcha de la rejetter sur le Maréchal de la Meilleraye qui étoit toûjours Sur-Intendant. Il dit, croyant que cela lui serviroit d'une grande excuse, qu'il s'étoit trompé plus qu'il ne pensoit au choix qu'il avoit fait de sa personne; qu'il n'avoit pas eu le don de deviner, qu'habile, comme il étoit en toutes choses, il n'y auroit que dans les Finances qu'il se montreroit apprentif; qu'il les manioit bien plûtôt en homme d'Epée qu'en Financier, si bien qu'à la moindre difficulté qui se présentoit, il tiroit son épée du fourreau; semblable à Alexandre qui ne pouvant dénoüer le nœud gordien tira la sienne pour le couper. On trouva que l'application de l'Epée d'Alexandre par rapport au Sur-Intendant n'étoit pas en son lieu; ce qui fit rire encore ses envieux à ses dépens. Cependant comme il étoit vrai que le parti des Tailles étoit la ruine de tout le Peuple, parceque ce qu'on appelle *Contraintes* en matiere de Tailles eussent bien-tôt entre les mains des Partisans monté plus haut que les Tailles mêmes, il fut obligé de révoquer ce Traité.

Le Parlement avant la révocation qui en fut faite, prit sujet de-là de lui donner de nouvelles marques de sa méchante volonté. Il se rassembla tout de nouveau, au préjudice de la promesse qu'il avoit faite du contraire; il prit pour prétexte qu'on violoit par là la Déclaration dont il a été parlé ci-devant.

Le Duc d'Orléans avoit toûjours pour favori l'Abbé de la Riviere, & il gouvernoit son esprit avec tant d'empire qu'il n'avoit qu'à vouloir une chose pour la lui faire faire en même temps. Le Cardinal qui connoissoit cet ascendant & qui, dans l'aversion qu'il sçavoit que le peuple avoit pour lui, avoit plus de besoin que jamais de la protection de ce Prince, crut qu'il ne pouvoit mieux s'en assurer que par le canal de ce Favori. Pour cet effet après lui avoir procuré l'Evêché de Langres auquel la dignité de Duc & Pair est accordée, morceau bien friand pour un homme de si basse naissance, il lui fit donner encore quelques Abbayes afin de joindre le lucre à l'honneur. Il y avoit lieu de croire qu'il devoit être satisfait d'un si grand établissement, lui qui, avant que d'avoir la faveur de son Maître, se seroit contenté du moindre Bénéfice ; mais comme il en est de l'ambition comme de certains appétits qui ne s'ouvrent qu'à mesure qu'on leur présente dequoi manger, à peine fut-il revêtu de l'Episcopat qu'il commença à desirer d'être revêtu de la Pourpre.

Il avoit assez d'esprit pour considérer que difficilement y arriveroit-il à moins que de se rendre nécessaire dans le temps présent. L'occasion lui en étoit favorable. Dans la querelle entre le Cardinal & le Parlement, celui en faveur de qui le Duc d'Orléans se déclareroit avoit la mine d'emporter la balance; ainsi oubliant les bienfaits qu'il avoit reçu de son Eminence, il résolut de le faire déclarer pour son ennemi, non par le bien qu'il en esperoit, mais parce qu'il étoit prévenu avec toute la France que si on vouloit obtenir quelque grace du Cardinal, il falloit la lui arracher bien plûtôt que de la lui demander amiablement. Il comptoit que d'abord que le Duc lui feroit la mine il auroit recours à lui pour les réconcilier ensemble; & qu'il lui mettroit ce service à si haut prix qu'il en seroit bien payé.

Le crédit qu'il avoit sur son esprit joint à la legéreté qui avoit toûjours paru en ce Prince depuis le moment qu'on avoit pû faire quelqu'attention à sa personne, ne lui permettoit pas de douter du succès de ce qu'il entreprenoit. Cependant comme lorsqu'on y songe le moins on se trouve souvent éloigné de son compte, il y rencontra plus de difficulté qu'il ne pensoit. Le Prince de Condé avoit pris un si grand ascendant sur le Duc, par l'estime qu'il avoit conçuë de ses grandes actions & par un esprit supérieur à beaucou d'autres, qu'il avoit bien autant de déférence pour lui que pour son Favori. Ainsi, à la premiere ouverture qu'il lui fit de l'embarquement où on le vouloit jetter; le Prince, auprès de qui le Cardinal faisoit mille bassesses pour se le rendre favorable, l'en dissuada si bien que tout ce que la Riviére put faire auprès de lui ne fit que blanchir.

Le Cardinal qui aussi-bien que toute la France regardoit ce jeune Prince comme un Héros qui ne cédoit en rien aux *Aléxandre* & aux *Césars*, n'avoit rien oublié pour le mettre dans ses intérêts. Il lui avoit fait donner les Domaines de *Jamets, Dun & de Clermont*, tant pour récompense des grands services qu'il avoit déjà rendu à la Couronne que pour le faire désister des prétentions qu'il avoit sur la Charge d'Amiral. Cependant quoique ce Prince eût si bonne opinion de lui-même qu'il crut qu'il méritoit encore toute autre chose, il ne laissa pas

pas de lui en avoir obligation ; parce que le moindre obstacle qu'il y eût apporté l'auroit exclus d'un bienfait si considérable. Or le pouvoir qu'il avoit sur le Duc d'Orléans, l'ayant donc empêché d'écouter les méchans conseils de son favori, il se fit une liaison fort étroite entre le Cardinal & lui. Ce qui servit à en former les liens, fut que chacun y trouvoit son compte. En effet comme les graces de la Cour ne couloient que par le canal de ce Ministre, il y en avoit peu qui fussent refusées à ce Prince, pendant que le Cardinal de son côté se croyoit à couvert des entreprises de ses ennemis tant qu'il avoit sa Protection.

Dans les Conférences particulieres qu'ils eurent ensemble & où la Reine entra en tiers le plus souvent, le Cardinal qui, aussi-bien que cette Princesse, avoit éxtrêmement à cœur les attentâts que le Parlement avoit fait sur l'Autorité Royale & ceux qu'il y faisoit encore tous les jours, le sonda s'il seroit d'humeur d'entrer avec lui dans la vengeance qu'il méditoit contre cette Compagnie ; & afin qu'il s'y portât plus facilement, après lui avoir fait voir combien le Roi & tous le Princes du Sang avoient intérêt à punir de pareilles entreprises, il lui fit sentir par un endroit très touchant pour lui, à quel point de Gloire il s'éléveroit, si, avec le peu de monde qu'on lui pouvoit donner présentement pour marcher sous ses Ordres, il réduisoit un corps si orgueilleux & une Ville aussi séditieuse que l'avoit paru Paris.

Le feu Prince de Condé son Pere, le plus grand Politique de son temps & qui avoit étudié soigneusement tout ce qui étoit de son intérêt, lui avoit laissé pour maxime en mourant de ne se broüiller que le plus tard qu'il pourroit avec cette Compagnie. Il lui avoit répété plusieurs fois à ce propos que les Princes du Sang comme les autres en avoient affaire tous les jours; qu'elle s'étoit établie depuis un certain temps sur un pied à s'attirer toute sorte de considération, comme faisoit autrefois le Sénat de Rome; qu'elle disposoit absolument par ses Arrêts des biens & de la fortune de chacun; sans compter le pouvoir qu'elle avoit sur nos vies, puisque personne ne se pouvoit vanter de ne jamais tomber entre ses mains. Un avis si sage & si important n'étoit pas tombé jusques-là dans une terre ingrate. Il ne s'étoit jamais éloigné de cette Politique & il avoit pris soin au contraire de ménager adroitement & même de cultiver avec soin les amis que son Pere avoit dans ce Corps. Le feu Prince de Condé lui avoit dit pour l'y engager encore davantage, qu'il vouloit lui apprendre à quel point il avoit cherché à gagner leur amitié ; que bien souvent, il avoit pris de l'argent d'eux à rente sans en avoir besoin, & en avoit gardé dans ses coffres sans le vouloir rembourser : que ses gens d'affaires lui en avoient fait des reproches plusieurs fois comme s'il eût été méchant ménager ; mais que l'expérience lui avoit appris qu'il sçavoit mieux qu'eux ce qu'il faisoit : que tandis qu'il avoit vécu, il lui étoit arrivé mille affaires où il n'auroit jamais manqué de succomber s'ils n'eussent fait leur propre affaire de la sienne ; qu'ils n'avoient eu garde de le laisser périr, leurs intérêts se trouvant joints aux siens ; qu'ainsi, tous les coups que lui avoit porté le Cardinal de Richelieu & ses autres ennemis avoient été inutiles, pas un d'eux n'ayant osé le pousser à bout à cause qu'ils le sentoient si bien appuyé.

Il est étonnant qu'un Corps qui n'est composé que de simples particuliers que la vénalité des Charges à introduit dans le Poste où ils sont, se sût accrédité à un point que de devenir le Protecteur des Princes du Sang, la terreur des Ministres & même de porter atteinte à l'Autorité Royale; mais si on ne le sçauroit considérer sans surprise, je m'imagine qu'on n'en aura pas moins aujourd'hui quand on fera quelque attention sur son état présent & sur celui où il étoit en ce temps-là. Le Roi a pris grand soin de restraindre son Autorité dans des bornes légitimes, & il est si différent de ce qu'il étoit autrefois qu'il en est tout défiguré. Quoi qu'il en soit, si ceux qui liront ces Mémoires & qui n'auront pas été au temps de sa grande splendeur ont peine à se le représenter au point qu'elle a été; ils pourront peut-être s'en laisser convaincre parce qu'il étoit encore lors qu'il fut question d'arrêter Mr. Fouquet dont je parlerai ci-après.

Les leçons que le Prince de Condé avoit reçuës de son Pere, après avoir été gravées pendant un temps assez considérable dans son esprit, s'en effacerent insensiblement par les caresses du Cardinal & par les bienfaits qu'il en recevoit. Néanmoins après s'en être défait peu-à-peu, un reste de souvenir quoique leger l'empêchoit encore de rien promettre au Cardinal, quand la Reine pour qui il avoit tout le respect & toute la déférence possible, acheva de donner la derniere main à cet ouvrage. Elle le prit par son foible; & comme il étoit extrêmement avide de gloire, même jusques à goûter à longs traits la fumée qu'on lui donnoit, il ne put résister aux éxagérations qu'elle lui fit du service important qu'il rendroit au Roi & à Elle, s'il lui aidoit à la venger de ce Corps & en même temps des Parisiens dont Elle faisoit monter l'insolence jusqu'au suprême degré. Ces paroles furent accompagnées de caresses touchantes & de promesses magnifiques; & étant bien difficile de se défendre de l'un & de l'autre principalement quand elles viennent d'une Grande Reine, & que les qualités de l'ame & du corps rendent extrêmement persuasive, il ne fit plus de difficulté de lui promettre à Elle & au Cardinal tout ce qu'ils desiroient de lui.

Lorsque les Barricades avoient été faites, l'on avoit déja formé le dessein d'affamer cette grande Ville, non pas en l'assiégeant, comme quelques uns du Conseil avoient d'abord été d'avis, parce qu'il eut bien fallu d'autres Troupes que celles que l'on avoit pour en venir à bout ; mais en se saisissant des passages qui sont sur les rivieres de Seine & de Marne tant au-dessus qu'au-dessous de cette Ville. Ainsi l'on fit arrêter tout exprès les Troupes que l'on avoit fait venir de dessus la Frontiere incontinent après les Barricades, & que l'on faisoit mine de renvoyer dans leurs quartiers, après qu'il se fût fait une espéce d'accommodement entre la Cour & le Parlement. Cependant devant que de prendre une derniére résolution sur une affaire si importante & dont les suites pouvoient être de la derniere conséquence, le Duc d'Orléans & le Prince de Condé firent tout leur possible pour faire rentrer le Parlement dans son devoir. Ils lui remontrerent qu'en fomentant comme il faisoit des divisions intestines, il étoit cause que les Ennemis avoient déjà repris la plûpart de nos Conquêtes ; que ce qui nous en restoit ne se conserveroit pas mieux dans la suite s'il faisoit éclater toûjours le même esprit. Le Parlement qui prenoit plus de goût à se mêler des affaires publiques que de celles des Particuliers, & dont la vanité augmentoit de jour en jour par les vains titres qu'il s'entendoit donner de Protecteur des Loix & de la Patrie, voulut justifier sa désobéïssance par l'obligation indispensable où il se disoit être de protéger les trois Ordres du Royaume que le Cardinal vouloit écraser. Sur ce préjugé ou plûtôt sous ce prétexte, il quitta tous les Procès qui étoient entre ses mains pour délibérer sur toutes les démarches de la Cour & du Ministre. Le Duc d'Orléans & le Prince de Condé pour arrêter par leur présence des entreprises téméraires, après avoir refusé pendant quelque temps de se trouver à leurs délibérations, résolurent à la fin d'y aller & prirent à la Grand'Chambre la place qui leur y étoit duë à cause de la qualité de Frere unique du Roi & de premier Prince du Sang. Comme ils voyoient là de plus près ce qui se passoit, ils furent témoins plusieurs fois du manque de respect de ce Corps,

& envers la Reine & envers le Ministre ; & les Remontrances qu'ils leur purent faire à ce sujet leur ayant été inutiles, il s'apperçurent à leur grand regret que le mal étoit venu à un point
qu'il ne pouvoit plus se guérir que par
des remédes violens & tout extraordinaires.

Les Anglois continuoient toûjours
leur Procédure contre leur Roi, & il y
a beaucoup d'apparence que les commencemens de nos desordres qui ne
faisoient déja que trop de bruit chez
les Etrangers, leur donnerent la hardiesse de citer devant eux en Jugement
celui que le Ciel leur avoit donné pour
leur Roi. Ils eussent eu peur si les Guerres Civiles ne nous eussent pas déchi-
rées jusques dans les entrailles, que la
Reine n'eût tourné contre leur Royaume une partie des forces du Roi son Fils
qui étoient plus que suffisantes pour arrêter un crime aussi inouï qu'étoit le
leur. En effet, depuis que Caën fit voir
par le meurtre de son frere Abel que
les hommes sont capables des plus
grands excés, l'on n'avoit rien vu de
semblable. Cependant comme leur audace croissoit toûjours à proportion

de ce que les conjonctures continuoient de leur être favorables, Cromwel dont l'autorité augmentoit toûjours de plus en plus, forma le deſſein de tremper ſa main dans le ſang de ſon Roi, afin que rien ne l'empêchât plus de monter ſur le Trône. Il en avoit conçu l'envie depuis qu'il avoit vû que la fortune l'avoit regardé de ſi bon œil; que de rien, il étoit devenu non-ſeulement le Général de l'Armée du Parlement, mais encore que les Anglois le regardoient comme les Juifs faiſoient autrefois Moïſe qu'ils ſçavoient avoir été choiſi de Dieu pour les gouverner. Ils avoient pour lui un reſpect & une déférence d'autant plus extraordinaires qu'il n'y a pas un homme de cette Nation qui ne croye valoir mieux que perſonne. Il n'eut garde néanmoins de témoigner que ce fût-là ſa réſolution; il ſçavoit bien mieux jouer ſon perſonnage. Mais, tandis qu'il ne prêchoit que douceur & modération, il fit inſinuer à ceux qu'il connoiſſoit d'un eſprit encore plus ſéditieux que les autres, qu'à moins que de ſe défaire d'un Prince auſſi entreprenant & auſſi bien ſoûtenu que celui-là, il étoit impossible de ne pas succomber quelque jour à ses artifices ; qu'il avoit la France & l'Espagne pour appuis, deux Royaumes grands ennemis de leur Religion & capables de tout entreprendre pour planter en Angleterre celle dont ils faisoient profession ; qu'ils avoient déja éprouvés cette vérité par tout ce que ce Prince avoit fait en conformité de cette politique ; que comme cette Religion étoit contraire à leurs Loix, à l'intérêt public & particulier, il n'y avoit point d'autre moyen que de laver un si grand crime dans le sang de celui-là même qui l'avoit commis ; qu'il ne pouvoit se plaindre de sa punition, parce que tout ce qui se faisoit selon la Justice & selon les Loix du Royaume fermoit la bouche à toutes plaintes.

Quand Cromwel eut fait semé par ses Emissaires un discours si effroyable contre le Roi, & qu'il vit qu'il faisoit impression sur les esprits ; bien-loin de vouloir en paroître l'auteur, il répondit à ceux qui lui en parlerent qu'il ne pouvoit ni ne devoit l'approuver ; qu'ainsi, à Dieu ne plût qu'il ne fût de leur sentiment : que bien-loin de-là, il avoit horreur de toutes les résolutions qui avoient l'air seulement de violence, à plus forte raison de celles qui étoient contraires aux Loix divines & humaines ; qu'il falloit consulter en toutes choses la Loi de Dieu, & que qui agissoit sur ce principe ne pouvoit jamais se tromper. Il parloit ainsi de Dieu à tout propos, étant bien-aise de paroître toûjours le même au peuple qu'il avoit paru depuis que, sous le voile d'hypocrisie, il avoit caché la plus violente ambition qui fût jamais. Et en effet, il s'en étoit si-bien trouvé qu'il n'avoit garde de changer de conduite. On lui rebattoit cependant tous les jours la même chose, & il y faisoit toûjours la même réponse ; afin que sa réponse étant répanduë parmi le peuple, ceux à qui il restoit encore quelques sentimens d'honneur & d'humanité, rejettassent toute l'horreur d'une pensée si abominable sur ceux qui témoignoient l'approuver. Enfin, comme après avoir joué pendant quelque temps cette comédie, le Personnage qu'il y faisoit ne pouvoit pas toûjours durer à moins que de renoncer aux avantages qu'il en attendoit, il se radoucit peu-à-peu. Au-lieu donc de continuer à leur parler sur le même ton qu'il avoit fait jusques-là, & de leur demander s'il y avoit jamais rien qui pût donner le Privilége à des Sujets de se constituer Juges de leur Roi, & même Juges jusqu'à lui faire son Procès dans les formes comme à un Scélérat ; il leur témoigna au contraire qu'il seroit bien-aise de leur voir faire un amas de leurs raisons, & sur quoi elles étoient fondées, afin qu'il y pût faire réfléxion tout à loisir. La réfléxion étoit déja faite : il sçavoit ce qu'il en devoit penser ou du moins ce qu'il devoit répondre. Aussi quand on se rendit auprès de lui pour en sçavoir son sentiment, il dit à ces ames perduës d'honneur & de réputation par l'excès de leurs crimes, qu'il n'auroit jamais cru qu'ils pussent lui faire goûter leurs raisons ; mais enfin qu'ils s'en servoient de si apparentes, que s'il n'en étoit pas encore tout-à-fait convaincu, du moins en étoit-il en quelque façon ébranlé. Après leur avoir tenu ce langage qui étoit comme un gage certain qu'il approuveroit bien-tôt leur damnable résolution, il leur dit qu'il n'avoit jamais bien pesé les Loix du Royaume comme il faisoit présentement ; qu'elles étoient tout-à-fait contraires aux entreprises que le Roi d'Angleterre avoit faites ; & que si on lui demandoit à y répondre, il ne doutoit pas qu'il ne s'y trouvât bien embarrassé ; que néanmoins, il valloit mieux user de clémence envers lui que de l'assujettir à toute la rigueur de la Loi ; que ce seroit assez de la lui faire connoître, afin qu'à l'avenir il se conduisît plus sagement. Il ne disoit ces dernieres paroles qui devoient être rapportées au Peuple par ses Emissaires que pour s'y conserver la réputation d'homme doux & humain qu'il affectoit aussi-bien que celle de pieux & de dévot. Il avoit une corde à son arc pour se faire une douce violence quand il en seroit besoin, c'est-à-dire, pour rejetter sur un autre l'attentat énorme où il prétendoit bien-tôt se porter contre le Roi.

C'est ainsi que pas-à-pas, & sans faire semblant de rien, il se préparoit par une profonde dissimulation au plus grand crime qui eût jamais été commis. Cependant, afin d'entretenir toûjours les Peuples dans la bonne opinion qu'ils avoient de lui, & acquerir de-plus-en-plus leur estime & leur amitié, après avoir feint d'être comme forcé d'avouer que le Roi d'Angleterre avoit violé toutes les Loix du Royaume ; & qu'en cette qualité, il étoit digne de punition ; il ajouta que dans une affaire de si grande conséquence, & dont on demeureroit responsable à la postérité, il ne s'en rapportoit pas tellement à ses lumieres ni aux raisons qu'on lui avoit apportées, qu'il ne voulût encore consulter tout ce qu'il y avoit de gens habiles dans la Ville de Londres : Qu'il y en avoit qui avoient fait leur principale étude des devoirs des Peuples envers leur Prince & des devoirs des Princes envers leurs Peuples ; que c'étoit à ceux-là qu'il vouloit s'en rapporter, afin qu'il ne fut pas dit qu'on n'eût pas pris toutes les précautions nécessaires dans une affaire de si grande conséquence. Il fut donc à pied d'un bout de la Ville à l'autre chez un homme de Loi qui y étoit en réputation d'habile homme, après lui avoir mandé d'y faire trouver deux autres personnes dont le sçavoir faisoit aussi du bruit dans la Ville. Il étoit bien assuré de leurs suffrages, sans cela il ne les eût pas assemblés. Chacun étoit bien informé de ce qui se passoit; & ses Emissaires après avoir pris plaisir à divulguer sa prétenduë délicatesse, n'avoient pas manqué en même temps d'apprendre, comment pour s'en relever, il avoit recours aux plus vives lumieres de la Ville. Cette conduite toute pleine de dissimulation qu'elle étoit, lui attiroit mille louanges, parce qu'il sçavoit déguiser son injustice sous le voile le plus spécieux qui est en recommandation parmi les hommes. Cependant, il retourna jusqu'à trois fois, & toûjours à pied, chez ces gens-là; afin que chacun le voyant passer, s'imprimât plus fortement dans l'esprit, que n'agissant que par un esprit de justice, son ambition n'avoit nulle part à un si noir attentat.

Il étoit lui-même un des Commissaires qu'on avoit donné à ce malheureux Prince; car enfin on instruisit son Procès dans les formes, ou pour mieux dire, on avoit résolu de le condamner aux préjudice des loix divines & humaines: il étoit ainsi tout ensemble & son Juge

& sa Partie, d'où l'on pouvoit aisément conjecturer quelle seroit la suite de toutes ces grimaces. Tous les gens de bien en gémissoient au fond de leur cœur pendant qu'ils n'osoient rien en répandre au dehors, parce que quand il commence à s'élever un Tyran, il met tout en œuvre pour se venger de ceux qui lui sont contraires, ou qui osent lui contredire.

Ces trois Docteurs qui, ainsi que je viens de dire, avoient été gagnés devant qu'il songeât à les consulter, auroient bien enlevé cette affaire dès la premiere séance, puisqu'il leur avoit donné leur leçon par écrit; mais ils firent mine d'y en employer trois, afin d'insinuer à ceux qui n'étoient pas capables de pénétrer dans les fourberies de celui qui les faisoit agir, qu'ils n'avoient donné leur décision qu'après l'avoir bien tourné & retourné. Cette décision fut conforme à l'ambition de ce scélérat. Ces faux Docteurs déclarerent que le Roi d'Angleterre pour avoir voulu changer la Religion Anglicane & établir une autorité despotique à la place de celle établie par les Loix du Royaume, devoit être privé non-seulement de la Couronne; mais encore subir toutes les peines décernées contre ceux qui étoient convaincus du crime de haute trahison. Cette étrange décision fut renduë publique quelques jours après; & si on ne le fit pas dès le même jour, ce ne fut que pour voir ce qu'en diroit le peuple à qui on prit soin, sous main, de la communiquer. Cette Nation qui n'a point d'égale pour le manque de respect envers son Souverain, ne trouva que trop d'approbateurs du crime de Cromwel. La plûpart, peu semblables aux Israëlites qui à toute force voulurent un Roi au lieu des Juges qui les gouvernoient auparavant, ne respiroient que de s'ériger en République & ne se soucioient guére de se déshonorer par le plus grand de tous les forfaits, pourvû qu'ils pussent parvenir à ce qu'ils desiroient. Cromwel, pour mieux jouer son personnage, disoit pourtant que quoique le Roi d'Angleterre eût été jugé coupable, il ne consentiroit jamais qu'on le fit mourir; que cette seule pensée lui faisoit dresser les cheveux de la tête, tellement qu'il ne sçavoit comment on pouvoit accorder l'humanité avec la soif que l'on pouvoit avoir de la justice. Cependant comme il y a bien de la différence entre les effets & les paroles, il ne laissa pas sur la belle décision dont il vient d'être parlé, de le faire condamner à avoir la tête tranchée. Devant que de le juger on l'interrogea dans les formes sur plusieurs choses qu'on lui imputoit & qu'on prétendoit lui faire passer pour des crimes. Il répondit qu'il s'étonnoit comment on lui alloit chercher des Faits supposés ; qu'il avouoit bien qu'il en avoit commis un dont toutes les eaux de la *Tamise* ne pourroient jamais le laver : qu'il avoit signé la sentence de mort du Comte de Straffort Viceroi en Irlande, qu'ils avoient eu l'audace de condamner ; ce qu'il ne devoit jamais faire, puisque c'étoit un des plus fidéles serviteurs qu'il eût jamais eu ; que cependant s'ils vouloient se ressouvenir qu'ils l'y avoient obligés, ils avoient tort de lui reprocher leur ouvrage.

Ce qu'il disoit-là, lui étoit arrivé au commencement de la rébellion de ces peuples ; & le malheur de ce Vice-Roi n'étoit venu que parce que s'y étant opposé dans l'étenduë des lieux où il avoit droit de commander, il avoit fait arrêter ceux qui tâchoient de porter les autres à manquer à la fidelité qu'ils devoient à leur Souverain. Sa fermeté déplût si fort au Parlement d'Angleterre qui étoit porté lui même plus que personne à la désobéïssance, qu'il le poursuivit sans relâche jusqu'à ce qu'il l'eût fait périr : Ainsi il obligea Sa Majesté Britannique, le poignard sur la gorge, de signer la Sentence de mort qui avoit été décernée contre lui : formalité qui s'obferve en Angleterre & sans laquelle on ne sçauroit faire mourir une personne de cette qualité, quoiqu'il y ait été condamné par ses Juges. Mais quoique ce fut uniquement l'ouvrage du Parlement, les Commissaires de ce malheureux Prince étoient si fort acharnés contre lui, que quand ils vinrent à l'interroger, ils lui firent un crime de ce dont leurs semblables lui avoient fait auparavant une nécessité.

Comme on avoit tenu pendant quelques jours la décision des Docteurs dont je viens de parler, secrette ; on en fit de même à l'égard de la condamnation qui venoit d'intervenir : on en fit seulement courir sourdement un bruit que l'on démentoit même un moment après, pour voir de quelle maniére il seroit reçu du Peuple. Car enfin quoique, parlant généralement, les Anglois soient peu affectionnés à leur Prince, cette régle étant sujette bien souvent à exception, Cromwel appréhendoit que les gens de bien se joignissent aux créatures de ce Roi infortuné & ne s'armassent en sa faveur. Et en effet, bien-loin qu'ils eussent tous renoncé à l'humanité, il y en avoit plusieurs qui n'eussent pas donné seulement la plus grande partie de leur bien, mais encore la moitié de leur sang pour le tirer des mains de ses ennemis. C'est une vérité que ceux qui en ont écrit ont bien déguisé, ou pour n'avoir pas été instruits de ce qui se passoit, ou pour s'être fondés sur le témoignage de certains Anglois qui trempoient dans le parricide éxécrable qui se commit bien-tôt en la personne de leur Roi. Aussi dès que le bruit de sa condamnation se fut répandu parmi le peuple, on n'entendit plus que cris & que gémissemens; chacun se disant les uns aux autres qu'il falloit qu'avant qu'il fût peu la foudre du Ciel tombât sur leur Royaume ; puisque des

Sujets avoient si peu craint la Justice Divine, que de condamner à mort l'Oint du Seigneur. Mais quoiqu'on fît ainsi des plaintes de cette nature, pas un n'ósa néanmoins passer plus avant; parce que Cromwel qui n'en vouloit pas avoir le démenti, avoit fait venir dans la ville des Troupes qui tenoient chacun dans le respect. Il fit même emprisonner sous le nom du Parlement, ceux qui ósèrent tenir quelques discours qui ne s'accordoient pas avec ses sentimens & où il paroissoit de la bonne volonté pour leur Prince.

Comme il n'y a rien de constant dans le monde & sur tout avec les Anglois qui sont encore plus sujets au changement que pas un autre peuple de la Terre; après qu'ils eurent déplorés pendant quelques jours le sort de ce malheureux Prince, ils se refroidirent tout-à-coup; desorte que l'on eût dit qu'ils l'avoient oublié entierement. Peut-être en usèrent-ils de la sorte par une legéreté d'esprit qui leur est naturelle, ou parcequ'ils ne vouloient point que le bruit qui avoit couru de sa condamnation, eut aucune suite. Ils commencerent donc à le croire faux, & s'endormirent sur cette espérance. Cromwel qui étoit averti de tout ce qui se passoit dans la Ville, & même par tout le Royaume par un nombre infini d'émissaires qu'il y avoit répandu, prit ce temps-là pour notifier aux deux Chambres le Jugement qu'on avoit rendu contre lui. Elles en parurent surprises ; tant il est vrai que le crime fait horreur même à ceux qui y sont le plus accoutumés ; sur-tout un crime comme celui-là, & dont il est impossible qu'on ne se fasse reproche pour peu qu'on s'y sente tremper. Elles devoient bien s'attendre néanmoins à cette nouvelle, après ce qu'elles avoient fait elles-mêmes, puisque ce n'étoit-là que la suite de leur ouvrage.

Le Peuple l'apprenant un moment après du Parlement le trouva bien étrange, quoi qu'il en eût déja oüi parler. Il se ranima à l'heure même, & commençant des discours par lesquels il étoit aisé de juger que l'affection qu'il avoit pour le Roi son maître n'étoit pas encore éteinte entierement, cependant avant qu'il fut peu, il ne s'en tint pas aux paroles, il y joignit des effets. Des ouvriers de toutes sortes de métiers s'étant assemblés jusques au nombre de six mille furent pour saccager la maison de Brachat qui avoit présidé au jugement du Procès ; ils avoient résolus de s'en saisir & de ne le pas laisser survivre plus long-temps à l'injustice qu'il venoit de commettre ; mais il fut si heureux d'être averti assez à temps de leur dessein, ensorte qu'il se sauva par une porte de derrierre à laquelle ces ouvriers n'eurent pas la précaution de prendre garde. Il se retira à *Wittehal* dont Cromvvel doubla la garde pour tenir en respect ceux qui y pourroient venir pour achever leur dessein. Cromvvel ne laissa pas, tout intrépide qu'il étoit, de prendre l'allarme à cette nouvelle, sur tout quand il apprit par Brachat que cette troupe s'étoit grossie en moins de rien & qu'il étoit dangereux que toute la Ville ne suivit son exemple. Au-reste, pour aller au-devant des maux qu'il en appréhendoit, il crut devoir user de fermeté & se commettre plûtôt lui-même que de souffrir qu'une vile populace entreprît ainsi de lui donner la loi.

Pendant qu'il raisonnoit en lui-même de quelle maniere il s'y devoit prendre pour en venir à bout, la plûpart des Commissaires qui avoient assisté à ce Jugement, saisis de frayeur de ce qui avoit pensé arriver à Brachat, se sauverent pareillement à Wittheal où ils se croyoient plus en sûreté que dans leurs maisons. Cromwel sentit redoubler ses allarmes à leur arrivée ; & leur ayant demandé ce qui les obligeoit de venir chercher là leur retraite, ils lui répondirent que toute la Ville étoit en combustion, & qu'ils avoient remarqués de leurs fenêtres que chacun sortoit de sa maison avec les premieres armes qu'il trouvoient sous leur main.

Un discours si pressant ne lui permit pas de différer la résolution qu'il avoit prise ; il prit en même temps une partie de la Garde qui étoit à Wittheal & de peur qu'il ne fut trop foible, pour réprimer cette sédition, il envoya ordre à quelques Troupes qu'il avoit fait venir auprès de la Ville, de s'avancer en toute diligence & de se venir joindre à lui. Il prit le chemin de l'endroit où on lui disoit qu'étoient ces ouvriers & il trouva sur sa route la plûpart des boutiques fermées avec quelques gens dispersés çà & là qui étoient si éperdus qu'on eût dit qu'ils étoient tous hors d'euxd'eux-mêmes. Il leur demanda ce que vouloit dire ce qu'il voyoit, & pourquoi chacun n'étoit pas à son travail ordinaire. Il y en eut quelques-uns qui furent si hardis que de lui répondre qu'on vouloit faire mourir leur Roi, & que dans une occasion comme celle-là, on pouvoit bien leur pardonner le trouble que causoit leur affliction. Un pareil discours fit rougir Cromwel de colére, dont peu s'en fallut qu'il ne donnât des marques sanglantes sur celui qui étoit le plus près de lui : considérant néanmoins que le coup ne seroit pas plûtôt fait, que quand même il n'auroit aucune suite, il seroit le premier à en avoir du regret, à cause qu'il perdroit par-là l'estime & l'amitié des peuples dont il avoit besoin pour la réüssite de ses grands desseins, il eut assez de force sur lui pour contenir son ressentiment ; ainsi, il se contenta de leur remontrer qu'ils prenoient-là un méchant parti ; que le Roi d'Angleterre n'avoit été condamné que parce qu'il avoit voulu changer la Religion Anglicane, & la forme du Gouvernement ; qu'il les croyoit assez zélés pour prendre feu également à l'un

& à l'autre : s'ils vouloient prendre le parti d'un Prince qui avoit trahi sa religion & s'étoit voulu ériger en Tyran ? Que c'étoit pour ces deux grands crimes que ses Commissaires l'avoient condamné ; & s'ils prétendoient se mettre au-dessus de la Justice ?

Ces paroles désarmerent cette canaille, tant il est vrai que l'esprit des Anglois n'est guére plus assuré que le vent. Il fit r'ouvrir les Boutiques partout où il passa, & ayant trouvé dans les esprits plus de soumission & d'obéïssance qu'il n'avoit espéré d'abord, il continua son chemin du côté où étoit le gros des mutins; c'est-à-dire, ces six mille hommes dont je viens de parler. Il apprit en y allant que des amis & des serviteurs de ce malheureux Prince s'étoient fourrés parmi eux pour les encourager à ne le pas abandonner dans son affliction. Ils leur conseillerent de marcher droit au Palais de St. James où le Roi d'Angleterre avoit été amené de Windsor après avoir essuyé divers prisons auparavant. Rien n'étoit plus facile que de le tirer de-là, principalement si l'on eut usé de diligence; mais comme il est difficile de conduire comme l'on veut une vile populace qui a tout autant d'avis qu'il y a de têtes, le temps que l'on perdit à délibérer inùtilement donna à Cromwel celui de prévoir ce qui lui alloit arriver. Il envoya ordre au Colonel Malmei qui avoit toujours la garde de ce fameux Prisonnier de le tirer de-là, & de l'emmener secrétement dans un autre lieu où il seroit plus en sûreté. Malmei n'eut garde de manquer à lui obéïr tout aussi-tôt, tellement que quand les six mille hommes furent à Saint James, la proye qu'ils y alloient chercher n'y étoit plus. Cromwel se sçut bon gré de ce qu'il avoit fait, & n'étant plus question que de faire mettre les armes bas à cette canaille sans être obligé de tremper ses mains dans leur sang, il rusa si-bien avec eux qu'il les amena au point qu'il desiroit. Il leur dit que bien loin de leur vouloir du mal du zéle qu'ils témoignoient pour leur Roi, ils en étoient dignes de louange ; que cependant, le mal n'étoit pas si grand qu'ils se l'étoient imaginés : qu'il étoit bien vrai que l'on avoit condamné le Roi à mort ; mais enfin, que les Commissaires ayant jugé à propos de changer leur Sentence en une prison perpétuelle, & lui en ayant demandé son sentiment, il n'avoit pas hésité de leur répondre qu'ils ne pouvoient pas prendre une meilleure résolution. Ils le crurent de bonne-foi, & s'en étant ainsi retournés chacun dans leurs maisons, Cromwel remplit toute la Ville de gens de guerre, afin que personne ne se portât plus à suivre leur éxemple. La crainte retint ainsi ceux qui auroient été d'humeur comme eux à remuer, d'autant plus que quand ces Troupes y furent arrivées, elles y furent distribuées dans tous les quartiers avec ordre de se saisir de tous ceux qui y voudroient exciter le moindre trouble. Cependant, comme il n'étoit pas d'humeur à pardonner, & qu'il avoit non-seulement remarqué ceux qui étoient à la tête de ces gens-là; mais qu'il avoit sçu encore adroitement l'endroit de leur demeure, il les envoya prendre le lendemain matin jusques dans leur lit d'où ayant été emmenés en prison, il les fit pendre un quart-d'heure après sans aucune formalité de Justice.

Cette violence dont on n'avoit pas ouï parler jusques-là en Angleterre, & dont les Rois les plus autorisés en ce Pays-là n'avoient jamais eu garde d'user, parce que c'eût été matiere à leurs peuples qui ne sont pas endurans de se révolter contr'eux, fit voir aux Anglois, mais un peu tard, qu'ils avoient à faire à un Tyran qui prétendoit bien que tout pliât deformais sous ses volontés. Enfin ayant arrêté le jour auquel il vouloit faire jouer le dernier Acte de sa Tragédie, c'est-à-dire, faire mourir Sa Majesté Britannique, il commanda dès la veille qu'on eût à fermer les Boutiques sous peine de punition corporelle, & à ne les r'ouvrir que deux jours après. Il fut fait défense en même temps à toutes personnes de quelque qualité & condition qu'elles pussent être, de sortir de leurs maisons ni même de mettre la tête à la fenêtre le jour de cette éxécution. On ne sçut d'abord ce que cela vouloit dire; mais les amis & les serviteurs du Roi d'Angleterre qui avoient l'œil à tout, ayant devinés ce que ce pouvoir être, ils firent enlever le Bourreau avec tous ceux qui avoient accoûtumés de lui aider dans l'éxercice de sa Charge. Cromwel apprenant cette particularité en fut surpris & eut dessein d'en faire venir un de l'endroit le plus proche où il y en pouvoit avoir ; mais ayant consideré que devant qu'il fut venu, il se passeroit un jour ou deux, outre qu'il pouvoit avoir été enlevé comme l'avoit été celui de Londres, il donna ordre qu'on cherchât un Boucher qui fit cette éxécution à la place du Bourreau.

Stoupp neveu de celui que l'on a vû en France Colonel des Gardes Suisses, étoit alors à Londres où il éxerçoit la Charge de Ministre de la Savoye. Ses mœurs ne s'accordoient guéres bien avec cette qualité qui demande qu'on ait de la retenuë dans toutes ses actions & que l'on paroisse du moins homme de bien, si tant est qu'on ne le soit pas. Stoupp le sçavoit bien, ou du moins il le devoit sçavoir dans le métier qu'il faisoit ; mais comme l'on ne fait pas toûjours tout ce que l'on est obligé de faire, que même il s'en faut beaucoup, bien loin de conserver seulement les apparences, il donnoit lieu bien souvent par ses déréglemens de dire que ce n'étoit pas chez les Ministres qu'il falloit chercher la vertu. Il n'écoutoit que ce que lui conseilloient ses passions ; les femmes & la bonne chere étoient ses vertus favorites. Comme il n'avoit pas un revenu suffisant pour fournir à sa sensualité, il étoit les trois quarts de l'année sans un sol ; & sçachant que Cromwel offroit beaucoup d'argent à celui qui se chargeroit de couper la tête au Roi d'Angleterre, la nécessité où il se trouvoit lui adoucit l'horreur qu'il devoit avoir naturellement d'un si grand crime. Il se présenta donc à un des amis de Cromwel auprès de qui il avoit quelque habitude, & lui dit qu'il feroit cette exécution mieux que personne & avec plus de zéle, s'il vouloit s'en reposer sur lui ; que comme il s'agissoit en cette occasion de venger sur la personne de ce malheureux Prince la Religion Protestante foulée aux pieds, & qu'il avoit voulu exterminer, un Ministre étoit plus propre qu'un autre à faire cet office, qu'il s'y feroit assister par son proposant qui n'avoit pas moins de zéle que lui, & qu'il avoit encore en main deux autres personnes qui en cette occasion ne lui manqueroient pas au besoin.

L'ami de Cromwel lui ayant rendu compte des offres de service qu'il lui faisoit, ce Tyran les accepta de bon cœur. Il lui promit mille Guinées pour récompense & cent pour chacun de ceux qui lui aideroient à faire sa besogne. Il en prit trois qui furent les mêmes dont il avoit parlé à l'ami de Cromwel, il leur donna à chacun un habit de toile & un masque, afin qu'étant ainsi déguisés il ne fut pas aisé de les reconnoître. Il prit lui-même le même équipage & avec un cœur plus dur qu'on ne sçauroit expliquer, il se rendit à Witheal d'où l'on devoit amener le Prisonnier sur l'échaffaut. Le jour que se devoit faire cette éxécution, le Roi d'Angleterre que l'on avoit averti seulement trois heures auparavant du Jugement qui avoit été rendu contre lui & qu'il eût à se préparer à la mort, bien loin de s'y pouvoir résoudre fit paroître tant de foiblesse que l'on en fut bien surpris dans une personne de son rang : car enfin ceux que Dieu fait naître pour monter sur le Trône ont des qualités que les autres n'ont pas ; la fermeté sur-tout est ordinairement leur partage, & qui ne l'a pas ne mérite pas d'être Roi. Après qu'il eut bien chicanné, ne cherchant qu'à gagner du temps, comme si une heure de plus ou de moins eût été quelque chose pour lui, on le fit passer par une fenêtre de Witthéal au niveau de laquelle étoit l'échaffaut où il devoit perdre la vie. Il étoit tout couvert de noir, pour lui faire encore mieux sentir son malheur. L'Evêque de Londres lui avoit été donné pour l'assister dans ce dernier moment. Il y avoit déjà plus de deux heures qu'il étoit avec lui pour le résoudre; mais quoi qu'il lui eût pu dire, il n'y avoit pas encore réüssi. Ce Prince se récrioit toûjours contre la félonie & la cruauté de ses Sujets, ne pouvant comprendre, bien qu'il en eût déjà mille marques, qu'elle pût aller si loin que de lui faire répandre son sang sur un échaffaut.

Ce fut encore bien autre chose, quand il vit le bourreau & ses trois valets en habit de toile avec un masque sur le visage. Il se douta bien quand il les vit dans cet équipage, pourquoi il s'étoient ainsi déguisé. Il frémit d'horreur à cette vuë & peu s'en fallut qu'il ne s'évanoüit, comme il fit un mo-

R 5

ment après. Ils étoient plantés aux quatres coins de l'échaffaut immobiles comme des statuës, & n'attendant pour se remuer que la voix de l'Officier de Justice qui étoit-là & qui leur avoit dit qu'il parleroit quand il seroit temps de commencer leur ouvrage.

L'Evêque de Londres insistoit toûjours à ce qu'il se conformât à la volonté de Dieu, lui remontrant que plus le sacrifice qu'il alloit faire étoit grand, plus il y auroit de mérite pour lui. Mais si en ces sortes d'occasions ceux qui n'y ont point d'intérêt par rapport à eux-mêmes goûtent bien ces raisons, il n'en est pas toûjours de même de ceux qui devroient s'en faire l'application : la frayeur de la mort ne leur laisse que rarement une certaine liberté d'esprit qui est absolument nécessaire pour faire des réfléxions si utiles ; & comme la foiblesse est le partage de l'homme, on voit presque toûjours qu'elle l'accompagne jusqu'au Tombeau.

Jusques-là l'Officier de Justice qui devoit avertir le Bourreau & ses valets, n'avoit encore rien dit, attendant toûjours que ce Prince se portât de lui-même à ce qu'il ne pouvoit empêcher ;

mais voyant que l'Evêque ne faifoit que perdre fes peines auprès de lui, il crut qu'il ne falloit pas employer de temps davantage inutilement à l'exhorter. Il commanda donc au Bourreau de faire fon office ; parole qu'il n'eut pas plûtôt lachée que celui-ci avec fes valets, fans aucun refpect pour cet Illuftre Infortuné, commença à lui prendre les mains pour les lui attacher enfemble avec des cordes. Ce Prince tomba en foibleffe au même moment ; & cet apprentif bourreau ayant pris ce temps-là pour le lier, la douleur qu'il lui fit en le ferrant le fit revenir à lui.

L'on a toûjours cru qu'il s'étoit flaté jufques-là, que fes ennemis fe contenteroient de lui faire peur & qu'ils ne pousseroient pas leur barbarie jufqu'au bout. Mais pour avoir une pareille penfée, il auroit fallu qu'il eût été privé de raifon. Encore paffe fi cette efperance n'eut pas été au-delà de fa prifon ; mais de l'accompagner jufques fur l'échaffaut, l'on ne voit pas fur quoi l'on fe fonde. Il auroit fallu effectivement pour fe repaitre de cette chimere, ou qu'il fçut de fcience certaine, que la haine que lui portoient ses ennemis se renfermât à le tenir en prison toute sa vie, ou qu'il les crût assez peu raisonnables pour se déterminer à périr eux-mêmes par une juste vengeance pour expier tous les outrages dont ils étoient déjà coupables envers lui.

Mais soit que ce malheureux Prince fut assez lui-même dépourvu de bon sens pour se repaître jusques-là d'une pensée si imaginaire, ou qu'il n'y eût que sa foiblesse naturelle qui lui eût fait faire ce qu'il faisoit, il ne se vit pas plûtôt les mains liées comme le plus infâme criminel, qu'il pria l'Evêque de Londres d'obtenir de la Justice de le faire délier. Il lui promit de se résoudre mieux qu'il n'avoit fait; & l'Evêque ayant obtenu ce qu'il desiroit, ils s'entretinrent ensemble un demi quart-d'heure pendant lequel temps Sa Majesté Britannique retourna la tête plusieurs fois; faisant voir par une agitation si hors de saison & si inutile, qu'il n'étoit pas le maître de tenir ce qu'il avoit promis. Enfin voyant que c'étoit une nécessité pour lui de subir la dure Loi qui lui étoit imposée, il mit sa tête sur un billot qui avoit été préparé tout exprès, & le bourreau la lui coupa avec une hache à boucher qu'un de ses valets avoit fait faire pour un coup si abominable.

Une infinité de Soldats qui s'étoient emparés des principales Places de la Ville, & des avenuës qui conduisoient à l'échaffaut, n'ayant plus que faire là après l'éxécution, défilerent chacun de leur côté; l'Officier de Justice qui étoit sur l'échafaut avec plusieurs gens armés de pertuisanes se retira pareillement. L'échaffaut étant ainsi demeuré libre, & la crainte que l'on avoit des Soldats étant évanouïe par leur retraite, le peuple ne se souvint plus de la défense qui lui étoit faite de ne point sortir de sa maison jusques au lendemain; chacun s'en fut à l'échaffaut pour y pleurer sur le corps du défunt, la perte qu'ils avoient faite d'un si bon maître; d'autres encore plus zélés tremperent leurs mouchoirs dans le sang qui couloit encore de sa playe: pendant que quelques uns le ramassoient sur l'échaffaut qui en étoit tout trempé. Les cris & les gémissemens qu'ils faisoient durant cette triste occupation donna envie à Cromwel qui étoit à Witthéal pendant l'éxécution & qui y étoit encore resté depuis, de mettre la tête à la fenêtre pour voir ce que c'étoit. Il fut surpris de tant de peuple amassé ensemble au préjudice de sa défense, & encore plus de l'amitié qu'il faisoit paroître pour ce Roi même après sa mort. Il sçavoit trop bien ce qui pouvoit arriver de tout cela s'il le souffroit davantage ; ainsi, il envoya des ordres à l'heure même, pour faire revenir les Troupes qui n'étoient pas encore bien loin. Elles revinrent sur leurs pas avec une contenance menaçante ; & comme les Tambours battoient aux champs & qu'on les entendit ainsi s'approcher, ceux qui étoient sur l'échaffaut & à l'entour se releverent promptement de peur que Cromwel n'étant pas encore saoul du sang qu'il venoit de verser, ne cherchât à se rassasier entierement par le leur.

Ainsi mourut Charles I. Roi d'Angleterre, d'Irlande & d'Ecosse, Prince doux, débonnaire & sçavant. Il nâquit Roi présomptif d'Ecosse, qui étoit l'ancien patrimoine de ses Peres ; & pour les deux autres Couronnes, elles lui échurent comme étant le plus proche héritier de la Reine Elisabeth, l'Idole des Anglois. Son ambition fut la source de son malheur : car s'il écouta les Promesses artificieuses du Cardinal de Richelieu, ce ne fut que sous l'espérance qu'il lui donna de le rendre aussi puissant dans son Royaume, que le Roi son maître l'étoit dans le sien. De l'ambition il le fit passer à l'amour de la vérité, en lui faisant connoître tous les défauts de l'hérésie & le bonheur qu'il y avoit de commander à un peuple qui professoit la véritable Religion. Il ne put résister aux preuves sensibles qu'il lui en donna, & d'autant plus touchantes pour lui, qu'il comptoit en se faisant Catholique, que ce seroit un bien qui uniroit le Royaume de France & le sien encore plus étroitement que l'alliance qu'il avoit contractée avec la sœur de Henri le Grand. De dire sur quoi il fondoit de telles apparences, c'est ce qui est assez difficile ; puisqu'on ne voit point que de professer la même Religion, rende les Princes meilleurs amis. Combien la France & l'Espagne se sont-elles fait la Guerre ; & cependant si la France est Catholique l'Espagne ne l'est-elle pas aussi ? Leurs Monarques n'ont-ils pas de même pris des femmes les uns chez les autres ; & cela a-t-il calmé leurs querelles ? Tout au contraire ils s'en font broüillés plus que jamais : témoin la Guerre de 1667. qui ne fut entreprise que parce que Louis le Grand avoit épousé Marie Therese d'Autriche, & qu'il prétendoit que le Roi d'Espagne lui retenoit injustement quelques Provinces qui lui appartenoient du chef de la Reine sa femme. Les Alliances entre les Particuliers engendrent ordinairement des procès : Les Alliances des Souverains engendrent le plus souvent des Guerres. Abus donc & même des plus grossiers, de croire que de prendre une femme dans un Pays, donne la paix à celui qui la prend & à celui de qui on la reçoit. Abus pareillement de s'imaginer que la ressemblance qui se trouve entre deux Princes à l'égard de la Religion, les met à l'abri de leurs desseins ambitieux. L'ambition a cela de propre, qu'il n'y a rien de si serré qu'elle ne viole; & si l'on en doute, on n'a, pour en être bien-tôt éclairci, qu'à faire réfléxion au malheur du Prince, dont je viens de parler. Il ne périt que par l'ambition de Cromwel, & ce fut-elle qui lui fit commettre un crime qui à tout jamais sera détesté de la posterité.

Fin du Premier Tome.